Heinz-Günther Vester
Soziologie der Postmoderne

Quintessenz
Fachbuch Soziologie

Heinz-Günther Vester

Soziologie der Postmoderne

Quintessenz

Anschrift des Autors

Dr. Heinz-Günter Vester
Feldafinger Str. 43d
82343 Pöcking

Lektorat: Dr. H. Jürgen Kagelmann

Die Deutsche Bibliothek – CIP-Einheitsaufnahme

Vester, Heinz-Günter:
Soziologie der Postmoderne / Heinz-Günter Vester. – München :
Quintessenz, 1993
   (Quintessenz Fachbuch Soziologie)
   ISBN 3-86128-203-8

© 1993 by Quintessenz Verlags-GmbH, München

Umschlag: Dieter Vollendorf, München
Herstellung: Christa Neukirchinger, München
Gedruckt nach Typoscript
Druck und Bindung: WB-Druck, Rieden
Printed in Germany

ISBN 3-86128-203-8
Verlagsbestellnummer 5203

Inhalt

Tabellen

1 Einleitung

Es gibt wohl kaum einen kulturellen Bereich, kaum ein Wissensgebiet, kaum eine Wissenschaft, wo der Geist (oder das Gespenst?) der Postmoderne nicht umgeht. Vom Kino bis zur Kybernetik, von der Philosophie bis zur Psychiatrie, von der Sexualität bis zur Scientology, von der Politik bis zur Pornographie, von der Familie bis zu den Finanzmärkten, von der Gastronomie bis zum Golfkrieg reicht das Spektrum postmoderner Umtriebe. Insofern kommt die Beschäftigung mit der Postmoderne einem Studium generale gleich. Im Begriff und Phänomen der Postmoderne bündeln sich ganz unterschiedliche Realitäten und Ideen. Das vorliegende Buch möchte einen repräsentativen Ausschnitt von der Breite und Vielschichtigkeit des Postmodernen vermitteln.

1.1 Diskurse und Ebenen des Postmodernen

Viele Diskurse über die Postmoderne sind selbstverliebt abgehoben, hermetisch geschlossen, nahezu unverständlich. Dieses Buch hingegen will ein verständlicher Diskurs sein. Es setzt nicht voraus, daß seine Leserinnen und Leser bereits Experten in Sachen Postmodernismus sind. Aber auch wer sich schon intensiv mit der Postmoderne befaßt hat, wird aus der Lektüre Gewinn ziehen; schon allein deshalb, weil eine stattliche Materialmenge verarbeitet ist. „Verarbeiten" hat den Beigeschmack des Zwanghaften und Schweißtreibenden. Der Begriff der Arbeit spielt ja in der Moderne eine zentrale Rolle, nicht nur in der Industrie, sondern auch in der Theorie und der wissenschaftlichen Analyse. In der Postmoderne hingegen kommt auch das Spielerische zu seinem Recht. Nicht nur die Abarbeitung im Denken, die Theoriearbeit, sondern auch das Spiel der Gedanken, das Gedankenspiel, haben in der Postmoderne Daseinsberechtigung. Der vorliegende Text beschreitet den schmalen Grat, wo abstrakte Analyse und plastische Verdeutlichung in einem ausgewogenen Verhältnis stehen, wo intellektuelle Durchdringung des Materials und spielerische Formulierung von Gedanken sich nicht ausschließen.

Womöglich hat man das Wort ‚postmodern' schon so oft gelesen oder gehört, daß es einem etwas abgenützt erscheinen mag. Manche behaupten, daß die Postmoderne eine vergangene Mode sei. Für andere wiederum ist die Vorstellung, daß es so etwas wie die Postmoderne geben soll, völlig neu. Man versucht doch gerade erst, sich mit der Moderne zu arrangieren, hat sich ein hochmodernes Auto gekauft, mit dem man zu den Konzerten der Musica Viva oder zur Dokumenta fahren kann, wo es moderne Kunst zu rezipieren gibt. Die Rezeption moderner Kunst erfolgt dann allerdings im Bezugsrahmen der Arbeits-Metapher. Man arbeitet die modernen Kunstbestände auf, verarbeitet sie und arbeitet sich an ihnen ab. Von Genuß kann da kaum die Rede sein, und um Genuß oder gar schnöde Unterhaltung darf es nach dem Credo der modernistischen Kunstideologen bei der modernen Kunst auch gar nicht gehen. Sollte dieses Opfer dessen, der sich mit der Moderne auseinandersetzt, etwa umsonst gewesen sein, wenn nun auf einmal die Postmoderne ausgerufen wird?

Freilich, beide Reaktionsweisen auf die Postmoderne (nämlich die abwinkende, die sagt „postmodern, das ist doch Schnee von gestern", und die überraschte, irritierte) offenbaren Ignoranz. Wenn man sich mit dem Nichtwissen nicht abfinden will, stellt sich umso dringlicher die Frage: „postmodern — was ist das?". Dieses Buch stellt eine groß angelegte Antwort dar oder deren mehrere. Und dabei gilt es natürlich auch, zahlreiche Mißverständnisse und Fehlinterpreationen der Postmoderne auszuräumen.

Der Begriff ‚postmodern‘ ist nicht ganz neu, doch ist er auch nicht von gestern. Nicht völlig neu sind auch manche der Phänomene, die unter ‚postmodern‘ zusammengefaßt werden können, und letztlich geht es, zumindest im vorliegenden Buch, um diese postmodernen Phänomene und nicht um die Begriffe um ihrer selbst willen. Hierzulande wurde die Postmoderne lange Zeit nicht so recht ernst genommen, stand für bloß modischen Zeitgeist, für unseriöse Popkultur. Vertreter der Kritischen Theorie etwa haben lange Zeit in der Postmoderne nichts anderes als Neokonservativismus sehen können. Der Kritische Rationalismus, der sich als Abwehrphilosophie gegen neomarxistische Philosophien profiliert hatte und mit dem Abflauen des Neomarxismus seine Stoßkraft gleichfalls verloren hat, kann sich mit der Postmoderne nicht anfreunden, weil der Postmodernismus Wahrheitsansprüche und Erkenntnisideale aufmischt. Vielen Soziologen und anderen Sozialwissenschaftlern schien und scheint die Postmoderne allzu subversiv und anarchistisch. Aus intellektueller Gewohnheit und Bequemlichkeit oder aus ideologischer Voreingenommenheit bleiben Gesellschaftstheoretiker lieber im theoretischen Bezugsrahmen der Moderne, man pflegt die Klassiker oder betreibt Parsons-Exegese. Von seiten der harten Empiriker, denen makrosoziologische Gesellschaftstheorie ohnehin suspekt ist, kommt, nicht völlig unberechtigt, gegen die Postmoderne der Einwand, daß sich vieles von dem, was in einer Gesellschaft postmodern sein soll, nicht quantifizieren, ja nicht einmal operationalisieren lasse. Es ist nun einmal schwer anzugeben, zu wieviel Prozent etwa die Bundesrepublik postmodern ist.

Im Lager der Gegner und Ignoranten der Postmoderne versammeln sich also Marxisten, Liberale, Konservative, Positivisten mit unterschiedlichen Argumenten gegen die Postmoderne oder aus unterschiedlichen Gründen der Ignoranz. Aber auch das Lager der Postmodernisten ist nicht weniger heterogen und bunt. Die alten Schubladen werden morsch und brechen zusammen. Schematismen wie konservativ vs. progressiv, links vs. rechts und dergleichen sind in der Postmoderne völlig unbrauchbar geworden.

Die Begriffe ‚postmodern‘, ‚Postmoderne‘, ‚Postmodernität‘, ‚Postmodernismus‘, ‚Postmodernisierung‘ sind alles andere als eindeutig. Mit dieser Begriffsreihe wird nicht ein einfacher Sachverhalt bezeichnet. ‚Postmodern‘ ist ein gemeinsamer Nenner für zum Teil sehr Unterschiedliches, ja Gegensätzliches. Die Verwendung des Begriffs gleicht einem Dschungel. Fast alles und jedes wird mit der Postmoderne in Verbindung gebracht, alles Mögliche wird mit ‚postmodern‘ assoziiert. Das Feld der Konnotationen ist weitaus größer als das der Denotation von ‚postmodern‘. Das heißt, es erfordert schon einige Anstrengung und Kühnheit, das Knäuel der Bedeutungen von ‚postmodern‘ zu entwirren. Um das Knäuel zu ordnen und den Dschungel zu lichten, ist es hilfreich, zunächst einmal einige Ebenen zu unterscheiden, auf denen von Postmoderne die Rede ist. Vielleicht noch besser ist es, von Regionen statt Ebenen zu sprechen, da das Bild von der Ebene eine vertikale oder logische Anordnung unterstellt, die hier aber nicht klar ersichtlich ist.

(1) Die intellektuell schlichteste, wenn auch oft sprachlich reichlich prätentiöse Region ist die des *Feuilletonismus*. Im Feuilletonteil der Zeitungen ist immer wieder dieses geschickte Einstreuen der Vokabel postmodern zu finden. Sehr häufig geht damit eine negative Bewertung einher. Wenn dem Kritiker die Theateraufführung irgendwie unübersichtlich vorkommt oder wenn ihm der Stil und die Aussage eines Buches uneindeutig scheinen, dann spricht er mit der Geste des Wegwerfens von postmoderner Beliebigkeit. Aber nicht nur diese kritische, besser pseudo-kritische, Verwendung von ‚postmodern‘ als

Schlagetotfloskel ist typisch für den feuilletonistischen Gebrauch. Manche Feuilletonisten leisten dem Verdacht, daß Postmoderne gleich Beliebigkeit sei, dadurch Vorschub, indem sie selbstgefällige, aber unklare Texte vorlegen, aus denen nichts hervorgeht. Diese feuilletonistische Ebene, auf der die Postmoderne auftritt, ist natürlich nicht auf das Feuilleton im engeren Sinne beschränkt. Auch Kulturzeitschriften, Life-Style-Magazine, aber auch pseudo-philosophische Traktate artikulieren Postmodernität auf der Ebene bzw. der Region des Feuilletonismus.

(2) Die Grenze zu einer zweiten Region ist damit nicht undurchlässig, gemeint ist die Region des *philosophischen Diskurses*. Im philosophischen Diskurs der Postmoderne stehen Begriffe wie Rationalität im Mittelpunkt oder die Frage, ob es noch Meta-Narrationen, also große sinnstiftende Erzählungen geben kann. Erkenntnistheoretische Probleme, wie etwa die Frage, was uns ein Text sagen kann, ob er überhaupt etwas zu sagen vermag und wie wir ihn dekonstruieren können, damit er uns etwas sagt, gehören zur philosophischen Erörterung der Postmoderne. Das muß nicht pures erkenntnistheoretisches Interesse sein, sondern kann als praktische Philosophie begriffen werden. So leiten etwa Fragen nach der Bedeutung von Identität und Differenz auch zu der praktischen Frage über, wie die moderne bzw. die postmoderne Gesellschaft mit dem Differenten, mit dem Andersartigen und Fremden umgeht.

Die philosophischen Thematisierungen des Postmodernen haben auch eine Vorliebe für ästhetische Theorie. Überhaupt fließen die Bereiche Erkenntnistheorie, praktische Philosophie und ästhetische Theorie, die ja in der modernen Philosophie seit Kants drei berühmten Kritiken sorgfältig voneinander geschieden wurden, in der postmodernen Philosophie ineinander. Das führt dann bei einigen Teilnehmern am philosophischen Diskurs der Postmoderne auch zu Texten, bei denen Deskription, Kritik, normative Aussage und ästhetizistisches Sprachspiel nicht mehr zu unterscheiden sind; im Extremfall werden Texte hervorgebracht, die man der Region des Feuilletonismus zuteilen kann. Diese beiden Regionen oder Ebenen, auf denen Postmodernität artikuliert wird, also der philosophische Diskurs wie der Feuilletonismus, werden nicht Gegenstand dieses Buches sein; oder allenfalls soweit sie symptomatisch mit den drei nächsten Regionen zusammenhängen. Die Postmoderne spielt sich natürlich auch im Feuilleton und im philosophischen Diskurs ab. Immerhin werden dort Schlachten um modernes und postmodernes Terrain mit großer Heftigkeit ausgefochten. Doch sind diese sekundär im Vergleich zu dem, was sich auf anderen Ebenen des Postmodernen abspielt. Die Postmoderne ist weder eine Erfindung der Philosophen noch eine Entdeckung der Feuilletonisten.

Die nächsten drei Ebenen oder Regionen, auf denen sich die Postmoderne abspielt, seien nur kurz benannt, da sich die weiteren Ausführungen ohnehin auf eben diese beziehen. Da ist die (3) *kulturelle* Ebene, also der gesamte Bereich der postmodernen Texte und Diskurse wie postmoderne Literatur, Architektur, Kunst, Musik, Film, Fernsehen, Video etc. Auch hier sind die Grenzen zu den beiden vorher genannten Regionen von Philosophie und Feuilletonismus fließend. Aber im Gegensatz zur Philosophie und zum Feuilleton, die sich als Reflexionen kultureller und sozialer Wirklichkeit verstehen, wenn nicht gar als l'art pour l'art auftreten, ist diese kulturelle Ebene erstens stärker produktbezogen und zweitens lebensweltlich von größerer Relevanz. ‚Produktbezogen‘ meint, daß Objekte produziert werden, die schließlich auch dem Konsum zugeführt werden. ‚Lebensweltlich‘ relevant sind die Objekte, insofern sie Lebensformen und Lebensweisen zum einen ausdrücken oder, wie gebrochen auch immer, reflektieren und zum anderen auch das individuelle und kollektive Leben formen, gestalten, beeinflussen und verändern. Ganz deutlich wird das etwa am Beispiel eines postmodernen Bauwerks, in dem man eben lebt und das auch dem Lebensgefühl Ausdruck verleiht.

(4) Damit ist eine weitere Ebene oder Region angesprochen, nämlich die des postmodernen *Lebensgefühls*. Gemeint ist der Bereich solcher Werte, Lebensentwürfe und -orientierungen, die man von denen der Moderne unterscheiden kann. In der Postmoderne gibt es bestimmte Vorstellungen und Realisierungen, was das Selbst, was Identität ist. Und vielleicht existieren auch für die Postmoderne typische Gefühlslagerungen und Gefühlslandschaften.

(5) Kultur und Lebensgefühl, diese beiden Ebenen oder Regionen des Postmodernen, sind last but not least mit einer weiteren Ebene oder Region des Postmodernen verkoppelt, der *sozialen Organisation*. Hierunter ist ein Bereich zu verstehen, der die Arbeitsteilung im engeren wie weiteren Wortsinn umgreift; also von der Organisation sozialer Beziehungen und Strukturen in der Familie und anderen interpersonellen Netzwerken über die Arbeitswelt bis hin zur politischen Öffentlichkeit und internationalen oder transnationalen Beziehungen. Diese Ebene der sozialen Organisation ist der eigentliche Bereich soziologischer Analyse, und in diesem Bereich ist auch Post-

modernes präsent. Die Postmoderne ist nicht bloß kulturelles Spektakel, ist nicht allein eine Werthaltung oder ein Lebensgefühl. Auch in der sozialen Organisation, in sozialen Strukturen und Prozessen, stößt man auf Phänomene, die anders sind als die typisch modernen und die wir deshalb postmodern nennen können.

Es ist also sinnvoll, verschiedene Ebenen oder Regionen zu unterscheiden, wo von Postmoderne die Rede ist. Der Vielschichtigkeit der Postmoderne entsprechend, beschäftigen sich mit ihr nicht nur die Soziologen. Das Gegenteil ist der Fall. Es hat einige Zeit gedauert, bis die Soziologie die Postmoderne in nennenswertem Maße entdeckt hat. Und für die deutsche Soziologie trifft das erst recht zu. Die Soziologie hat lange Zeit daran vorbei gesehen, was sich unter dem Stichwort Postmoderne in Gesellschaft und Kultur zusammenbraut. Die Strategie mancher Soziologen, die da meinten, das Thema Postmoderne sei nur eine kurzlebige modische Angelegenheit, die sich von selbst erledigen werde, ist nicht aufgegangen. Um so erfreulicher ist es, daß gerade in den letzten zwei, drei Jahren auch in der Soziologie das Thema Postmoderne mehr und mehr Beachtung gefunden hat. Außerdem ist bei den Arbeiten, die sich mit der Postmoderne befassen, eine Qualitätssteigerung festzustellen. Vieles, was in den achtziger Jahren zur Postmoderne veröffentlicht wurde, war schwer genießbar und hat nicht unbedingt zur Klärung beigetragen. Manchmal mußte man den Eindruck haben, bei der Diskussion um die Postmoderne handle es sich um einen Sturm im Wasserglas oder um obskure Ersatzphilosophie. Ende der achtziger, Anfang der neunziger Jahre sind nun aber etliche Arbeiten erschienen, aus denen sich die Konturen der Postmoderne schon deutlicher entnehmen lassen. Die Bücher von Bauman (1992a), Crook, Pakulski und Waters (1992) oder Smart (1992) sind wichtige Beiträge zur Erhellung der Postmoderne von soziologischer Seite. Noch vor fünf Jahren hätte man sich viel schwerer getan, drei von Soziologen verfaßte Bücher zur Postmoderne zu empfehlen, während aus anderen Fächern brauchbare Texte zur Postmoderne kamen. Nicht allzu erstaunlich ist, daß die drei genannten Bücher nicht von deutschen Soziologen geschrieben sind. Etwas überraschender mag es sein, daß keines der drei Bücher aus den USA kommt. Zygmunt Bauman ist ein nach England emigrierter Pole, Barry Smart lehrt in Neuseeland, Stephen Crook, Jan Pakulski und Malcom Waters sind an der University of Tasmania at Hobart, Australien. Nicht nur um die Verhältnisse etwas zugunsten Nordamerikas zurechtzurücken, sei ein weiteres gutes Buch zur Postmoderne erwähnt, das die an der University of Quebec-Montreal lehrende Politikwissenschaftlerin Pauline Marie Rosenau (1992) geschrieben hat. Natürlich haben auch einige deutsche Soziologen das Thema Postmoderne entdeckt und bearbeitet. Aber ein Buch aus deutscher Feder, das den vier soeben genannten vergleichbar wäre, wird man bislang vergebens suchen. Von den deutschsprachigen Veröffentlichungen zur Postmoderne ist das Buch von Wolfgang Welsch (1987) hervorzuheben, das den etwas verblüffenden, aber beinahe programmatischen Titel *Unsere postmoderne Moderne* trägt. Da Welsch Philosoph ist, erfahren wir bei ihm eine ganze Menge über moderne und postmoderne Begriffe und Probleme der Philosophie, aber nicht allzu viel über Gesellschaft und Soziologie der Postmoderne.

Ein anderes empfehlenswertes, neueres deutschsprachiges Buch über die Postmoderne hat der Politologe Klaus von Beyme (1991) geschrieben. Dort findet man vor allem eine Auseinandersetzung mit makrosoziologischen und politikwissenschaftlichen Theorien des 20. Jahrhunderts. Von denen ist aber nur ein Teil zur Postmoderne zu rechnen. Und die Auseinandersetzung von Beymes mit den Soziologen Habermas, Luhmann und Beck ist wohl etwas zu sehr auf die deutsche Szene konzentriert. Von Beymes Buch ist auch eher ideen- und theoriengeschichtlich ausgerichtet, als daß es eine Beschreibung der postmodernen *conditio humanis* oder *socialis* bietet.

Von der *condition postmoderne* spricht der Soziologe Bernhard Giesen (1991) in einem Buch, das in seinem etwas sperrigen Untertitel den Bezug zur Postmoderne erkennen läßt. Giesen bastelt mit Begriffen und Theoriestücken. Viel ist die Rede von Codes, symbolischen Strukturen und Evolutionslogik. Von realen postmodernen Phänomenen in Gesellschaft und Kultur jenseits des Selbstbeschäftigungsprogramms soziologischer Theoriediskurse erfährt man aber bei Giesen kaum etwas. Und das obwohl doch Giesen (1991, S. 11) erklärt: „Kritischer Prüfstein der Gesellschaftstheorie ist (demnach) heute nicht mehr Geschichte als ,Emanzipation', sondern die ,condition postmoderne'." Nimmt man diesen Satz ernst, so muß man einerseits die soziologische Theorie, ihre Begriffe und Theoreme durchdenken und weiterentwickeln, aber man muß eben auch die Beschreibung postmoderner Phänomene liefern. Diese Beschreibung kann und soll sich zwar der Begriffe soziologischer Theorie bedienen, aber sie läßt sich nicht aus der Theorie einfach ableiten. Damit kommen wir auf den Titel des vorliegenden Buches *Soziologie der Postmoderne* zurück, der noch näher zu erläutern ist.

‚Soziologie der Postmoderne' ist zweifach zu verstehen. Man hat es hier mit zwei Genitiven zu tun: Genitivus subjectivus und Genitivus objectivus. Verstehen wir ‚der Postmoderne' als Genitivus objectivus, dann haben wir es mit einer Soziologie zu tun, die die Postmoderne als Gegenstand behandelt. In diesem Fall geht es also um Deskription, Analyse oder Erklärung der Postmoderne oder von postmodernen Phänomenen und Prozessen. Wird ‚der Postmoderne' als Genitivus subjectivus verstanden, dann steht zur Debatte, ob wir es im Lichte der Postmoderne auch mit einer anderen Soziologie zu tun haben könnten, mit einer postmodernen statt modernen Soziologie. Der Titel dieses Buches sollte so verstanden werden, daß beide Genitive relevant sind. Der größte Teil der Ausführungen befaßt sich mit soziologischen Beschreibungen, Interpretationen und Erklärungen der Postmoderne, also mit Darstellungen und Analysen der sozialen und kulturellen Phänomene, die man unter dem Begriff ‚postmodern' zusammenfassen mag. Es geht also um den Versuch, postmoderne Realitäten zu verstehen. Ein anderer, kürzerer Teil des Buches diskutiert die Frage, auf welche Art und Weise die Soziologie auf diese postmoderne Wirklichkeit reagiert bzw. reagieren könnte. Die Soziologie war und ist ja ein Kind der Moderne. Was passiert mit der Soziologie, wenn sie mit der Postmoderne konfrontiert wird? Wird sie dann selbst postmodern, und was heißt das? — Diese beiden Aspekte von ‚Soziologie der Postmoderne', die in dem doppelten Genitiv zum Ausdruck kommen, bilden das thematische Feld des vorliegenden Buches.

1.2 Zur Genealogie des Begriffs ‚Postmoderne'

Bei einem so schillernden Begriff wie dem der Postmoderne ist es zunächst einmal wichtig zu zeigen, wann, wo, auf welche Weise, von wem dieser Begriff ins Spiel gebracht worden ist bzw. in Debatten und Diskurse eingeführt wurde. Über diese Retrospektive gelangt man zu einem ersten Verständnis von Postmoderne.

Nimmt man die Aufgeregtheiten, die der Begriff ‚Postmoderne' in zahlreichen Feuilletons und auf diversen Symposien verursacht hat, als Maßstab, dann könnte man meinen, daß die Postmoderne in den achtziger Jahren angebrochen sei. Aber dieser Eindruck trügt. Begriffe brauchen ihre Zeit, bis sie von engeren Kreisen, wo sie in Umlauf gebracht werden, kulturell und sozial diffundieren und in weiteren Kreisen ihre Spuren hinterlassen. Aus welchen intellektuellen, sozialen und kulturellen Zirkeln kommt nun der Begriff ‚Postmoderne'? — Welsch (1988b) hat die Geschichte der Postmoderne bis weit ins 19. Jahrhundert zurückverfolgt und weist nach, daß das Adjektiv ‚postmodern' bereits um 1870 auftritt. Dies geschieht in England, wo der Salonmaler Chapman und seine Freunde eine postmoderne Malerei kreieren wollten. Mit dieser postmodernen Malerei sollte die Dominanz des französischen Impressionismus progressiv überwunden werden. Dieses erste Auftauchen des Postmodernen ist allerdings eine Episode geblieben; ebenso der spätere Auftritt des Terminus, als 1917 der Kulturkritiker Rudolf Pannwitz in seinem Buch *Die Krisis der europäischen Kultur* vom „postmodernen Menschen" sprach (Welsch, 1988b, S. 7f.).

Wenn von Krise des Abendlandes und einem neuen Menschen die Rede ist, dann klingt das stark nach Nietzsche, wenn nicht nach Marx. In der kontinentaleuropäischen Kulturkritik hat der Philosoph Friedrich Nietzsche einen bedeutsamen, auch tragischen Einfluß gehabt. Nietzsche hatte in den siebziger und achtziger Jahren des 19. Jahrhunderts eine Kritik des abendländischen Denkens und der Moderne entfaltet, die viele Anhänger und Nachahmer fand, aber natürlich auch zu vielen Vergröberungen und Mißverständnissen geführt hat. Bei Nietzsche findet sich auch die Figur des „Übermenschen". Der Übermensch ist ein heroischer Überwinder des modernen Menschen. In diesem Nietzscheanischen Sinne spricht auch Pannwitz mit seinem „postmodernen Menschen" von der Überwindung der angeblichen Krise und Dekadenz der europäischen Kultur. In diesen frühen Verwendungen des Adjektivs ‚postmodern' erkennt man bereits Komponenten, die für die Postmoderne typisch sind: die Kritik von Modernität auf den Ebenen des philosophischen Denkens, der abendländisch-westlich-modernen Zivilisation, der Ästhetik und des Selbstverhältnisses des Menschen. Für die Modernitätskritiker ist das Werk Nietzsches ein reicher Fundus, aus dem sich auch heutige Postmodernisten gerne bedienen. Nietzsche ist allerdings ein Philosoph des ambivalenten Denkens. Sein Denken ist vielschichtig und widerspricht auch immer wieder sich selbst. Die Versuche, Nietzsche auf den Begriff zu bringen — wie den des Übermenschen — oder ihn in einem ideologischen Gehäuse zu kondensieren, sind meistens schief gegangen. Das Resultat sind dann Vergröberungen oder ungenießbare, kitschige Pseudophilosophien. Beispiel dafür ist die Nietzsche-Rezeption im Nationalsozialismus. Aber auch heute finden sich solche Tendenzen in den postmodernistischen Verwertungen der Gedanken Nietzsches. Doch bevor zwischen verschiedenen Spielarten der Postmoderne zu differenzieren ist, gilt es vorerst, die Genealogie des Begriffs Postmoderne weiter zu verfolgen.

‚Postmoderne' als Substantiv tritt zum erstenmal bei dem Literaturwissenschaftler Federico de Oníz auf. In dessen 1934 in Madrid erschienener *Antologia de la Poesia Española e Hispanoamericana* findet sich die folgende Phaseneinteilung der neueren spanischen und hispano-amerikanischen Dichtung: „modernismo" (1896-1905), „postmodernismo" (1905-1914), „ultramodernismo" (1914-1932). Diese zeitliche Zuordnung ist natürlich, wie jede Epochendatierung, problematisch und braucht uns hier auch nicht weiter zu beschäftigen. Interessanter ist der von Oníz vorgenommene Dreischritt, in dessen Verlauf es keineswegs zur Beendigung des Modernismus, sondern zu seiner Steigerung kommt. Postmodernismo ist sozusagen ein Luftholen des Modernismo, die Weiterfahrt mit angezogener Handbremse, ehe dann der Modernismo im Ultramodernismo eine Beschleunigung und Intensivierung erfährt. Dieses Muster ist insofern bemerkenswert, als es auch heute Positionen gibt, die schon von einer Post-postmoderne sprechen, die eben nicht das Ende der Moderne ist, sondern eine Super-, Ultra- oder Hypermoderne. Damit erscheint das Verhältnis zwischen Moderne und Postmoderne nicht als ein einfaches Nacheinander, sondern als eine — man möchte sagen — dialektische Entwicklung. In einer so verstandenen Ultra- oder Hypermoderne würde die Antithese von Moderne und Postmoderne aufgehoben. Von einigen Theoretikern der Postmoderne wird diese synthetische Leistung auch der Postmoderne selbst aufgetragen.

Aus der literaturhistorischen Epocheneinteilung bei de Onís wird ersichtlich, daß die Begriffe ‚modern' und ‚postmodern' so ganz luft- und wasserdicht nicht sind. Anhand dieses frühen Beispiels wird auch deutlich, daß bei der Erfindung oder Entdeckung der Postmoderne die Literaturgeschichte eine wichtige Rolle gespielt hat. Die literatur-kritischen und -wissenschaftlichen Debatten um den postmodernen Roman sind dann später vor allem in den USA geführt worden, woher auch die schönsten Exempel postmoderner Literatur kommen. Wenn man auf die großen zeitgenössischen Romane Lateinamerikas zu sprechen kommt und fragt, ob diese nun der Moderne oder Postmo-derne zuzurechnen sind, stellt sich meistens Verlegenheit ein. Wenn man meint, daß diese Romane gar nichts mit der Postmoderne zu tun haben, wäre das eine bemerkenswerte Ironie der Geschichte, da doch de Onís von der spanischen und hispanoamerikanischen Literatur ausgegangen war und gerade dort schon zu Beginn des 20. Jahrhun-derts einen Postmodernismo entdeckte. Sollte dieser frühe Postmo-dernismo folgenlos geblieben sein?

Das vereinzelte Auftauchen der Begriffe ‚postmodern' und ‚Postmo-derne' bei Chapman 1870, Pannwitz 1917 und de Onís 1934 ist, wie Welsch (1988b, S. 8) meint, „ohne nachhaltige Wirkung geblie-ben". Und doch kann man durchaus einige Parallelen zur heutigen Debatte um die Postmoderne erkennen. Auf jeden Fall ist festzustel-len, daß man sich mit der historischen Datierung des Beginns der Postmoderne schwer tut. Das wird auch deutlich anhand eines anderen Meilensteins in der Genealogie des Begriffs Postmoderne. Der Histo-riker Arnold Toynbee hat in seinem 1947 erschienenen enzyklopädi-schen Werk *A Study of History* die zeitgenössische Phase der abend-ländischen Kultur als postmodern bezeichnet und läßt diese Phase 1875 beginnen. Charakteristikum dieser Phase sei der Übergang der Politik vom nationalstaatlichen Denken zu globaler Interaktion (Welsch, 1988b, S. 8f.). In der Tat wird auch von heutigen Theoreti-kern der Postmoderne dieses transnationale Moment als ein wichtiges Merkmal der Postmoderne angesehen. Man mag sich nur fragen, ob mit 1875 die Datierung nicht etwas früh- und vorzeitig gewählt war. Denn sollten mit den beiden Weltkriegen die Höhepunkte des national-staatlichen Denkens nicht noch bevorstehen? Und zeigt nicht die Geschichte des Völkerbundes das klägliche Scheitern der globalen Interaktion zugunsten des Nationalismus? Aber man kann Toynbee vielleicht so verstehen, daß gerade diese geschichtlichen Ereignisse gezeigt haben, daß die Auswirkungen nationalstaatlichen Denkens immer transnationaler und globaler geworden sind.

Diese Toynbeesche Thematik führt in die Nachbarschaft zweier aktueller Problemkreise, die mit der Postmoderne zu tun haben. Erstens die historische Rückschau auf das moderne Weltsystem; also die Frage, wann denn die nationalen Staaten und Gesellschaften zu einem umfassenden, weltumspannenden System zusammengewachsen sind. Und zweitens das aktuelle Thema Globalisierung; also die Frage, ob und wie es gegenwärtig und in naher Zukunft zu globalen Interdependenzen auf politischer, wirtschaftlicher, sozialer und kultureller Ebene kommt. Gerade heute scheinen die Toynbeesche Charakterisierung der Postmoderne wie auch die Globalisierungsthese in der Realität nicht ganz aufzugehen. Erleben wir nicht am Ende des 20. Jahrhunderts Renaissancen nationalstaatlichen Denkens, so in Osteuropa, Südosteuropa, in der ehemaligen Sowjetunion und auch in Westeuropa? Gibt es nicht die Tendenz der reichen Industrieländer, die Zukunft der Welt ohne die Länder der Dritten Welt zu konzipieren? Und suchen nicht islamisch-fundamentalistische Bewegungen nationale Sonderwege? — Andererseits ist Globalisierung auf der Ebene der Ökologie schon weit vorangeschritten. Die Entstehung und interdependente Vernetzung von ökologischen Problemen überspringt die Grenzen der Politik. Das Ozonloch kümmert sich nicht um nationale Grenzen. Die Bewältigung dieser globalen Probleme bleibt demgegenüber in nationalstaatlichen Beschränkungen gefangen.

Mit diesen Anspielungen auf Globalisierung und Transnationalität hat sich der Umfang des Begriffs ‚Postmoderne‘ schon erheblich erweitert. Die aktuelle Debatte um die Postmoderne wird auf diversen Bühnen ausgetragen. Das führt dazu, daß unter ‚postmodern‘ sehr Unterschiedliches verstanden wird. Man mag es daher vorziehen, den Begriff nur im Bereich Architektur oder Literatur gelten zu lassen. Aber selbst da sind die Vorstellungen, was ‚postmodern‘ sein soll, nicht immer eindeutig und unumstritten. Daß Literatur, Literaturkritik und Literaturwissenschaft eine Wiege des Postmodernen darstellen, wird ja schon deutlich durch die frühe Verwendung des Ausdrucks „Postmodernismo" bei Federico de OnÍz. Die Literatur ist aber auch derjenige Bereich, wo die eigentliche Diskussion der Postmoderne ihren Ausgangspunkt und Hauptaustragungsort hat. Beginnend mit den späten fünfziger Jahren entfaltet sich in den USA die Debatte über postmoderne Literatur. Diese Debatte überschreitet bald Grenzen. Das sind zum einen die Grenzen zwischen Gegenstandsbereichen. Es geht dann nicht mehr um moderne und postmoderne Literatur allein, sondern auch um moderne und postmoderne Kultur. Damit setzt sich der Diskurs zweitens auch bald über disziplinäre Fachgrenzen hinweg. Und drittens bleibt die Diskussion nicht auf die USA beschränkt.

Der Vorteil der Auseinandersetzung mit der Postmoderne im Rahmen der Literatur liegt natürlich darin, daß es bei Texten vielleicht noch am aussichtsreichsten ist, charakteristische Merkmale zu benennen, die sich von Merkmalen der Texte moderner Literatur abheben. Bezeichnenderweise sind dann auch in anderen, nicht-literarischen Bereichen Phänomene in Analogie zum Text betrachtet worden. So wurden Alltagskonversationen, politische Programme, Gesetze und wissenschaftliche Theorien als Texte verstanden und schließlich sogar das Handeln und Verhalten von Menschen. Das Leben als Text, diese Metapher ist zwar nicht eine postmoderne Erfindung; aber Bezüge zwischen den literarischen Texten der Postmoderne und den Texturen postmoderner Lebenswelt sind noch einmal etwas Besonderes. Die Analyse postmoderner Texte und die postmoderne Art, Texte zu lesen, unterscheiden sich von früheren werkimmanenten Textinterpretationen. Sie stellen Bezüge her, die über den Text und das Werk des Autors hinausgehen, Relationen zwischen den literarischen Fiktionen untereinander sowie zwischen Fiktionen und Fakten in Gesellschaft und Kultur. Für den Literatur- und Wissenssoziologen ist natürlich die Frage reizvoll, ob es Gemeinsamkeiten zwischen den Kennzeichen postmoderner literarischer Texte und den Charakteristiken der als Text betrachteten Strukturen der Lebenswelt gibt. Eine Spielart des postmodernen Romans macht ja gerade die Trivialitäten und Banalitäten der Lebenswelt zum Thema, der postmoderne Roman spielt mit der Populär- und Massenkultur. Das wird in dem Titel eines frühen Aufsatzes zur Postmoderne von Irwing Howe (1959) deutlich: *Mass-Society and Postmodern Fiction.*

Nun liest nicht jedermann literaturkritische und literaturwissenschaftliche Abhandlungen, und man mag sich fragen, inwiefern akademische Debatten etwas mit der Kultur insgesamt, mit den Lebensverhältnissen und dem Lebensgefühl des Großteils der Menschen zu tun haben. Es stellt sich also die Frage, wie repräsentativ denn die Literaturdebatte der Postmoderne ist. Gegen den Verdacht, daß die postmoderne Literatur und die entsprechende literaturkritische Debatte elitär seien, ist festzustellen, daß gerade im Zusammenhang mit der postmodernen Literatur die Grenze zwischen anspruchsvoller, elitärer Literatur und unterhaltsamer, populärer Literatur eingerissen wird.

Der Publikumserfolg von Umberto Ecos Roman *Der Name der Rose* ist dafür ein schönes Beispiel. Und auch im Bereich der Architektur, wo eben nicht elitär, sondern für jeden sichtbar Postmodernität ausgestellt wird, wird die Infragestellung und Überschreitung der Grenzen zwischen Elitärem und Populärem deutlich.

Es wird oft die Meinung vertreten, Postmoderne sei vor allem eine Architekturmode bzw. der ganze Wirbel um die Postmoderne gehe von der Architektur aus. Doch die Architektur ist keineswegs die Wiege der Postmoderne. Gleichwohl wird die Postmoderne dort eben besonders augenfällig und (im wörtlichen Sinne) begreifbar. In die Architekturkritik wurde ‚postmodern‘ als negativer Begriff von dem Architekturkritiker Nikolaus Pevsner (1966/67) eingeführt (Welsch, 1987, S. 102; 1988b, S. 10). Für den engagierten Vertreter der Moderne ist alles, was dem vermeintlichen Pioniergeist der Modernisten nicht entspricht, Verrat. Positiv gewendet und popularisiert wird der Begriff ‚postmodern‘ dann von Charles Jencks, der seit Mitte der siebziger Jahre die Debatte um die postmoderne Architektur maßgeblich geprägt hat. In *What is Post-Modernism?* zeigt Jencks (1986) die Genealogie der postmodernen Architektur auf, die nach ihm in den sechziger Jahren begonnen und sich seitdem in verschiedene Richtungen verästelt hat.

Von ihren Kritikern wird der Postmoderne immer wieder ihre angebliche Beliebigkeit vorgeworfen. Doch auch in der Postmoderne ist nicht alles beliebig, geht nicht alles wild durcheinander. Postmoderne Romane sind nicht einfach aus dem Bauch geschrieben, sondern kompliziert konstruiert, und auch postmoderne Architektur entsteht nicht spontan, sondern nach Bauplänen. Was heißt da also Beliebigkeit? Wenn Beliebigkeit auch etwas mit beliebt zu tun hat, dann wäre dagegen doch wenig einzuwenden! In der Tat haben die Autoren postmoderner Literatur oder die postmodernen Architekten überhaupt nichts dagegen, wenn ihre Werke auch bei einem breiteren Publikum beliebt sind. Der klassischen modernen Architektur ist es ziemlich egal, ob sie den Menschen, die in ihr leben müssen, auch gefällt. Nicht Gefälligkeit war das ästhetische Kriterium, sondern die Unterordnung der Form unter die Funktion. Die Ideologie des Funktionalismus hat dann zu den häßlichen Zweckbauten geführt, die offenbar die ästhetischen Bedürfnisse ihrer Benutzer kaum befriedigen. Was als zeitlos-modern angepriesen war, da im Dienste der Funktion stehend, sieht mittlerweile furchtbar alt aus. Ein dramatischer Ausdruck des Unbehagens an der Moderne hat sich in St. Louis ereignet, als man einen Komplex moderner Wohnbauten einfach in die Luft sprengte. Damit ließe sich mit Jencks (1984, S. 9) der Tod der modernen Architektur sogar exakt datieren und lokalisieren: „Modern architecture died in St. Louis, Missouri, on July 15, 1972 at 3.32 p.m."

Es ist also festzuhalten, daß Debatten um die Postmoderne in der Literatur ab den späten fünfziger Jahren geführt worden sind, in der Architektur ab den sechziger und vor allem siebziger Jahren. Seit dieser Zeit — manchmal etwas vor den entsprechenden Diskussionswellen, meistens etwas nach ihnen — steigt dann auch die Flut der postmodernen Romane und Bauwerke an. Das wiederum hat dazu geführt, daß Postmodernes aus den Diskussionszirkeln der Fachleute auswanderte und im Alltag präsent wurde, sichtbar und lesbar. Feuilleton und Kulturkritik haben sich auf die postmodernen Objekte gestürzt. Die Übertragung der Merkmale des Postmodernen auf andere Bereiche kultureller und sozialer Wirklichkeit ließ nicht lange auf sich warten. Die Doppel- oder Mehrfachcodierung ist ein Merkmal des Postmodernen, d.h., in der Postmoderne kommt es zur Vermengung und Vermischung von Dingen und Ideen, die in der Moderne nichts miteinander zu tun hatten oder zu tun haben durften. Folglich ist es nicht überraschend, daß alles und jedes postmodernisiert wird. Postmodernität steckt an. Postmodernes scheut ja nicht das Licht der breiten Öffentlichkeit, ist dem Marketing nicht abgeneigt, spielt mit dem Trivialen und Banalen. Kein Wunder also, daß die theoretischen Positionen der Postmoderne mit allerlei in Verbindung gebracht werden. Dabei wird auch trivialisiert und banalisiert. Der postmoderne Zeitgeist weitet sich aus und läuft Gefahr, unkenntlich zu werden. Postmoderne Zeitdiagnosen im Stile der Annoncierung dessen, was angesagt ist, haben Konjunktur.

Für Zeitdiagnosen sollten die Sozialwissenschaften zuständig sein. Dort ist allerdings der postmoderne Virus reichlich spät virulent geworden. Doch muß diese Resistenz gegen das Postmoderne kein Zeichen geistiger Noblesse darstellen, sondern kann auch Ausdruck von Ignoranz sein. Welche Soziologen lesen postmoderne Romane, welche Politologen interessieren sich für postmoderne Einkaufs- oder Vergnügungszentren? Und wieviele Sozialwissenschaftler müssen sich mit so dubiosen postmodernen Phänomenen wie Disney World und Miami Vice beschäftigen, bis das spürbare Effekte auf die sozialwissenschaftliche Theorie hat, und welcher Art könnten diese Effekte sein? Der gesamte Bereich Massen- oder Populärkultur, Konsum,

Freizeit, Tourismus, Vergnügen und Unterhaltung hat ja in der klassischen, modernen sozialwissenschaftlichen Theorie — von einigen Ausnahmen abgesehen — keine Rolle gespielt. Ebensowenig wie der Bereich des Emotionalen. Doch auch das scheint sich in der Postmoderne zu ändern.

Die Theoretiker der Sozialwissenschaften sind lange als Hohepriester der Moderne aufgetreten, als ihre Sozialingenieure oder auch als ihre Kritiker. Daß wir schon lange nicht mehr in der modernen Gesellschaft leben, von der Marx, Tönnies, Durkheim, Simmel und Weber sprechen, das scheint von den meisten Soziologen gar nicht richtig bemerkt oder verarbeitet worden zu sein. Gleichwohl ist eine Ehrenrettung der Soziologie möglich. Einige ihrer besten Köpfe haben schon in den fünfziger und sechziger Jahren ihre Gesellschaftsdiagnosen unter dem Etikett ‚postmodern‘ abgegeben, als das Denken der meisten Sozialwissenschaftler noch um die Moderne kreiste. Von postmoderner oder postindustrieller Gesellschaft — was nicht immer dasselbe ist — war schon ab Ende der fünfziger Jahre bei einigen prominenten Soziologen die Rede. So etwa in Vorträgen von Daniel Bell, bei David Riesman (1958), C. Wright Mills (1959), Amitai Etzioni (1968) und Alain Touraine (1969). Die genannten Soziologen waren oder sind in der Lage, theoretische Ambition, gesellschaftsanalytische Beobachtungsgabe und Verständlichkeit miteinander zu verbinden. So ist es auch kein Zufall, daß diese Soziologen zu den Stichwortgebern für Debatten wurden, die auch außerhalb des akademischen Elfenbeinturmes geführt wurden. Diese Soziologen waren oder sind sensibel für tiefgreifende gesellschaftliche Veränderungen. Daß die moderne Gesellschaft in das Stadium ihrer Abenddämmerung geraten war und daß da unter dem Catchword der postmodernen oder postindustriellen Gesellschaft etwas Neues, Andersartiges im Entstehen begriffen war, das wurde also schon in den fünfziger und sechziger Jahren erkannt. Um so erstaunlicher ist es, daß der Mainstream der Soziologie davon ziemlich unbeeindruckt blieb und weiterhin von der modernen Gesellschaft sprach. Ob kritisch oder affirmativ, die Moderne blieb der kaum hinterfragte Bezugsrahmen für die große Gesellschaftstheorie sowie für die empirische Kleinarbeit.

Daß in Deutschland die Entfaltung der Postmoderne lange verschlafen wurde, hat intellektuelle und kulturelle Gründe. Deutschland gilt ja als „verspätete Nation". Aufklärung, Industrialisierung und Demokratisierung als wichtige Bestandteile der Moderne nahmen nicht in Deutschland ihren historischen Ausgang. Im Vergleich zu Frankreich,

England und Nordamerika blieb die Entfaltung der Moderne in Deutschland zurück, wurde auch immer von modernitätsfeindlichen Gegenströmungen aufgehalten oder zersetzt. Nach dem Zweiten Weltkrieg mußte sich die Moderne in Deutschland durchsetzen und bewähren. Das gelang weitgehend in Politik und Wirtschaft. Auch die moderne Kultur (Philosophie, Literatur, Malerei) hatte in Deutschland nach dem Nationalsozialismus Nachholbedarf. Viele Strömungen der kulturellen Moderne der zwanziger Jahre hatten ihren Ausgangspunkt in Deutschland. Richtig heimisch werden konnte die Moderne hier allerdings nicht. Und wieviele Entwicklungen der kulturellen Moderne wurden durch den Nationalsozialismus ver- und ausgetrieben! Es blieb also ein Nachholbedarf in der Rezeption der Moderne nach dem Zweiten Weltkrieg. Die Aufholjagd konnte beginnen und verhalf der Moderne zum Erfolg. Die Moderne wurde in Deutschland schließlich zur Selbstverständlichkeit, ja zur Norm.

Doch während etwa die deutsche Philosophie erst einmal die angelsächsisch geprägte analytische Philosophie rezipieren mußte, die Tradition des Liberalismus neu entdeckte oder sich dem Marxismus zuwandte, traten in Frankreich Denker auf die Bühne, die die Wende von der Moderne zur Postmoderne vollziehen sollten: Roland Barthes, Michel Foucault, Jacques Derrida, Gilles Deleuze, François Lyotard. In den USA wurde die Philosophie etwa durch Richard Rorty ins Postmoderne gewendet. Paul Feyerabend, ursprünglich Popperianer, dann aber enfant terrible der Wissenschaftstheorie, unterminierte Grundpfeiler des modernen Wissenschaftsverständnisses. Interessanterweise sind die stärksten Impulse für Theorien der Postmoderne gerade dort aufgetreten, wo man zuvor modernes Denken am weitesten getrieben hatte. Der kalte Rationalismus und das strenge Ordnungsdenken, wie sie für den französischen Strukturalismus (z.B. bei Claude Lévi-Strauss oder beim frühen Roland Barthes), aber eben auch für die angelsächsische analytische Philosophie typisch sind, scheinen den Boden für die Infragestellung und Unterminierung des Vernunft- und Rationalitätsbegriffs bei den französischen Poststrukturalisten und angelsächsischen Postmodernen darzustellen. Fast sieht es so aus, als müsse man erst die Exzesse der Moderne durchmachen, um dann die Postmoderne erreichen zu können. Genauso, nur etwas früher als in der philosophischen und soziologischen Theorie, ist ja auch die Entwicklung in Literatur, Kunst und Architektur verlaufen.

In der universitären Philosophie und Sozialwissenschaft wurden die postmodernen Bewegungen des Denkens lange ignoriert. Die französischen Strukturalisten und Poststrukturalisten wurden in den Sozialwissenschaften hier und da als Geheimtip gehandelt, blieben aber doch ziemlich wirkungslos. Im Lager der Kritischen Theorie wurden Foucault und Derrida schließlich entdeckt, als Jürgen Habermas (1985a) sich mit ihnen in seinem *Philosophischen Diskurs der Moderne* auseinandersetzte. Doch werden sie von Habermas mit der Gleichsetzung poststrukturalistisch/postmodern = neokonservativ erledigt. Für die Diagnose der Postmoderne und für postmoderne Theorien war kein Raum, solange Kritische Theorie und Neomarxismus, Kritischer Rationalismus und Strukturfunktionalismus in Philosophie und Sozialwissenschaften ihr Monopol in der Theorie ausspielen konnten. Mittlerweile ist aber in Philosophie und soziologischer Theorie das Angebot an Gesellschaftsdeutungen und -erklärungen erheblich gewachsen. Die Vorherrschaft einiger weniger Großtheorien über die Interpretation der Wirklichkeit ist zu Ende. Feyerabends berühmtes Wort „anything goes" mag zwar nicht ganz zutreffen, doch fraglos hat sich das Spektrum der soziologischen Theorien, ja sogar der Soziologien, erheblich erweitert. Einige Theorien, die einmal typisch modern waren, befinden sich im Zustand ihrer Postmodernisierung. Als Transformation vom modernen zum postmodernen Denken läßt sich beispielsweise die Entwicklung der Systemtheorie Niklas Luhmanns (1984) auffassen. Konversionen vom Modernismus zum Postmodernismus finden auch im Lager des Symbolischen Interaktionismus statt. Norman K. Denzin (1986, 1992), einer der produktivsten gegenwärtigen Repräsentanten des Symbolischen Interaktionismus, hat für Importe des Postmodernen in diese Theorierichtung gesorgt. Und auf dem Scherbenhaufen, der nach der Auflösung des real existierenden Sozialismus vom Marxismus übrig geblieben ist, stehen die unversöhnlichen marxistischen Kritiker des Postmodernismus (Callinicos, 1989) Theoretikern gegenüber, die postmodernistische und marxistische Konzepte miteinander zu verbinden versuchen (Woodiwiss, 1990, 1993).

Wenn Vielfalt und Unübersichtlichkeit typisch für die Postmoderne sind, dann ist die Soziologie wohl selber auch schon postmodern geworden. Und doch wälzt die Soziologie noch den Begriffsberg vor sich her, der aus ihrem heroischen Zeitalter stammt, das mit der Kulmination der Moderne zusammenfiel. Während manche den theoriegeschichtlichen Zufluchtsort bei den Klassikern suchen, andere die Flucht nach vorn in die wirklichkeitsfernen Formalismen der *Rational Choice Theory* und der Spieltheorie antreten, holt die Postmoderne diese Fluchtbewegungen ein, erschlagen die realen Phänomene und

Probleme der Postmoderne das Bemühen der Soziologen, Übersichtlichkeit zu konstruieren. Die Postmoderne wird als „neue Unübersichtlichkeit" (Habermas, 1985b) erlebt, wobei die Frage angebracht ist, ob die Soziologie jemals den Überblick über das Ganze, was sie Gesellschaft nennt, hatte oder haben konnte. Die Übersichtlichkeit der Moderne, der modernen Gesellschaft, ist eine Fiktion, die ebenso verzerrend und vergröbernd ist wie die holzschnittartigen und undifferenzierten Vorstellungen der Soziologen von der sogenannten traditionalen Gesellschaft.

Die Auseinandersetzung mit der Postmoderne ist gerade in Deutschland lange als eine Art Glaubenskrieg geführt worden. Für Habermas stehen die Theoretiker der Postmoderne im Verdacht, gegen Aufklärung zu sein; sie gelten ihm als neokonservativ. Die Gegenüberstellung von progressiv vs. konservativ mag irgendwann einmal sinnvoll gewesen sein, doch heute gibt sie nicht mehr viel her. Es dürfte heute immer schwerer sein, ein Paket aus Denken, Haltung, Einstellung, Geschmack, Fühlen und Handeln zu schnüren, auf das man ein Etikett wie neokonservativ oder progressiv kleben könnte. Es gibt keine Eins-zu-eins-Beziehungen zwischen philosophischem Weltbild, sozialem Standort, praktisch-moralischer Haltung, politischem Handeln und ästhetischen Vorlieben. Diese Feststellung ist allerdings schon aus der Perspektive der Postmoderne vorgenommen.

Doch selbst wenn man unbedingt mit der Opposition von konservativ und progressiv arbeiten will, ist es ziemlich absurd, postmodern und neokonservativ gleichzusetzen. Das Spektrum postmoderner Theorien und Befunde ist erheblich bunter, als das die Verkürzung auf die Position des Neokonservativen nahelegt. Für den Bereich geistes- und sozialwissenschaftlicher Theorie unterscheidet Rosenau (1992, S. 4f.) verschiedene Versionen des Postmodernismus. In seiner extremsten Version ist der Postmodernismus revolutionär. Diese Version geht an den Kern dessen, was die Sozialwissenschaften ausmacht, löst diesen Kern auf. Das kann so weit gehen, daß schlichtweg die Abschaffung des Sozialen behauptet oder gefordert wird. In der moderateren Version des Postmodernismus wird immerhin noch die Redefinition theoretischer Konzepte und empirischer Befunde gefordert. Verlangt werden hier Dekonstruktion und Innovation von Begriffen, Theorien und Interpretationen. Insofern man Max Webers Diktum von der ewigen Jugendlichkeit der Sozialwissenschaften und Karl Raimund Poppers Prinzip des Fallibilismus ernst nimmt, ist diese moderatere Version des Postmodernismus gar nicht so weit entfernt von bekannten modernistischen Strömungen. Allerdings geht auch der moderate Postmodernismus über den Modernismus hinaus, da die Dekonstruktion auch nicht vor so zentralen Begriffen der Moderne halt macht wie etwa Gesellschaft, Repräsentation, Wahrheit und schließlich dem der Moderne selbst.

Ganz im Gegensatz zu den groben Vereinfachungen in der Darstellung dessen, was die Moderne ausmachen soll, ist natürlich die Moderne kein einheitliches Phänomen. Was „die moderne Gesellschaft" ist, läßt sich gar nicht so klar und eindeutig bestimmen, wie auch die Vorstellung vom Entwicklungspfad, auf dem Modernisierung voranschreiten soll, unklar bleibt. Folglich gibt es in der intellektuellen Reflexion des Modernen auch unterschiedliche Modernismen. Kapitalismus und Liberalismus gehören ebenso zur Moderne wie Sozialismus und Kommunismus. Aufklärung und Emanzipationsbewegungen sind Teil der Moderne, aber auch der Holocaust und der Archipel Gulag. Es kann also kein Fehler des Postmodernismus im Vergleich zum Modernismus sein, wenn er nicht weniger komplex und heterogen ist.

Die Vielfalt und Vielschichtigkeit der Postmoderne aufzuzeigen, ist auch das Ziel des vorliegenden Buches. Im folgenden geht es nicht um ideologische Diffamierung oder Affirmation der Postmoderne. Angestrebt ist vielmehr eine nüchterne Bestandsaufnahme von postmodernen Phänomenen. Hinter dem Wort Postmoderne, soviel sollte schon deutlich geworden sein, verbirgt sich eine bunte, vielschichtige und zum Teil auch von Widersprüchen geprägte Realität. Diese Realität wird im folgenden auf verschiedenen Ebenen und in einigen ausgewählten, aber zentralen Bereichen dargestellt. Selbstverständlich können dabei nicht alle Bereiche, in denen von Postmoderne die Rede ist, abgedeckt werden. Keine Publikation zur Postmoderne vermag das Spektrum postmoderner Phänomene in seiner gesamten Breite und Tiefe wiederzugeben. Um die Vielfalt der Erscheinungen „in den Griff" zu bekommen, bedarf es eines begrifflichen Instrumentariums. Das folgende Kapitel (Kapitel 2) wird daher einige Schlüsselbegriffe erstellen, mit Hilfe derer sich postmoderne Erscheinungen erfassen lassen. In Kapitel 3 wird das Verhältnis von Postmoderne, Geschichte und Posthistoire geklärt. Kapitel 4 veranschaulicht anhand eines konkreten und für die Postmoderne paradigmatischen Gegenstandes, nämlich dem der Literatur, wie sich die herauspräparierten Schlüsselbegriffe leitmotivisch zeigen. Die Kapitel 5 und 6 spüren den Leitmotiven der Postmoderne in zwei maßgeblichen institutionellen Bereichen der Gesellschaft nach: Arbeit und Wirtschaft (Kapitel 5) sowie Familie und familiale Beziehungen (Kapitel 6). Der Bedeutung der Architektur und der Gestaltung urbaner Räume für die Postmoderne trägt Kapitel 7 Rechnung. Einige charakteristische Züge der Politik in der Postmoderne beleuchtet Kapitel 8. Schließlich greift Kapitel 9 die Frage auf, was die Postmoderne für die Sozialwissenschaften, und die soziologische Theorie im besonderen, bedeutet; es werden Konsequenzen für eine postmoderne Soziologie skizziert. Damit schließt sich der Kreis, den eine Soziologie der Postmoderne (genitivus subjectivus und objectivus!) zu beschreiten hat.

2 Schlüsselbegriffe und Leitmotive der Postmoderne

2.1 Terminologische Vorklärungen

Dieses Kapitel bietet einen Überblick über einige Schlüsselbegriffe und Leitmotive der Postmoderne. Zuerst sind aber noch einige begriffliche Unterscheidungen herauszuarbeiten. Bisher war mal von der Postmoderne, mal von Postmodernismus die Rede. Es wurde das Adjektiv postmodern gebraucht und hier und da auch von Postmodernität und Postmodernisierung gesprochen. Der Bedeutungsgehalt dieser Begriffe ist nicht ganz identisch. Das gleiche gilt natürlich auch für die entsprechenden Begriffe ohne das Präfix ‚post'.

1. Die Begriffe Moderne/Postmoderne bezeichnen jeweils eine Konfiguration oder Struktur mit bestimmten sozialen und kulturellen Merkmalen. Diese Struktur kann auf eine historische Zeitspanne bezogen werden; dann ist von Moderne und Postmoderne als Epochen die Rede. Oft werden Moderne und Postmoderne aber auch als Stile vorgestellt. Diese müssen dann nicht unbedingt chronologisch aufeinander folgen, sondern können auch zeitlich zusammen vorkommen.

2. Die Charakteristik einer historischen oder stilistischen Konfiguration kann man adjektivisch als modern oder postmodern bezeichnen. Wenn wir modern und postmodern als Idealtypen auffassen, dann folgt daraus, daß wir in der Realität auf Mischungen dieser Idealtypen treffen werden.

3. Das Begriffspaar Modernität/Postmodernität bezeichnet ebenfalls idealtypische Konfigurationen: Die Modernität des World Trade Centers in New York beispielsweise besteht in der Funktionalität, Sachlichkeit, Schnörkellosigkeit des Bauwerkes, in der Kombination bestimmter Materialien, in der stilistischen Klarheit und Übersichtlichkeit. Die Postmodernität der Neuen Staatsgalerie in Stuttgart besteht in der Doppelcodierung, in der Konfrontation oder auch Mischung von Stilelementen etc.

4. Das Begriffspaar Modernismus/Postmodernismus bezieht sich auf die Reflexion von modern/Modernität/Moderne bzw. postmodern/Postmodernität/Postmoderne. Gemeint ist eine Stilisierung, Steigerung, Überzeichnung, Verdichtung des Modernen bzw. Postmodernen. („Verdichtung" ist hier übrigens ein sehr passendes Wort, da es sich

nicht nur im Sinne von Konzentration verstehen läßt, sondern auch an Dichtung, an Fiktion und fiction erinnert.) Modernismus und Postmodernismus sind gewissermaßen Weltanschauungen oder Ideologien, die gemacht und propagiert werden. Während die Begriffe Moderne bzw. Postmoderne den Eindruck hinterlassen, als ob es sich hierbei um Konstellationen handelt, die sich einfach ereignen, deuten die Begriffe Modernismus/Postmodernismus auf den Charkater des Konstruierten, des Gemachten hin. Modernismus und Postmodernismus werden von Intellektuellen, von Kulturschaffenden im weitesten Sinne, produziert und propagiert (Vester, 1985). Ist von Modernismen und Postmodernismen im Plural die Rede, dann wird unterstellt, daß es verschiedene Spielarten der Verdichtung des Modernen bzw. Postmodernen gibt oder auch verschiedene Aspekte.

5. Etwas seltener ist die Übernahme des Begriffs Modernisierung in die Post-Serie. Analog dem Begriffsverständnis von modern im Sinne von neu, gibt es auch den Begriff Modernisierung. In diesem Sinne werden Wohnungen modernisiert, d.h. auf den neuesten Stand gebracht. Die Soziologen meinen mit Modernisierung allerdings etwas anderes. Modernisierung ist ein Prozeß, in dessen Verlauf eine Gesellschaft oder ein soziales System bestimmte Merkmale übernimmt oder ausbildet. Es handelt sich dabei um Merkmale, die als typisch für die Moderne gelten. In diesem Sinne haben die Modernisierungstheorien den Übergang von sogenannten traditionalen oder vormodernen Gesellschaften zu modernen Gesellschaften beschrieben und analysiert. Dabei diente als moderne Mustergesellschaft, der man die Merkmale der Modernität entnahm, vor allem die Gesellschaft der USA. Der Begriff Modernisierung ist in der Soziologie und nicht nur dort weitverbreitet. Postmodernisierung hingegen ist weniger gebräuchlich. Man kann Postmodernisierung zum einen als einen nicht näher bezeichneten Transformationsprozeß verstehen, der sich nach erfolgter, nicht unbedingt erfolgreicher Modernisierung abspielt. Zum anderen, und das bringt mehr, meint Postmodernisierung aber auch die Entfaltung, Entwicklung und Durchsetzung der Merkmale, die man als postmodern ansieht. Postmodernisierung ist demzufolge der Prozeßbegriff für die Verwandlung moderner Kulturen und Gesellschaften in postmoderne. Wenn es Sinn macht, von dem modernen Menschen zu sprechen, dann kann man auch die Veränderung des modernen Menschen zum postmodernen unterstellen.

Die Gegenüberstellung der Begriffsserie ‚modern, Moderne etc.‘ mit der Post-Serie läßt eine Asymmetrie erkennen. Was modern und die Moderne ist, darüber herrscht mehr oder weniger Common sense. Bei den Begriffen des Postmodernen tut man sich schwerer. Unsicher erscheint, wo genau die Scheidelinie zwischen Moderne und Postmoderne verläuft und ob sie überhaupt einen klaren, eindeutigen Verlauf nimmt. Wörtlich genommen sagt uns der Begriff ‚post-modern‘ ja nur soviel, daß es sich hierbei um ein Danach, Nachher handelt. Wie das genau aussieht, was nach der Moderne und dem Modernen kommt, das gibt dieser merkwürdig leere oder offene Begriff nicht zu erkennen. Die Sache wird sogar noch komplizierter, wenn von einer Überlappung, Gleichzeitigkeit oder Koexistenz des Modernen und seinem Danach die Rede ist.

Die aus diesen Unklarheiten resultierende Beunruhigung läßt sich aber besänftigen, wenn man sich historischer Analogien erinnert. Wo genau liegt die Grenze zwischen Antike und Mittelalter oder zwischen Mittelalter und Neuzeit? Wann fängt die Moderne an? — Der Geist des Mittelalters oder der Antike hat sich über die so bezeichneten Epochen hinaus erhalten. Und auch die von den Soziologen wie selbstverständlich vorgenommene Gegenüberstellung moderne Gesellschaft hier und traditionale Gesellschaft dort ist äußerst grob und holzschnittartig. Noch in der modernsten Gesellschaft gibt es Relikte des Traditionalen (z.B. Aberglaube). Der Strom der Modernisierung umspült die Inseln des Traditionalen, die vielleicht gar nicht einmal so klein sind. Vielleicht ebbt die Flut der Modernisierung sogar hier und dort ab und versickert an traditionalen Gestaden.

Daß wir gegenwärtig nicht so genau wissen, was die Postmoderne im Vergleich zur Moderne ist, und auch nur spekulieren können, wohin sich die Postmoderne entwickeln wird, liegt an zu geringem Abstand — historisch, begrifflich und theoretisch. Tröstlich zu wissen, daß ein Zeitdiagnostiker in der Abenddämmerung der Antike bzw. in der Morgendämmerung des Mittelalters auch in keiner besseren Lage gewesen wäre. Was heute dämmert, ist immerhin die Einsicht, daß sich die Moderne, die modernen Gesellschaften, Kulturen und Menschen verändern. Diese Veränderungen sprengen den Rahmen der Moderne und lassen auch die Theorien, die im Geiste der Moderne konstruiert worden sind, ziemlich antiquiert erscheinen. Im Stadium postmoderner Ungewißheiten und Ambivalenzen sind wir vielleicht weniger in der Lage, eine klare Vorstellung von der Gegenwart oder gar der Zukunft zu bekommen. Ein reflektierter Rückblick auf die Moderne läßt sich aber doch schon erhaschen. Im Zwielicht der Postmoderne treten Licht und Schatten der Moderne deutlicher hervor.

Warum sollten die soziologischen Klassiker, die den Modernisierungs-
prozeß beschrieben haben, das letzte Wort in Sachen Moderne haben?
Aus der Erschütterung der Moderne und dem Scheitern mancher
moderner Theorien und modernistischer Programme entsteht nicht
unbedingt schon ein kohärentes, eindeutiges Bild der Postmoderne.
Die Postmoderne in ihrer Totalität erfassen zu wollen, ist ohnehin ein
Vergehen gegen postmoderne Intentionen. Die *eine* Theorie der Postmoderne kann es wohl nicht geben. Immerhin sollten wir heute aufgrund von geschichtlichen und soziologischen Vergleichen, mit Hilfe
von Daten und theoretischen Überlegungen in der Lage sein, ein Bild
— oder einige Bilder — von der sozialen und kulturellen Wirklichkeit
zu zeichnen, das nicht völlig aus der Luft gegriffen ist. Das ist zwar
riskant, aber besser als risikoscheue Soziologie. Risikoscheue Soziologie ist endlose Klassikerexegese, methodologisches Raffinement als
l'art pour l'art, die Autopoietik selbstreferentieller Theorie, die Glas-
perlenspiele des radikalen Konstruktivismus und der kontrafaktischen
Diskursethik oder das Eingraben in die Mikrosphären subjektivisti-
scher Befindlichkeiten. Dabei sind vielleicht gerade diese Erscheinungen und Tendenzen risikoscheuer Soziologie selbst Merkmal der
Postmoderne. Als postmodern gilt ja oft das beliebige Nebeneinander,
die Fragmentierung des Weltbildes, die Pluralisierung der Deutungen.
Insofern ist die Suspendierung des Versuchs, eine umfassende Gesell-
schaftsanalyse oder gar Kulturdeutung zu erstellen, nur konsequent
postmodern. Andererseits erhebt die Diagnose *der* Postmoderne einen
Totalitätsanspruch. Damit gerät die Auseinandersetzung mit der Postmoderne in eine paradoxe Situation. Allerdings wird das Paradoxon
erträglich, wenn man sieht, daß das Gesamtbild der Postmoderne in
sich schon so differenziert ist, daß sich mögliche Einwände gegen
einen angeblich totalitären Zug postmoderner Gesellschaftstheorie
leicht entkräften lassen. Zur differenzierten Betrachtung der Postmoderne sollen auch die im folgenden entwickelten Schlüsselbegriffe oder
Leitmotive der Postmoderne beitragen.
In der Philosophie, aber auch in sozialwissenschaftlichen Theorien
führen Begriffe mitunter ein Eigenleben. Sie stehen dann für nichts
mehr außer ihrer selbst oder für die Relationen zwischen ihnen. Ein
solches Sich-*Ver*greifen an Begriffen ist haltlos. Mit Begriffen sollte
man etwas zu *be*greifen versuchen. Begriffe haben den Zweck, einer
Sache näher zu kommen, sie abzutasten, sie zu begreifen. In diesem
Sinne sind auch die Schlüsselbegriffe zu verstehen, die in den Diskussionen um die Postmoderne eine leitmotivische Rolle spielen. Mit

Hilfe dieser Begriffe lassen sich die Phänomene erfassen, die als postmodern anzusehen sind.

2.2 Pastiche

Differenz, Differenzierung und *De-Differenzierung* bilden für die Gegenüberstellung von Moderne und Postmoderne ein wichtiges Begriffsgefüge. Differenz ist ein abstrakter Begriff, der in der Philosophie von Hegel bis Derrida hin- und hergewendet worden ist und auch in die soziologische Theorie, vor allem in Makrosoziologie, Gesellschaftstheorie und Entwicklungssoziologie, Eingang gefunden hat. Soziologen haben sich die Entwicklung der modernen Gesellschaft so vorgestellt, daß sich die ursprünglich relativ überschaubare und homogene gesellschaftliche Totalität in immer mehr Bereiche differenziert. In klassischen soziologischen Theorien (Marx, Durkheim, Weber) wurde soziale Differenzierung als eng verknüpft mit dem Prozeß der Industrialisierung vorgestellt (vgl. Walton, 1987). Im Laufe der Differenzierung werden gesellschaftliche Bereiche wie Religion, Wirtschaft, Politik, Kultur und später auch die Wissenschaft voneinander getrennt. Dabei wird jeder Bereich in sich differenzierter. Auch die soziale Struktur, die Schichtung der Gesellschaft, wird immer differenzierter. Bei dieser Differenzierung geht es nicht allein um die Bildung von Unterschieden. Was sich da voneinander unterscheidet, soll nicht beliebig voneinander unterschieden sein, sondern in funktionaler Hinsicht (vgl. Holton, 1992, S. 23-46). Die Gesellschaft differenziert sich nach funktionalen Kriterien. Den gesellschaftlichen Teilbereichen, den einzelnen Institutionen und den diversen Rollen sind Aufgaben oder eben Funktionen zugeordnet. Differenzierung ist Arbeitsteilung. Nicht jeder Teil des Ganzen kann alles gleich gut erledigen und spezialisiert sich daher auf bestimmte Funktionen. Dieser Prozeß, für den deutsche Soziologen gerne den eigentlich häßlichen und vieldeutigen Begriff ‚Ausdifferenzierung' verwenden, steigert die Komplexität der Gesellschaft. Komplexität meint dabei nicht einfach, daß immer mehr zusammenkommt und alles unüberschaubar wird. Die differenzierte Komplexität geht einher mit der Interdependenz der ausdifferenzierten Teile. Dieser Gedanke der sozialen Differenzierung findet sich etwa in Durkheims (1902/1992) Begriff der organischen Solidarität, in der Systemtheorie von Parsons (1951; 1971) oder Luhmann (1984, S. 256-285; 1985; 1989, S. 149-

357). Auf Simmel (1890/1983) geht der Gedanke zurück, daß Differenzierung auch die Entfaltung von Individualität mit sich bringt. Die Differenzierung verschiedener Wirklichkeitssphären, Lebensformen und Rationalitäten ist u.a. ein zentrales Thema bei Weber (1920/1988, S. 237-275), Schütz (Schütz & Luckmann, 1984, S. 139-177) oder Habermas (1981).

Die Denkfigur, daß die Entwicklung der modernen Gesellschaft sowie der Kultur der Moderne und auch der modernen Individuen durch das dynamische Prinzip der Differenzierung, bzw. noch genauer der funktionalen Differenzierung, vorangebracht werde, ist ein Gemeinplatz der soziologischen Theorie (vgl. Joas, 1992, S. 326-336) und ist auch nicht ohne empirische Plausibilität. Freilich unterscheiden sich die Bewertungen des Prozesses. So wird von den einen diese Differenzierung auch als Rationalisierung verstanden, als Durchsetzung von Vernunft, während von anderen auch auf Sinnverluste, Pathologien, Risiken oder zumindest Ambivalenzen der Differenzierung hingewiesen wird.

Spätestens seit den siebziger Jahren sind Prozesse ins Blickfeld geraten, die sich zu dem vom Modernismus unterstellten säkularen Trend der Differenzierung entgegengesetzt verhalten und die unter dem Begriff der Ent- oder Dedifferenzierung diskutiert werden (Buß & Schöps, 1979). Ein Beispiel für Ent- oder Dedifferenzierung ist etwa, wenn ein religiöser Guru auch auf der politischen Bühne aktiv ist oder wenn ein Politiker bei seinen politischen Auftritten als Laienprediger agiert. Ein banaleres Beispiel für Entdifferenzierung kann man darin sehen, wenn Bekleidungsvorschriften entformalisiert werden und man an der Kleidung nicht mehr ablesen kann, ob jemand zur Arbeit, zum Tennisspielen oder zu einer Party fährt.

Die Begriffe Differenzierung und Entdifferenzierung sind oft überzogen worden, so als handle es sich bei ihnen um eine Art Logik sozialer Evolution. Die Polarität von Differenzierung und Entdifferenzierung wird in der Postmoderne äußerst fragwürdig. Differenzierung geht einher mit der Bildung von Hierarchie, Kanon und Avantgarde. Das ist besonders deutlich im Verständnis von Kultur und Ästhetik, wie es von modernistischen Denkern zum Ausdruck gebracht worden ist, etwa von Theodor W. Adorno. Da gibt es eine klare Differenz von hoher und niedriger Kultur. Diese Unterscheidung erscheint in vielerlei Gestalt: hohe vs. niedrige Kultur, seriöse vs. unseriöse Kunst, schwere vs. leichte Kost, bildend vs. unterhaltend, kritisch-aufklärerisch vs. verdummend, Elite vs. Masse, progressiv vs. regressiv usw. Unsere Kultur-Institutionen haben diese Differenzierung übernommen, etwa in der Unterscheidung von E- und U-Musik; die Literaturkritiker unterscheiden anspruchsvolle Literatur von bloß unterhaltender. Pierre Bourdieu (1982) zeigt für die französische Gesellschaft auf, welche Bedeutung diese Unterscheidung für das Selbstverständnis von höheren und niedrigeren Schichten spielt, wie „distinguierend" sie ist. Möglicherweise repliziert Bourdieu aber mit seinen Analysen lediglich ein alteuropäisches Bildungsideal, dem die Intellektuellen als selbsternannte Tugendwächter und Gralshüter der Kultur gerne nachhängen.

Bezeichnenderweise ist diese Debatte „hohe, elitäre Kultur vs. niedrige Massenkultur" in den USA in den fünfziger und frühen sechziger Jahren schon heftig ausgefochten worden. In der amerikanischen Kultur — in Literatur, Kunst, Film, Musik, Architektur — ist nun aber diese Unterscheidung seit den sechziger Jahren heftig ad absurdum geführt worden. In den Kulturprodukten wie auch in ihrer theoretischen Reflexion sind die Grenzen eingerissen worden. Was bei diesen Grenzüberschreitungen herauskommt, läßt sich mit dem Begriff Entdifferenzierung nicht zutreffend beschreiben. ‚Entdifferenzierung' ist nur die Umkehrung von ‚Differenzierung'. Beide Begriffe gehen von einer Art linearer, irgendwie gesetzmäßiger Entwicklung aus. Hinzu kommt, daß Entdifferenzierung auch im Sinne von Regression verstanden wird, also als eine Art Vereinfachung und Primitivismus. Und genau dieser Vorwurf des Primitivismus, der Trivialisierung und der Verflachung wird ja an die Postmoderne von seiten der Modernisten gerichtet. Doch gerade dieser Vorwurf wird den Werken der Postmoderne überhaupt nicht gerecht. Die postmodernen Schlüsselwerke sind durchaus differenziert, im Sinne von komplex und vielschichtig. Aber ihr Wert ist nicht auf Gedeih und Verderb von den kanonischen Grenzziehungen des Modernismus abhängig. Das kann gerade an Werken der postmodernen Literatur demonstriert werden (siehe Kapitel 4).

Mit dem Begriffspaar Differenzierung/Entdifferenzierung läßt sich also die Postmoderne nicht zutreffend beschreiben. Viel besser hierfür geeignet ist der Begriff *Pastiche*. In der Postmoderne wird die Polarität von Differenzierung und Entdifferenzierung durch den Begriff Pastiche ergänzt und überholt. Pastiche bedeutet nicht einfach Entdifferenzierung, sondern setzt Differenzbildung voraus, um dann zu Hybridkreuzungen, Rekombinationen, Reintegrationen zu führen. Die postmoderne Pastichebildung ist eine Attacke auf das modernistische

Reinheitsgebot. Der Modernismus hat einen Horror vor der Überschreitung der Grenzen zwischen den ausdifferenzierten Sphären. Im Modernismus soll hohe, seriöse Kultur von der niederen Unterhaltung geschieden sein. Zwischen Kunst und Kommerz gilt es nach modernistischer Lehre ebenso zu unterscheiden wie zwischen Wissenschaft und Moral, Politik und Wirtschaft, Ästhetik und Ethik. Auch Öffentlichkeit und Intimität gilt es auseinanderzuhalten. Die Reinheit des rationalen Denkens soll unberührt bleiben von der Irrationalität des Fühlens. Die Anerkennung und Achtung dieser Differenzen setzt der Modernismus gleich mit dem guten Geschmack. Folglich muß der Postmodernismus als Angriff auf den guten Geschmack erscheinen.

Die Postmoderne läßt das Nebeneinander und Durcheinander des Disparaten zu. Das heißt, sie zerstört nicht die Differenzen, wie das der Begriff der Entdifferenzierung unterstellt, sondern sie erkennt Differenzen an, ohne sie gleich kanonisch und hierarchisch ordnen zu wollen. Die Postmoderne setzt Differenzen nicht absolut, sondern spielt mit Unterschieden, die dann im Pastiche oder in der Collage neu gruppiert werden. In der postmodernen Kulturproduktion kommt dann dem Zitieren und Plagieren als kreativen Techniken große Bedeutung zu. Das postmoderne Pastiche geht allerdings über das simple Zitat hinaus. Elemente aus zeitlich, räumlich oder stilistisch entlegenen Sphären werden in das postmoderne Pastiche inkorporiert. Bekanntes wird imitiert und aus seinen originalen Kontexten herausgelöst und spielerisch in andere Zusammenhänge implantiert. Die Sinngehalte werden ihrer Aura des Einmaligen und Authentischen beraubt.

Plagiarismus und Playgiarismus sind bevorzugte Strategien der Postmoderne. Diese Begriffe Plagiarismus und Playgiarismus sind von dem amerikanischen Literaturwissenschaftler und Schriftsteller Raymond Federman ins Spiel gebracht worden. „Es gibt keinen Zweifel", schreibt Federman (1992, S. 82), „daß wir anderen nur des Vergnügens wegen lauschen, um zu wiederholen, was sie erzählt haben. Und doch geben wir uns beim Schreiben der Illusion hin, nicht etwas zu wiederholen, was bereits geschrieben wurde." Die Differenz zwischen dem authentischen Text und seinen Plagiaten wird von Federman spielerisch untergraben, ebenso die von Fiktion und Faktum. Playgiarismus ist Rede, Text und Performance. Das demonstriert Federman (1992, S. 82), wenn er weiter ausführt: „Der Text, den ich gerade spreche, fällt eigentlich in die Kategorie des reinen Pla[y]giarismus (weil ich hier spiele), denn ich weiß nicht mehr, woher meine eigenen Gedanken stammen und wo diese Gedanken anfingen, sich mit den

Gedanken anderer zu verbinden, weiß nicht mehr, wo meine eigene Sprache begann und wo sie mit denen anderer innerhalb des Dialogs, den wir alle mit uns selbst und mit anderen führen, verschmolz." Im postmodernen Playgiarismus ist also der Umgang mit Sphären, die im Modernismus sorgsam auseinandergehalten wurden, spielerisch und respektlos geworden.

Um es noch einmal festzuhalten: Die Moderne läßt sich darstellen und versteht sich selbst in Begriffen der Differenzierungstheorie. Der Modernismus erhebt Differenzierung zum Motor gesellschaftlicher und kultureller Entwicklung; Modernisierung ist entsprechend voranschreitende Differenzierung, „Ausdifferenzierung". Dieser Prozeß wird universalistisch vorgestellt, das heißt Differenzierung setzt sich als überlegener Prozeß überall durch oder soll sich durchsetzen, da es sich um ein vernünftiges Prinzip handelt. Das Problem dabei ist, daß durch diese Ausdifferenzierung Zusammenhänge zerschlagen werden, Bereiche voneinander abgegrenzt und isoliert werden.

Der Begriff ‚*Aus*differenzierung' hat einen unangenehmen Beigeschmack: das ‚Aus' läßt sich verstehen im Sinne von Ausschließung und Absonderung. Vom Ausschluß ist es dann nicht mehr weit zur Ausmerzung. Und in der Tat hat ja die voranschreitende Differenzierung der Moderne auch zur Ausgrenzung und Auslöschung von Kulturen und Subkulturen geführt, die sich der Moderne widersetzten. Mit Ausdifferenzierung kann man auch ein Zuendegehen assoziieren. Nach dieser Interpretation führt Ausdifferenzierung zum sozialen und historischen Aus, anstatt zu Toleranz gegenüber dem Differenten, Anerkennung des Andersartigen und Solidarität mit dem Fremden.

Für die Postmoderne ist weder Differenzierung noch deren Umkehrung in die Entdifferenzierung charakteristisch. Im Postmodernismus lediglich das Resultat von Entdifferenzierung zu sehen (Lash, 1988, S. 312; Lash, 1990, S. 11), greift zu kurz. Postmoderne Phänomene sind pasticheartig, collagenhaft. Postmodernisierung kann aufgefaßt werden als ein Prozeß der Pastichebildung. Anders als der Modernismus mit seiner Differenzierungsideologie, deren Auswüchse Schubladendenken, Berührungsängste und Vernichtung des Fremd- und Andersartigen sind, sieht der Postmodernismus in der Überschreitung und Überlappung von Differentem etwas Positives, Begrüßenswertes. Der Modernismus hat einen Horror vor dem Eklektizismus, der Postmodernismus erhebt die Durchmischung von Unterschiedlichem zum kreativen Prinzip. Der Modernismus setzt Ausdifferenzierung, Fortschritt und Avantgarde gleich, der Postmodernismus verabschiedet lineare Geschichtsbilder und Sozialphilosophien. Für den Modernismus sind Entfaltung, Entwicklung, Fortschritt zentral, die Bewegung verläuft linear. Der Postmodernismus hat eher zyklische Bewegungsmodelle: Schleifen, Rückbindungen, Zurückwerfungen und Verwerfungen. Postmodernisierung stellt Gleichzeitigkeit und Durchlässigkeit des in der Moderne Ausdifferenzierten her. Das bedeutet nicht Einebnung von Differenzen, sondern Infragestellung *spezifischer* Grenzziehungen.

Das mag programmatisch und fiktional erscheinen. Doch diese postmodernen Fiktionen sind schon zu Fakten geworden, und das nicht nur in postmoderner Philosophie, Literatur, Architektur, Kunst, Musik, Film und Fernsehen (vgl. Collins, 1989; Connor, 1989; Huyssen & Scherpe, 1986; Kamper & van Reijen, 1987; Kearney, 1988; Kemper, 1988; Koslowski, Spaemann & Löw, 1986; Silverman, 1990). Postmoderne Pastichebildung erlebt Hochkonjunkturen in den Sphären der Konsumkultur (Featherstone, 1991; Shields, 1992a). In der Alltags- und Konsumkultur wird die Durchmischung von Stilelementen vielerorts deutlich (Ewen, 1988; Tomlinson, 1990). Ein Beispiel ist die Bekleidungsmode. Das Rocklängendiktat ist ebenso abgeschafft wie der Kleidercode für bestimmte Anlässe. Das alles hat keineswegs nur zu Dedifferenzierung geführt. In der Mode hat sich keineswegs der Einheitslook durchgesetzt, wie er sich in den Protestwellen der späten sechziger und siebziger Jahre andeutete. Und die bereits eher postmodernen als modernen subkulturellen Moden der siebziger und achtziger Jahre wie Punk und alternative Outfits werden in tragbare Pastiches integriert, genauso wie die Nobelmarken der Haute Couture plagiert werden.

Pastichebildung ist auch in der Sozialstruktur postmoderner Gesellschaften zu beobachten. In der Sozialstrukturanalyse sind Differenzbildungen, wie sie einmal in der Moderne so prominent waren, längst unbrauchbar geworden. Die Unterscheidungen der marxistischen Klassenanalyse (Arbeit vs. Kapital, Proletariat vs. Bourgeoisie) wie auch das Schichtungsinstrumentarium der funktionalistischen Schichtungssoziologie sind in Frage gestellt, wenn nicht schon verabschiedet. Ersatzweise sucht die zeitgemäße Sozialstrukturanalyse Zuflucht zu Begriffen wie Lebenslagen, Milieus, Lebensstilen. Um den deutschen Titel von Bourdieus (1979/1982) *La distinction* zu zitieren: die Unterschiede sind fein geworden. Ungleichheiten in der Sozialstruktur lassen sich nicht mehr auf die Dimension oben/unten projizieren, auch nicht mehr auf die Unterscheidung Kapital/Arbeit reduzieren. Die Ungleichheiten sind unübersichtlich geworden.

Die von der neuen Soziologie der Ungleichheit konstatierte Unübersichtlichkeit resultiert aus Differenzen, die quer zu den Grenzziehungen liegen, wie sie die Modernisierung hervorgebracht hat. Tendenziell sind soziale Unterschiede weder askriptiv wie in der Vormoderne noch über funktionale Differenzierung ermittelt wie in der Moderne. Deutlicher als in der Moderne tritt in der Postmoderne *der* Bereich zutage, wo sich Differenz- und Pastichebildung abspielen und zugleich soziale Unterschiede artikuliert werden. Dieser Bereich ist die *Kultur*. Die Kultur durchdringt sozusagen das Soziale, soziale Unterschiede werden kulturalisiert, drücken sich in kulturellen Mustern, Stilen und Vorlieben aus.

2.3 Kulturalisierung

Damit gelangen wir nach dem Pastiche zu einem zweiten Begriff, mit dem sich postmoderne Phänomene beschreiben lassen: *Kulturalisierung*. Pastiche und Kulturalisierung hängen eng zusammen. Wie sieht dieser Zusammenhang aus und was meint Kulturalisierung?

Bei Talcott Parsons, einem soziologischen Klassiker der Moderne und der Modernisierung, finden sich noch saubere Grenzziehungen zwischen dem sozialen und dem kulturellen Subsystem. Etwas eindimensional versteht Parsons unter Kultur ein ziemlich kohärentes Wertesystem, das den individuellen Handlungen und dem sozialen Verkehr irgendwie zugrunde liegen soll und den Fortbestand der Gesellschaft sichert. Nach Parsons haben integrierte Individuen die für die Gesellschaft grundlegenden Werte internalisiert. Kultur wird also sozialisiert. In der Postmoderne hingegen wird das Soziale kulturalisiert.

Nun könnte man meinen, daß die Kulturalisierung des Sozialen ein lokal begrenztes Phänomen sei, das Reservat von Randgruppen wie Yuppies, Punks oder exzentrischen Künstlern. Dem ist aber nicht so. Kulturalisierung erfaßt auch jenen Bereich, der einmal als Zentrum voranschreitender Modernisierung galt, nämlich den Bereich der industriellen Produktion. Das Prinzip der funktionalen Differenzierung — in der Soziologie der Moderne ehedem aus dem Faktum der Arbeitsteilung hervorgegangen — wird dort zur Fiktion, wo entbürokratisiert und dezentralisiert wird und zugleich kulturelle Orientierungen und Symbole an Gewicht gewinnen. Ob nun Schlagwort oder Realität, Begriffe wie Unternehmenskultur und Kultursponsoring seitens der Wirtschaft benennen Fakten der Postmodernisierung und sind Beispiele der Implosion der Kultur in der Ökonomie. „The realm of culture can be said to have imploded into the very base of the society so that the economy itself is increasingly constituted by cultural phenomena" (Kellner, 1989, S. 27).

Diese Rekulturalisierung bedeutet nicht etwa, daß Kultur die zentrale Steuerungsinstanz oder die grundlegende Tiefenebene von Handeln und Gesellschaft darstellt, wie das von Parsons gedacht wird. Aber nicht nur bei Parsons, dem ja das Etikett des konservativen Systembewahrers anhaftet, spielt Kultur diese Rolle. Auch bei den Kulturrevolutionären kommt der Kultur eine Schlüsselrolle zu. Die Vorstellung, daß Kultur den Weg der Gesellschaftsentwicklung weise oder zu weisen habe, ist aber eine modernistische Fiktion. Sie beruht auf den Träumen der modernen Kulturintelligenz. Die Postmoderne zerstört diese Träumereien, die der Selbstlegitimation der Intellektuellen dienen mochten. In der Postmoderne ist Kultur nicht mehr der reine, heilige Gral, über den eine Kulturelite wacht. Die Postmodernisierung hat die Grenzen zwischen Kultur, Kommerz, Konsum und Produktion eingerissen. Daraus resultiert nicht die von den Kulturkritikern der fünfziger Jahre befürchtete Massenkultur. Ganz im Gegenteil. Pluralisierung und Diversifizierung schreiten voran, die sogenannte Masse differenziert sich in zahlreiche Zielgruppen und Marktnischen.

Wie gesagt, in der Postmoderne ist die Kultur nicht der heilige Gral, der den unkultivierten Laien entrückt ist. Im Gegenteil, Kultur, auch die sogenannte hohe, wird popularisiert. Das kann man positiv werten als Demokratisierung der Kultur oder negativ als Verramschung und Ausverkauf von Kultur. Doch diese Wertungen sind eher modernistisch als postmodern. Tatsache ist, daß die Kultur aus der sakralen Höhe herab- bzw. aus der existentiellen Tiefe heraufgekommen ist an die Oberfläche und in den Mittelpunkt des sozialen Lebens. Kultur wird kommodifiziert und kommerzialisiert, also als Ware auf Märkten gehandelt. Kultur wird im sozialen Austausch benutzt, um soziale Identität anzuzeigen, um eine soziale Position oder eine Rolle zu stilisieren. Kultur dient dem Self-Management und der Self-Promotion. Sponsoring, Werbung, Promotion gehen mit der Kultur Allianzen ein, die von wechselseitigem Interesse getragen sind. Dem Firmen-Image ist das kulturelle Outfit dienlich. Werbung wird kultiviert.

Kulturelle Werte werden nicht einfach internalisiert, sondern müssen durch Marketing und Promotion an den Mann oder die Frau gebracht werden.

Auf solche Zusammenhänge weist Andrew Wernick (1991) hin. Die „promotional culture" sorgt für die Überlagerung von Bereichen, die in der Moderne so schön ausdifferenziert worden sind — oder zumindest in der modernistischen Differenzierungstheorie. Nicht nur Kultur und Kommerz kommen sich näher, auch Politik und Kultur. Im Zeitalter des Werbens um die Aufmerksamkeit des Publikums besteht für Politik, Wirtschaft, Wissenschaft und Kultur die Notwendigkeit, die Produkte darzustellen und sich zu „promoten". Dabei gleichen die Gesetze des Marketing diese Bereiche einander an. Politik, Wirtschaft, Wissenschaft und Kultur gehen Ehen ein, weniger aus Liebe als aus Vernunft. Wie bei funktionierenden Ehen üblich, werden sich die Partner immer ähnlicher. Aber Ehepartner können sich auch auseinanderleben und sich gegenseitig betrügen. Und schließlich können Ehen auch geschieden werden, wenn sie nicht mehr funktionieren. Genauso verhält es sich auch mit den Verbindungen, die Wirtschaft, Politik, Wissenschaft und Kultur in der Postmoderne eingehen.

Die Ehe-Metapher läßt sich weiterspielen: Die Verbindungen zwischen Wirtschaft, Politik, Wissenschaft und Kultur bleiben nicht folgenlos. Aus ihnen gehen Produkte hervor, die das Signum der Verschmelzung dieser Bereiche tragen. Dabei kommt es im Akt der Promotion auch zur Wiedergeburt des Rhetorischen und des Gestischen.

2.4 Rhetorik

Damit ist bereits ein drittes Merkmal der Postmoderne benannt: die besondere Rolle der *Rhetorik*. Rhetorik ist eine Ebene oder Dimension der Kommunikation, und zwar eine handlungs- und wirkungsbezogene. In der Rhetorik geht es nicht so sehr um die korrekte Erfassung eines Sachverhaltes, um die Widerspiegelung von Realität oder gar die Enthüllung der Wahrheit. Im Zentrum der Rhetorik steht nicht die Wahrhaftigkeit einer Aussage, sondern ihre Wirkung. In der Antike wurde die Rhetorik gepflegt als die Kunst des wirkungsvollen sprachlichen Ausdrucks sowie als Kunst der Überzeugung. In der Postmoderne erleben wir eine Renaissance der Rhetorik. Natürlich hat jede Epoche ihre Rhetorik. Die Traktate des Modernismus oder die modernen Ideologien bedienen sich rhetorischer Elemente, um beim Rezipienten eine Wirkung zu erzielen. Aussagensysteme oder Texte haben immer auch eine rhetorische Dimension. Die schlichte Existenz dieser Dimension kann also nicht gemeint sein mit der Behauptung der Renaissance des Rhetorischen in der Postmoderne.

Rhetorik ist nicht gleich Rhetorik. Das heißt, die Wirksamkeit rhetorischer Elemente und Strategien ist nicht konstant. Anders ausgedrückt, in verschiedenen Texten oder in verschiedenen Epochen werden wir unterschiedliche rhetorische Strategien antreffen. In unterschiedlichen sozialen und kulturellen Kontexten finden wir verschiedene Rhetoriken vor. So unterscheidet sich die Rhetorik postmoderner Texte von der modernistischen Rhetorik. Politik beispielsweise, in der es ja auch um die Verbreitung und Überzeugungskraft von Texten geht, bedient sich in der Postmoderne einer anderen Rhetorik als in der Moderne.

Darüber hinaus ist mit der Formel von der Wiederkehr des Rhetorischen in der Postmoderne noch etwas anderes gemeint, und zwar eine Gewichtverschiebung vom Inhalt einer Äußerung zu deren Verpackung; von der bezeichnenden Funktion eines Sprechaktes zur ausführenden Darstellung eben dieses Sprechaktes; von der Botschaft zum Medium, das diese Botschaft befördert. Mit der extremsten Form dieser Gewichtsverschiebung hat man es zu tun, wenn etwa ein Text nur noch Rhetorik ist, also eine blendende Verpackung ohne jeden Inhalt. In der Tat weisen manche Texte, die man als postmodern bezeichnen kann (literarisch ambitionierte wie auch Gebrauchstexte), in diese Richtung. Aber faßt man das Verhältnis von Inhalts- und Formanteilen als ein Kontinuum auf, dann ist klar, daß die Endpunkte dieses Kontinuums rein gedanklicher Art sind. Es ist praktisch unmöglich, sich einen kommunikativen Text — egal ob einen schriftlichen oder nur gesprochenen — vorzustellen, der ohne rhetorische Elemente auskommt. Und umgekehrt ist es schwer vorstellbar, daß Rhetorik bar jeglicher inhaltlicher Spurenelemente möglich ist. Aber zwischen diesen imaginären Endpunkten gibt es eben doch graduelle Unterschiede. Und so ist ein Merkmal der Postmodernität das In-den-Vordergrund-Rücken der Rhetorik. Die Rhetorik wird lebendig und munter, mitunter auch etwas aufdringlich. Aussagen werden nicht einfach gemacht, sondern ausgedrückt, dargestellt und verkörpert. Der postmoderne Sprecher spielt mit der Rhetorik. Im positiven Fall heißt das, daß der Sprecher sich dafür interessiert, wie er seine Aussage an den Mann und die Frau bringen kann, die Rhetorik wird zur „Lust am

Text" (Barthes, 1982). Im negativen Fall aber überwuchert die Rhetorik die Aussage bis zur Unkenntlichkeit.

Die Wiederkehr der Rhetorik in der Postmoderne meint nicht nur, daß Texte im engeren Sinne ihre rhetorischen Komponenten aufwerten. Auch die Praxis in den verschiedenen Lebensbereichen wird rhetorischer. Das heißt, die Art und Weise der Präsentation von Handlungen und Verhaltensweisen, emotionalen Befindlichkeiten und Betroffenheiten rückt in das Zentrum der Aufmerksamkeit.

Neben dem allgemeinen Vordringen von Rhetorik in der Postmoderne sind auch typisch postmoderne rhetorische Figuren festzustellen. Auf zwei solcher Figuren sei hier kurz hingewiesen. Die erste ist die *Ironie*, die zweite die *Intertextualität*. Zur Ironie: In der Literatur der Moderne spielen Engagement, Authentizität, Eigentlichkeit eine Rolle. Das sind Ziele, die der modernistische Autor und Intellektuelle in seinen Texten verfolgt. Aus den Versuchen, diese Ziele zu verwirklichen, folgen rhetorische Gesten, die Ansprüche auf Ernsthaftigkeit, Konsequenz und Ausschließlichkeit deklarieren. Demgegenüber spielen in postmodernen Texten rhetorische Figuren eine Rolle, die einen Sachverhalt ironisch einklammern. Diese Einklammerung entzieht Absolutheitsansprüchen ihre Grundlage, ermöglicht Distanz und bricht Eindeutigkeit zugunsten von Polyvalenz auf.

Polyvalenz, also Vieldeutigkeit, wird auch durch das schon genannte andere rhetorische Mittel hergestellt: durch Intertextualität. Damit ist gemeint, daß sich Texte aufeinander beziehen, daß sie Anspielungen machen. — Wie macht man intertextuelle Verweisungen? Die offensichtlichste Art ist natürlich das explizite Zitieren. Postmoderne Texte verweisen aber auch indirekt auf andere Texte, durch Anspielungen, Persiflagen, Imitationen. In postmodernen Romanen wird das exemplarisch vorexerziert (siehe Kapitel 4). Intertextuelle Verweisungen sind aber nicht nur in literarischen Texten möglich, sondern auch in Gemälden, Fotografien und Musikstücken. Komplexe Medien wie Film und Video eignen sich besonders für das intertextuelle Spiel der Postmoderne. Intertextualität ist also nicht nur zwischen zwei oder mehreren literarischen Texten möglich, sondern auch durch die Mischung unterschiedlicher Textarten. Auf den Punkt gebracht (mit ‚Punkt' ist eine besonders konzentrierte Form der Präsentation gemeint) wird diese intertextuelle Pastichebildung in Werbespots und Videoclips. Dort ist die postmoderne Rhetorik im doppelten Sinne am Werk, zum einen im Sinne spezifisch postmoderner Mittel der Rhetorik, wie eben der intertextuellen Verweisung, und zum anderen im

Sinne des im Verhältnis zum Inhalt gesteigerten Stellenwertes des Rhetorischen. Exemplarisch hierfür im Bereich der üppig wuchernden Videoclip-Kultur (Kaplan, 1987) ist die Inszenierung des „postmodernen Popstars" (Grossberg, 1989), wie sie Madonna vorführt (Schwichtenberg, 1993).

2.5 Verlust von Referenz und Repräsentation

Von der Intertextualität als Postmodernitätsmerkmal führt ein Bündel von kritischen Fragen zu einem weiteren Charakteristikum der Postmoderne. Wenn Texte in erster Linie aufeinander verweisen, was stellen sie dann noch dar? Gibt es noch eine Wirklichkeit außerhalb und jenseits der Texte oder ist alles nur noch Text? Wo bleibt die wirkliche Wirklichkeit? — Diese Fragen weisen auf ein Charakteristikum der Postmoderne hin, das man den *Verlust der Referenz* oder der *Repräsentation* nennen kann. Die postmodernen Texte, so lautet oft der Vorwurf, beschäftigen sich nur noch mit Texten, aber nicht mehr mit der eigentlichen Realität. Die Postmoderne erzeugt Texte über Texte. Nur Texte und Textbezüge sind real, während die Bezüge zum realen Leben verloren gehen. Erst recht gilt das natürlich für die visuellen Texte, also für die Bilder, die in der Postmoderne von Medien wie Film, Fernsehen und Video produziert werden. Die Bilder sind intertextuell, beziehen sich aufeinander, ihre Referenz zu einer außerbildlichen Welt wird immer schwächer. Die Bilder formen das Image von der Welt. Wenn überhaupt noch eine Welt abgebildet wird, dann um den Preis, daß das Bild viel überzeugender ist und als wirklicher und authentischer empfunden wird als die abgebildete Wirklichkeit. Das ist die herbe Erfahrung des postmodernen Touristen, der vom echten Grand Canyon enttäuscht ist, da er ihn in der Zigarettenreklame im Kino viel überzeugender gesehen hat.

Von der These, die den Verlust der Referenz behauptet, ist es dann nicht mehr weit zu der Behauptung, daß das Wesen der Postmoderne in *Hyperrealität* und *Simulation* zu sehen sei. Das ist etwa die Position von Jean Baudrillard (1982, 1985; siehe auch Eco, 1985, S. 36-99; Vester, 1986a). Baudrillard spricht von den Simulacra. Das sind sozusagen heilige, angebetete Simulationen. Der postmoderne Realitätsbezug ist die Feier der Fälschung, wobei von Fälschung eigentlich gar nicht mehr gesprochen werden kann. Denn in der Welt der Simulationen können wir gar nicht mehr die Fälschung von der authentischen

Fassung unterscheiden, ist die Kopie vielleicht sogar perfekter als das Original. Die Vorstellung, daß die Kopie besser als das Original sein kann, macht deutlich, was mit Hyperrealität gemeint ist. Das Präfix ‚Hyper' meint ja eine Steigerung, ein Noch-darüber-hinaus, ein Übermaß. In diesem Sinne ist also die Simulation nicht weniger wirklich, sondern eben im Übermaß real.

Die These von der Simulation und Hyperrealität kann prinzipiell kritisch oder affirmativ gemeint sein. Im ersten Fall wird die Postmoderne als falsch, uneigentlich und oberflächlich gebrandmarkt. Im Falle der Affirmation findet man nichts Schlimmes daran, daß die Postmoderne hyperreal und simulativ ist, im Gegenteil. Mitunter schwankt die Haltung auch zwischen Kritik und Affirmation. Bei Baudrillard etwa ist gar nicht immer klar, ob er von den Simulacra nun begeistert spricht oder ob er sie kritisiert. Baudrillards Texte sind außerdem ein schönes Beispiel für die Bedeutung des Rhetorischen. Sie sind weniger Aussagen als vielmehr sprachliche Gesten. Man könnte sagen, daß Baudrillard ein Moralist ohne Moral ist, ein Gesellschaftskritiker, dessen „kritische Theorie" sich zur rhetorischen Geste zusammengezogen hat.

Nun entspräche es nicht dem spielerischen Geist der Postmoderne, wenn man aus der Feststellung des simulativen Charakters der Postmoderne ein ontologisches Problem macht, wenn man einen erkenntnistheoretischen Streit vom Zaun bricht, der letztlich nicht zu entscheiden ist. Statements des Alles oder Nichts, Aussagen mit Absolutheitsanspruch liegen der Postmoderne fern. Wenn man also feststellt, daß postmoderne Texte, ja vielleicht die postmoderne Kultur insgesamt, jenes rhetorische Spiel der Intertextualität betreiben, so muß daraus keineswegs folgen, daß es für die Postmoderne nichts mehr außerhalb der eigenen Texte gibt. Mit dem Verlust von Referenz und Repräsentation ist daher nicht gemeint, daß es für die Postmoderne nur noch Texte gibt und daß außerhalb der Texte nichts existiert. Postmoderne Sache ist es vielmehr, zu zeigen, daß wir nicht so naiv-realistisch sein können zu meinen, wir bräuchten nur auf die Dinge zu deuten und uns an die Tatsachen zu halten und schon hätten wir festen Boden unter den Füßen. Wenn wir von den Tatsachen sprechen wollen, wenn wir Aussagen über die Realität machen, dann befinden wir uns schon wieder in den Spinnweben der Texte. Der Soziologe faßt die Tatsachen gerne in statistischen Begriffen. Um dabei nicht Artefakten aufzusitzen, testet er Validität und Reliabilität der erfaßten Zusammenhänge. Natürlich handelt es sich bei diesen

Tests bereits um Texturen, um Gewebe aus Sinnfestlegungen und Vorentscheidungen über Sinnzusammenhänge. Die Vorstellung, statistisch abgesicherte Aussagen spiegelten die Wirklichkeit so wider, wie sie ist, ist naiv und unhaltbar. Richard Rorty (1979) hat die Unhaltbarkeit der Widerspiegelungstheorie vorzüglich dargestellt. Einen platten Realismus zurückweisen, ist das eine. Daraus die Konsequenz ziehen, es existiere keine Realität oder alles und jedes sei gleich real, ist etwas anderes und ist eine unnötige Übertreibung. Und so stellt dann auch die Version einer Postmoderne, deren Texte oder Produkte sich nur noch auf sich selbst beziehen, ein Grenzfall oder eine Karikatur dar.

Mit dem Verlust von Referenz und Repräsentation verbindet sich auch die Verabschiedung des hermeneutischen Sinn- und Wirklichkeitsverständnisses. Nach diesem gibt es eine Tiefe zu entdecken. Die Arbeit der Hermeneutiker gleicht entsprechend der des Erdschichten abtragenden Archäologen oder der des Bergmanns unter Tage. Hingegen ist der Postmodernismus skeptisch gegenüber der Tiefenmystik und konzentriert sich auf das Vexierspiel der spiegelnden Oberflächen. Die Figur der modernen Hermeneutik, daß sich unter der Oberfläche eine eigentlichere Tiefe verberge, tritt in folgenden Varianten auf: (1) das dialektische Verhältnis von Wesen und Erscheinung; diese Dialektik findet sich auch in den diversen modernen Ideologiekritiken, die ein falsches von einem richtigen Bewußtsein unterscheiden; (2) das Freudsche Modell von Latenz und Manifestation, wobei die Repression das verbindende Band darstellt; (3) die existentialistische Gegenüberstellung von Authentizität und Inauthentizität; (4) die semiotische Opposition von Bezeichnetem und Bezeichnendem (Jameson, 1991, S. 12).

Friedrich Nietzsche paraphrasierend kann man sagen, daß der Taschenspielertrick des Modernismus darin besteht, die Realität in diese Gegensätze zu zerlegen, dann jeweils einen Teil dieser Oppositionen zu vergraben. Wenn das so Versteckte in der Tiefe verschwunden ist, rüstet man sich mit Schaufel und Geigerzähler aus, fängt an zu graben und freut sich, wenn man fündig wird. Aber es ist kein Kunststück, so meinte Nietzsche, etwas wiederzufinden, wenn man es zuvor selbst versteckt hat. Der Postmodernist ist daher gegenüber den hermeneutischen Tiefenmodellen mißtrauisch. Authentizität oder Inauthentizität, Wesen und Erscheinung — das sind für ihn keine vertikal angeordneten Sphären, sondern Facetten eines Tableaus, multiple Oberflächen oder eben Texte.

Verlust der Repräsentation in der Postmoderne muß nicht heißen, daß die postmodernen Texte ausschließlich intertextuell sind. Es gibt immer noch ein Außerhalb der Texte und die Texte versuchen dieses Außerhalb auch darzustellen, zu präsentieren. Aber die Präsentation ist eben nicht unmittelbar. Die Präsentation ist auch nicht re-präsentativ, womit ein zweiter, ein soziologischer Wortsinn von ‚repräsentativ‘ gemeint ist. Repräsentieren heißt ja nicht nur etwas wiedergeben, darstellen, sondern auch etwas vertreten. Repräsentation in diesem Sinne meint ausgewiesene, begründete oder legitimierte Stellvertreterschaft. Wenn man repräsentiert, übt man ein Mandat aus, das Autorität verschafft. Die modernen Versuche, Realität zu repräsentieren, sind Repräsentationsversuche im doppelten Sinne. Sie sind nicht nur das Bemühen um sachgerechte Wiedergabe und Darstellung, sondern sie sind auch Aussagen, die stellvertretend sein wollen. Sie erheben autoritative Ansprüche, und von da ist es auch nicht mehr weit zum Autoritären. Allzu leicht und gern behaupten die modernistischen Philosophien und Ideologien, die Wahrheit, die Vernunft, die Rationalität oder die Menschheit zu repräsentieren. Dieses Mandat wird dann alsbald überstrapaziert und zum Alleinvertretungsanspruch ausgebaut.

In diesem zweiten Sinne von ‚Repräsentation‘ ist die Postmoderne durch den Verlust der Repräsentation gekennzeichnet. Kein postmoderner Text, keine Stimme, keine Theorie, die postmodern sein will, kann für sich den Anspruch erheben, repräsentativ zu sein — das Wohl der Menschheit, die Vernunft oder die Rationalität zu repräsentieren. Und man kann sogar noch hinzufügen: kein postmoderner Text und keine postmoderne Theorie kann beanspruchen, die Postmoderne zu repräsentieren. Es gibt auch nicht den repräsentativ postmodernen Stil schlechthin. Der Modernismus hat noch versucht, einen modernen Stil zu entwickeln, einen modernistischen Kanon aufzustellen. Damit, d.h. mit solchen repräsentativen Vereinheitlichungen und Vereinfachungen, ist es in der Postmoderne vorbei.

2.6 Dezentrierung

Eng verbunden mit dem Verlust der Referenz und mit der Verabschiedung der Repräsentativität ist ein weiteres Merkmal der Postmoderne: *Dezentrierung*. Was damit gemeint ist, wird am deutlichsten, wenn von der Dezentrierung des Subjekts oder des Selbst die Rede ist. In der Moderne steht das Subjekt im Zentrum philosophischer und alltagsmythologischer Weltentwürfe (vgl. Touraine, 1992, S. 235-341; Wahl, 1989). In der Philosophie des Deutschen Idealismus wird die Welt sozusagen aus dem Bewußtsein des Subjekts entworfen. Der Dialektische Materialismus dann setzt zwar das Sein vor das Bewußtsein, doch im Historischen Materialismus sind es wiederum Subjekte, wenn auch kollektive (Klassen), die die Geschichte machen. Dieser Subjektzentrierung der modernen Philosophie entspricht in der modernen Eroberungs- und Expansionsgeschichte der Eurozentrismus. Und in der modernen Alltagspsychokultur findet sich die Subjektzentrierung in diversen Selbsterfahrungszirkeln und Betroffenheitsritualen.

In der Postmoderne wird nun kräftig an dieser Zentrierung gerüttelt (vgl. van Reijen, 1988; Vester, 1984; 1986b). Michel Foucault (1980, S. 462) erwog die Möglichkeit, daß der Mensch verschwinden könnte „wie am Meeresufer ein Gesicht im Sand". Damit hat Foucault nicht die Ausrottung der Menschheit gemeint, sondern daß der Mensch, so wie das moderne Denken ihn konzipiert hat und so wie die modernen Institutionen ihn konstituiert haben, eine historische und gesellschaftliche Bedingtheit darstellt. Foucault (1976; 1981) hat in seinem Werk auf Verbindungen des modernen Menschenbildes zu den in der Moderne wurzelnden Vorstellungen über Vernunft und Wahnsinn, Krankheit und Gesundheit aufmerksam gemacht. In seinem unvollendeten Spätwerk hat Foucault (1983; 1986a, b) Beziehungen zwischen Selbstentwürfen und hygienischen sowie sexuellen Praktiken herausgearbeitet. Auf der Suche nach Anschauungsmaterial geht Foucault dort allerdings zurück in die Antike. Wie ein postmodernes Menschenbild aussehen könnte, hat Foucault leider nicht verraten. Die Dezentrierung des modernen Subjekts wurde von Nietzsche bereits gut hundert Jahre früher geleistet. Nietzsche gibt uns zu bedenken, ob das moderne Subjekt vielleicht nur ein Effekt unserer Sprache sei, so wie ja auch die Grammatik Subjekt und Objekt unterscheidet. Mehr als Foucault hat sich Nietzsche auch Gedanken zu einem alternativen Menschenbild gemacht. Das ist bei ihm der berühmt-berüchtigte Übermensch, eine Infragestellung des modernen Selbst, die aber selbst nicht unproblematisch ist und vor allem zu allerlei Mißverständnissen eingeladen hat.

In der Moderne steht also das Subjekt im Zentrum des Weltgeschehens — oder zumindest der mythologischen und ideologischen Vorstellungen vom Weltgeschehen. Das prometheushafte, faustische Subjekt ist der Dreh- und Angelpunkt des Handelns und Empfindens.

Wie schon angedeutet, muß dieses Subjekt nicht das Individuum sein. Auch Klassen oder Nationen können als Kollektivsubjekte zum Motor des Handelns und der Geschichte erklärt werden. Das zentrierte Subjekt, ob nun als Individuum, Klasse oder Nation, wird auch als Urheber, Eigentümer oder Verwalter von Macht vorgestellt, und umgekehrt wird Macht personifiziert. In der Moderne ist es anfangs vielleicht noch der König, dann aber die Klasse oder die Nation, wo sich Macht zentriert. In der Postmoderne hingegen verliert sich diese Lokalisierung der Macht, wird die Macht dezentriert. Die Dezentrierung der Macht ist wiederum von Nietzsche und Foucault vorgedacht worden. Die Foucaultsche Machttheorie kennt kein Zentrum der Macht, sondern sieht überall Machtrelationen, die sich durch die Gesellschaft hindurchziehen, die überall und nirgends lokalisiert sind.

Wenn es in der Postmoderne zu einer Dezentrierung der Macht kommt, dann ändern sich auch die Relationen zwischen Zentrum und Peripherie. ‚Zentrum' und ‚Peripherie' hat die Soziologie sowohl binnengesellschaftlich bzw. sozialstrukturell als auch soziogeographisch verstanden. Im sozialstrukturellen Kontext meint die Unterscheidung, daß bestimmte Eliten funktional im Zentrum der Gesellschaft stehen, während sich andere Teile der Bevölkerung am Rande befinden. Die soziogeographische Unterscheidung von Zentrum und Peripherie impliziert, daß die Welt als ein System zu beschreiben ist, in dem bestimmte Gesellschaften hinsichtlich ihrer geographischen Lage, aber vor allem auch im Hinblick auf ihre ökonomische und politische Bedeutung ein Zentrum bilden, während sich andere Gesellschaften in der Peripherie des Weltsystems befinden.

Diese Zentrum-Peripherie-Relationen haben sich im Laufe der Moderne herauskristallisiert. Sie sind aber nicht statisch, sondern verändern sich. In der Postmoderne könnte es sein, daß im Zuge umfassender Globalisierung die Trennung von Zentrum und Peripherie selbst in Frage gestellt wird, daß sich immer mehr Semiperipherien herausbilden, daß die alten Zentren peripheralisiert werden. Teile der urbanen Metropolen des Zentrums bekommen Ähnlichkeiten mit den peripheren Gebieten der Dritten Welt, während das Zentrum in den Hauptstädten der Peripherie Dependancen eröffnet. Das Zentrum hat seine Brückenköpfe in der Peripherie, aber die Peripherie schlägt zurück und durchdringt das Zentrum. Nicht nur die lohnintensiven Arbeitsplätze werden vom Zentrum in die Peripherie verlagert, auch die Kontrolle über die ökonomischen und sozialen Prozesse wird dezentriert. Dezentrierung ist also ein Prozeß, der sich als Leitmotiv durch die Postmoderne hindurchzieht und sich in ganz unterschiedlichen Phänomenbereichen beobachten läßt, in den Mikrosphären der Subjektivität wie in den Bereichen räumlicher, ökonomischer und weltpolitischer Organisation.

2.7 Polyvalenz

Ein weiteres postmodernes Leitmotiv ist mit den Begriffen *Polyvalenz* und *Ambivalenz* bezeichnet. Mehrwertigkeit und Mehrdeutigkeit sind natürlich keine Erfindungen des Postmodernismus, treten nicht erst in der Postmoderne auf. Aber die Postmoderne hat ein anderes Verhältnis zu Polyvalenz und Ambivalenz als die Moderne. Wenn die Postmoderne durch Dezentrierung charakterisiert ist, dann löst sich folglich die Vorherrschaft des einen Zentrums auf, dann haben wir es mit einer Landschaft vieler relativ gleichberechtigter Zentren oder Kristallisationspunkte zu tun. Genau das erleben wir ja in der Geopolitik, auf internationaler und nationaler Ebene. Die klassischen modernen Nationalstaaten wie England und Frankreich waren von jeweils einem Zentrum aus aufgebaute Gebilde; aber wo ist das Zentrum der heutigen Welt oder das der Vereinigten Staaten von Amerika? In den Worten Alan Wolfes (1991, S. 464): „America as a whole has seemingly become ‚decentered' in a way not dissimilar from what thinkers like Jacques Derrida mean — or seem to mean — by that term." Die geopolitische Organisation der postmodernen Welt wird mehr und mehr durch gleichwertige Kristallisationspunkte gekennzeichnet sein.

Mit der Tendenz zur Polyvalenz haben wir es aber nicht nur im Bereich der Geopolitik und der Sozialgeographie zun tun. Auch in den Sinnsystemen, den Ideologien, den semantischen Codes steht Aussage gegen Aussage, Bedeutung gegen Bedeutung. Es gibt nicht den einen, unzweideutigen Code, der alles bestimmt und regelt, nicht die eine Wahrheit oder eine Vernunft. Dieser Pluralismus von Bedeutungen, Ideologien, Mythen, Logiken, Rationalitäten hat sich natürlich schon in der Moderne entwickelt. Aber die Moderne und der Modernismus haben sich doch immer schwer damit getan, die Polyvalenz anzuerkennen oder sich damit abzufinden, daß jede einzelne Bedeutung ambivalent sein kann. Dieses gespannte Verhältnis der Moderne zur Ambivalenz ist das Thema von Zygmunt Bauman (1992b).

Die Moderne hat immer wieder versucht, das Mehrdeutige einer Eindeutigkeit unterzuordnen. Moderne Heilslehren haben versucht, die

Herrschaft des Eindeutigen über Ambivalenz und Polyvalenz anzutreten. Wir sind gewohnt, solche Versuche als Ideologien zu bezeichnen. Die großen politischen Ideologien wie Liberalismus, Sozialismus oder Nationalismus sind ja Produkte der Moderne. Gegen die Ideologien hat die Moderne allerdings auch die Waffen der Ideologiekritik entwickelt. Die Ideologiekritik ist ein Kind der Aufklärung und als solches vertraut sie in eine Vernunft, die der Ideologie überlegen ist. Was gegenüber der modernen Ideologiekritik in der Postmoderne nun neuartig ist, das ist, daß auch Aufklärung, Vernunft und Rationalität mit Skepsis und Kritik bedacht werden. In den Worten François Lyotards (1979/1986) sind Vernunft und Aufklärung Meta-Narrationen. Narrationen sind Erzählungen. Erzählungen hört man zu, man kann sie glauben oder nicht, sie mögen oder eben nicht mögen. Doch immer, wenn sich eine Erzählung zur Meta-Narration aufschwingt, also uns weis machen will, von den letzten Dingen zu sprechen, uns einen übergeordneten Sinn zu vermitteln, dann besteht die Gefahr, daß die eine wahre Lehre anderen nicht weniger berechtigten Erzählungen übergeordnet wird. Dann werden auch Ambivalenz und Polyvalenz ausgegrenzt. Die Postmoderne nun verabschiedet die Meta-Narrationen. Der Gewinn, den sie daraus zieht, ist, daß sich mehrere Stimmen Gehör verschaffen können, daß das Ambivalente und Polyvalente zugelassen wird. Freilich ist die Kehrseite dieses Pluralismus das Problem des Relativismus. Und genau das ist dann auch der Punkt, welcher der Postmoderne immer wieder vorgeworfen wird, daß sie nämlich dem Relativismus und der Beliebigkeit Tür und Tor öffne.

Mit Ambivalenz leben heißt natürlich, Toleranz entwickeln. Man darf gespannt sein, ob und wieweit dies der Postmoderne tatsächlich gelingt. Es ist nicht leicht, ein entspanntes, positives Verhältnis zu Pluralismus, Polyvalenz, Ambivalenz und Heterogenität zu haben, ein Verhältnis, das weder der Versuchung erliegt, diese Pluralilität zu vereinheitlichen, noch sich mit Indifferenz und Ignoranz zufriedengibt. Diese Problematik soll hier nicht weiter philosophisch vertieft werden; statt dessen sei an den Begriff ‚Doppelcodierung' erinnert, ein Begriff, den Charles Jencks (1980) zur Charakterisierung postmoderner Architektur benutzt hat. Die postmoderne Architektur will nicht eine einheitliche Bedeutung übermitteln, und sie bedient sich nicht nur einer Sprache, um sich auszudrücken. Das postmoderne Bauwerk ist doppelt codiert, und man kann hinzufügen, die Vervielfachung braucht natürlich nicht bei der Verdopplung stehen zu bleiben, sondern kann gegen unendlich gehen. Postmoderne Bauwerke, Texte, Filme, Musikstücke spielen mit der Mehrdeutigkeit, tolerieren die Spannung zwischen verschiedenen Bedeutungen, unterschiedlichen Lesarten, ja fördern sie. Und das Gleiche gilt für postmoderne Phänomene der Lebenswelt, etwa einem postmodernen Selbst. Vielleicht ist die postmoderne Polyvalenz nicht immer zu erkennen, vielleicht ist ihre Präsentation auch nicht immer gelungen. Doch da Postmodernität im Prinzip dieses positive Verhältnis zu Ambivalenz und Polyvalenz hat, sollte klar sein, daß Postmoderne nichts mit Flachheit und Primitivität zu tun hat.

2.8 Anti-Heroismus

Ein letzter Unterschied zwischen Moderne und Postmoderne bezieht sich bereits auf die Reflexion von Modernität bzw. Postmodernität, d.h. auf die Art und Weise, wie man sich mit der Moderne bzw. Postmoderne arrangiert. Dieser Unterschied besteht in der Ablösung des modernen Heroismus durch den postmodernen Anti-Heroismus. Die Moderne war noch imstande, ein heroisches Welt- und Selbstbild zu entwerfen. Das gilt für die optimistische, fortschrittsgläubige Variante der Moderne ebenso wie für die pessimistische. Die wissenschafts- und rationalitätsgläubige Moderne hat den Menschen nach den mythischen Figuren Faust und Prometheus vorgestellt. Und die verschwisterte Variante der Moderne, die sich über die Traditions- und Sinnverluste beklagt oder die sich im Kampf mit den gerufenen Geistern, die man nicht mehr los wird, aufzehrt, hat das Selbst- und Weltbild des tragischen Helden gezeichnet. Sisyphus ist der Prototyp dieses tragischen Helden.

Diese modernen Heroen, bei denen ja — wie Faust oder der gefesselte Prometheus zeigen — Triumph und Scheitern sehr nahe beieinander liegen, kommen in der Postmoderne allenfalls noch als Witzfiguren vor. Das postmoderne Selbst ist dezentriert und in der postmodernen Welt ist kein Platz mehr für Heroen, es sei denn in Form von Medienhelden. Aber Medienhelden sind mehr die Marionetten der Medien, nicht deren Gestalter. Für den postmodernen Antihelden gibt es auch keine Tragik mehr. Tragik setzt noch voraus, daß man sich über alle Maßen wichtig nimmt. Der postmoderne Antiheld ist kein verzweifelter, zerknirschter, tragischer Typ, sondern ein ironischer Schelm.

Ungewißheit und Unsicherheit der Existenz sind keine Erfindungen der Postmoderne. Das menschliche Dasein als großes Fragezeichen, als unbestimmte Offenheit, oder der einsame Mensch, der in die Existenz geworfen wird, das sind Themen, die schon der Existentialismus kultiviert hatte. Aber beim Existentialismus resultieren daraus eben noch Heroismus und Heroen, sei es in der mythischen Figur des von Albert Camus beschriebenen Sisyphus oder in der Gestalt des Intellektuellen-Heroen, leibhaftig vorgeführt von Jean-Paul Sartre. Vom Pathos des Existentialismus ist der Postmodernismus Welten entfernt. Die existentielle Ungewißheit wird vom Postmodernismus weder in einem ideologischen Hafen vertäut, noch von einem tragischen Helden aufgesogen. Ambivalenz, Polyvalenz, Dezentrierung führen in der Postmoderne nicht zu einem tragisch-heroischen Weltgefühl und nicht zur existentialistischen Verzweiflung. Typisch für die Postmoderne ist vielmehr Parodie, Ironie und eine spaßig-spielerische Haltung. Nicht Prometheus und Sisyphus sind die mythischen Personifikationen dieser Haltung, sondern Till Eulenspiegel und Sancho Pansa. Entsprechend finden sich in postmodernen Romanen Typen, die mit dem Personal des Schelmenromans verwandt sind.

Statt der für die moderne Literatur typischen Leitmotive Entfremdung, Verzweiflung und Tragik, sind für die postmoderne Literatur Heiterkeit, Witz, Ironie und Parodie charakteristisch, auch noch angesichts des größten Schreckens. Der Modernist Theodor W. Adorno hat einmal die berühmte Frage gestellt, ob man nach Auschwitz noch dichten könne. Der Literaturwissenschaftler und Schriftsteller Raymond Federman, der seine Familie in Auschwitz verloren hat und selbst nur knapp dem Holocaust entkommen ist, hat diese Frage mit seiner Literatur beantwortet, die zwar um das Holocaust-Trauma kreist, die aber mit den Mitteln der Parodie Distanz herzustellen vermag. Federman nennt seine Post-Holocaust-Literatur bezeichnenderweise „laughterature".

Der postmoderne Anti-Heroismus macht natürlich auch nicht vor einem der letzten tragischen Helden der Moderne halt, dem Intellektuellen. Der moderne Intellektuelle hat sich gerne als Gesetzgeber aufgespielt. In unterschiedlichen Varianten hat er versucht, die alte von Platon vorgezeichnete Rolle des Philosophenkönigs zu spielen. Selten und nur den wenigsten Intellektuellen ist es gelungen, Gesetzgeber im juristischen Sinne zu sein. Wenn der moderne Intellektuelle schon nicht die Verfassung der Republik schreiben darf, dann begnügt er sich ersatzweise damit, über die geistige oder moralische Verfassung der Mitmenschen zu wachen. Für den Typus des modernen Intellektuellen hat Bauman (1987, S. 4f.) die Bezeichnung „legislator" reserviert. Der moderne Intellektuelle macht sich zum Sprecher und Gesetzgeber in Sachen Vernunft, Moral und Kultur. Er ist ein Vertreter des Universalismus; das heißt, er unterstellt, daß jeder vernünftige und gutwillige Mensch im Prinzip zu derselben Einsicht kommen muß wie er. Der moderne Intellektuelle macht autoritative Aussagen. Die Autorität schöpft er aus dem Zugang zum objektiven Wissen. Der postmoderne Intellektuelle hingegen übernimmt die Rolle eines „interpreter" (Bauman, 1987). Das heißt, er ist Übersetzer, Dolmetscher, Vermittler, Interpret. Seine Aufgabe besteht darin, Aussagen, die aus einer bestimmten Tradition kommen, einem bestimmten Sinnzusammenhang entstammen, für Menschen verständlich zu machen, die in anderen Traditionen verwurzelt sind. Er ist eine Art Kommunikator, der dafür sorgt, daß bei der Über-setzung (Übermittlung) keine Sinnverzerrungen auftreten.

Mit seiner Aufgabe als Interpret spielt der postmoderne Intellektuelle zwar immer noch eine wichtige Rolle, aber von dem Heroismus des modernen Intellektuellen ist er doch weit entfernt. Der moderne Intellektuelle ist ohnehin selten ein glorreicher Held gewesen, meistens waren seine geistigen Höhenflüge und politischen Ambitionen zum Scheitern verurteilt. Das hat ihm dann die tragische Aura verliehen, ihn manchmal aber auch nur der Lächerlichkeit preisgegeben. Dem Risiko, sich der Lächerlichkeit auszusetzen, beugt der postmoderne Intellektuelle vor, indem er sich des Lachens als Waffe bedient. Witz, Ironie, Komik sind seine Strategien. Nicht die Ernsthaftigkeit und Autoritativität eines Sartre oder Adorno sind die Vorbilder für den postmodernen Intellektuellen. Exemplare der Spezies des postmodernen, anti-heroischen Intellektuellen sind Umberto Eco, Raymond Federman oder auch Woody Allen.

Die dargestellten Schlüsselbegriffe weisen auf einige charakteristische Besonderheiten der Postmoderne hin. Diese Schlüsselbegriffe sind Leitmotive der Postmoderne; Leitmotive in dem Sinn, daß postmoderne Phänomene diese Motive oder Themen variieren. Ob im postmodernen Roman oder in der Architektur der Postmoderne, ob in der postmodernen Politik oder Familie — überall, wo Postmodernität sich zeigt, stoßen wir auf diese Leitmotive, bzw. helfen diese Schlüsselbegriffe, die postmodernen Phänomene zu erfassen. Diese Schlüsselbegriffe sind spezifisch postmodern, das heißt, sie sind vielleicht nicht

Erfindungen der Postmoderne, haben aber in der Postmoderne eine zentrale, hervorstechende Bedeutung. Sie sind außerdem nicht realitätsfern, sondern stehen für reale Phänomene, echte Sachverhalte der Postmoderne.

2.9 Zeit und Raum in der Postmoderne

Anders als die präsentierten Leitmotive der Postmoderne sind die Begriffe Zeit und Raum nicht spezifisch postmodern. Nach Kant stellen Zeit und Raum allgemeine Kategorien menschlicher Erfahrung dar. Aber sicherlich hat die Postmoderne — wie auch die Moderne oder vormoderne Konfigurationen — ein spezifisches Verhältnis zu Zeit und Raum. Die Soziologie hat sich leider nur wenig mit der Frage beschäftigt, welche Rolle Zeit und Raum in der sozialen Erfahrung spielen und wie die Erfahrung von Zeit und Raum sozial geprägt ist (vgl. hingegen Giddens, 1984). Zeit und Raum sind die wohl grundlegendsten Kategorien, in denen sich uns Welt darstellt. Als solche haben sie auch in der Philosophie, speziell der Erkenntnistheorie, eine prominente Rolle gespielt. Descartes, Spinoza, Kant in der klassischen Erkenntnistheorie, Husserl, Heidegger, Peirce, Whitehead in der modernen, haben sich mit der Frage auseinandergesetzt, wie sich Erkenntnis in Zeit und Raum vollzieht bzw. wie sich Zeit und Raum in der Erfahrung konstituieren.

Interessanterweise zeigt die Reihe der gerade genannten Philosophen, daß im Laufe der Entwicklung des Denkens die Zeit dem Raum den Rang philosophischer Bedeutung abgelaufen hat. Immer feinsinniger wurde das Nachdenken über die Erfahrung und Konstitution von Zeit. Das gilt nicht nur für die Philosophie, sondern auch für die Literatur. Marcel Prousts Riesenroman *A la recherche du temps perdu (Auf der Suche nach der verlorenen Zeit)* etwa ist u.a. eine Studie über die Erfahrung von Zeit und Zeitlichkeit. Aus Prousts Roman kann man vielleicht mehr Erkenntnis- und Lustgewinn ziehen als aus allen philosophischen Abhandlungen zum Thema Zeit. Während Proust den Strömen der Zeit, ihren Verwicklungen, Sackgassen und Wiederkünften nachspürt, bleibt auch bei ihm der Raum konzentriert und überschaubar. Im wesentlichen spielt sich bei Proust alles in und um Paris ab.

In der Philosophie und Literatur der Moderne ist die Zeit *das* große Thema. Der Raum wird wie bei Proust der Zeit untergeordnet. Zwar

heißt es in Richard Wagners *Parsifal* „zum Raum wird hier die Zeit",
aber das gilt eben nur für die dort dargestellte Gegenwelt des Heiligen
Grals, wo die Zeit still zu stehen scheint oder wo Musik, dieses zeit-
gebundene und zeitverarbeitende Medium par excellence, sich wie
eine Kathedrale in Stufen aufzutürmen scheint. A propos Kathedralen:
Wenn wir historisch zurückgehen in die *Zeit der Kathedralen* (Duby,
1984), also ins Mittelalter, dann stellen wir fest, daß Zeit und Zeit-
erfahrung einen ganz anderen Stellenwert haben als später in der
Moderne. Im Mittelalter ist Zeit noch nicht jenes dynamische Ele-
ment, in dem sich nach moderner Vorstellung dann so etwas wie Fortschritt ereignet. Im Zeitalter der Kathedralen hat man nicht nur viel
Zeit, sondern die Zeit nimmt sich sozusagen selbst Zeit, sie hat einen
langen Atem. Entwicklung gibt es da eigentlich nur in Bezug auf eine
völlig andere Zeitrechnung, nämlich das Jüngste Gericht. Im Gegensatz zu dieser einfachen Vorstellung von der Zeit, die sich an die
biblischen Vorgaben hält, wird der Raum sehr viel differenzierter
konzipiert. Die gothischen Kathedralen schaffen Räume und stellen
Räumlichkeit höchst differenziert dar. Der Kosmos, Himmel, Hölle
und Erde bekommen ebenso ihren Platz zugewiesen wie die Heiligen
ihre Nischen und Altäre und die Menschen ihren festen Ort im sozialen Raum. Aber verlassen wir das Mittelalter und gehen zur Moderne
und Postmoderne zurück bzw. vorwärts!

In der Moderne explodiert die Zeit. Die philosophische Beschäftigung mit der Zeit reflektiert die soziale Bedeutung der Zeit und verarbeitet die Verzeitlichung der Welt. In dem Maße, wie man sich
schneller fortbewegen kann, wird auch das Verstreichen von Zeit
drastischer erlebt. Durch schnellere Fortbewegung gewinnt man zwar
einerseits Zeit, doch zugleich wird die Zeit knapp. Man muß mit ihr
haushalten. Müßiggang ist aller Laster Anfang, also muß man seine
Zeit produktiv verwenden, und schon muß man sich sputen, um das
Tagewerk zu vollenden. Zeit wird zum Investitionsgut, man muß sich
überlegen, worin man seine Zeit investieren will. Daß Zeit Geld ist,
wird in der Moderne entdeckt und anerkannt, und zwar in dem Moment, da es auch den Christenmenschen gestattet ist, Geld gegen
Zinsen zu verleihen, also mit der Zeit ein Geschäft zu machen.

In der Philosophie der Moderne ist Zeit ein großes Thema. In der
mittelalterlichen und der antiken Philosophie stand die Frage nach
dem Sein statt der nach dem Werden im Vordergrund. Die Welt
veränderte sich zu langsam, als daß Zeit und Veränderung ein großes
Thema hätten werden können. In der Moderne, in der das soziale

Tempo beschleunigt wird, Zeit kostbar ist und in der technische Erfindungen und soziale Veränderungen den Wandel erlebbar machen, werden auch Wandel und Zeit thematisiert. Evolutions- und Fortschrittstheorien haben Konjunktur. Ob linear oder dialektisch, die Zeit drängt nach vorne, unvermeidlich und zwanghaft. Man muß mit der Zeit gehen, sich zumindest auf der Höhe der Zeit befinden oder, noch besser, der Entwicklung um ein Stück voraus sein. Der Fortschritt wird von den Avantgarden vorangetrieben, die Masse folgt später — ohne jemals ganz aufzuschließen.

Nicht zufällig assoziiert man mit dem Begriff des Modernen nicht nur eine historische Epoche, sondern vor allem auch einen Gegensatz zum Veralteten. In diesem Sinne ist die zuletzt herausgekommene Kreation immer das Moderne. Modern sein heißt in diesem Sinne *up to date* sein. Was gestern modern war, ist heute schon überholt. Folglich altert nichts so schnell wie das Moderne. Wenn modern im Sinne des *dernier cri* etwas zu tun hat mit der Moderne als historischer Epoche, kann man dann die Schlußfolgerung ziehen, daß eben diese Moderne — da sie mittlerweile aus einmal modernen, inzwischen aber längst veralteten Beständen besteht — selbst überholt ist? Gehört sie in den Fundus des Museums, wenn nicht gar auf den Schuttabladeplatz der Geschichte? Die Moderne ist gealtert und selbst nicht mehr modern. Das wird umso deutlicher, wenn die letzten selbst- oder fremdernannten Avantgarden nur noch Variationen des Bekannten präsentieren und das Gefühl von *déjà vu* vermitteln.

Die Moderne hat in Philosophie und Literatur die Zeit ausgiebig thematisiert. Die wissenschaftlich-technischen und die soziokulturellen Entwicklungen in der Moderne haben das Tempo der Zeit beschleunigt. Das Dahinfließen der Zeit pflegte der Modernismus gerne als Fortschritt zu denken. Doch diese Entfesselung der Zeit ist an der Moderne nicht spurlos vorübergegangen. Die Moderne beginnt zu altern, sie wird überholt. Die Zeit ist der Moderne davongelaufen. Der Modernismus kann sich nicht vorstellen, daß nach ihm noch etwas anderes kommen kann. Die Moderne, die moderne Kultur und die moderne Gesellschaft stellen sich gerne als nicht überbietbarer Endpunkt der Historie dar, als Endpunkt, der schon erreicht ist, oder als Fluchtpunkt, auf den hin sich alles entwickelt oder entwickeln muß.

Für Parsons ist die moderne Gesellschaft die Formation, auf die die universelle Gesellschaftsentwicklung zusteuert und deren Prototyp die Gesellschaft der USA ist — so wie Parsons sie von Harvard aus sieht.

Für Habermas hingegen ist die Moderne ein unvollendetes Projekt. Dieses Projekt mag durch antimoderne Strömungen gefährdet sein oder auch durch die Schattenseiten und Widersprüche, die in der Struktur der Moderne selbst liegen. Für Habermas besteht aber kein Zweifel, daß es die Moderne zu vollenden gilt. Man möchte fragen: Vollendung um jeden Preis? Wie sieht das eigentlich aus, wenn die Moderne vollendet ist? Wann wird das sein? Oder: Stell dir vor, die Moderne ist vollendet! Was kommt dann? Was machen wir eigentlich, wenn die Moderne einmal vollendet sein sollte? Die Moderne, verstanden als unvollendetes Projekt — das kann wohl doch nur ein philosophisches Programm sein und keine historische Epoche. Denn wann wären denn die Antike, das Mittelalter oder die Renaissance vollendet worden?

Während die Modernisierer der Zeit, die ihnen schon verronnen ist, noch hinterherrennen, die Vormodernen vielleicht den Anschluß an die Moderne suchen, ist die Moderne bereits vorüber. Vollendet ist die Moderne weder als Epoche noch als Projekt. Historische Abschnitte kennen keine Vollendung und Projekte werden im besten Fall fertiggestellt, was weniger vollkommen ist als vollendet; in den meisten Fällen werden sie aus pragmatischen und ökonomischen Gründen zum Abschluß gebracht oder einfach abgewürgt. Was kommt nun also nach der unvollendeten und wohl auch gar nicht vollendbaren Moderne? Aus der begrifflichen Verlegenheit ist der Terminus Postmoderne geboren. Die Moderne ist nicht der Endpunkt der Geschichte. Es gibt ein Danach. Solange wir nicht wissen, ob es sich dabei um das paradiesische Zeitalter oder die Hölle handelt, um ein Zeitalter des Friedens und Wohlstands oder den *final countdown*, können wir getrost von der Postmoderne sprechen. Wodurch sich die Postmoderne von der Moderne unterscheidet und natürlich auch, worin sich Moderne und Postmoderne ähnlich sind, das kann man beschreiben.

Die Postmoderne konzipiert Zeit nicht mehr, wie das für das moderne Zeitverständnis typisch ist, linear. Der postmoderne Zeitbegriff ist eher polyzyklisch, d.h. verschiedene Zeitrhythmen sind miteinander verkoppelt, ohne daß sich daraus eine eindeutige Richtung erkennen läßt. Das Tempo der Zeit ist diskontinuierlich, extreme Zeitraffer und extreme Zeitlupen kommen vor. Ereignisexplosionen sind ebenso möglich wie scheinbare Aufhebungen von Zeit in vermeintlichem Stillstand. Die Postmoderne greift unbekümmert auf vergangene Zeiten zurück und schmilzt diese in die Gegenwart ein. Es gibt keine klare Verlaufsgeschichte mit Anfang und Ende. Die logische Abfolge von Ereignissen, etwa in Form von historischen Entwicklungsphasen, wird durcheinander gebracht. Das Resultat ist Gleichzeitigkeit des Ungleichzeitigen. Angesichts der Unsicherheit, von woher man kommt und wohin die Reise geht, konzentriert man sich auf das Hier und Jetzt.

Das alles sind Zeitbilder, die schon in der Moderne kreiert worden sind, aber nur in marginalen kulturellen Bezirken der Kunst und Wissenschaft artikuliert wurden. In der Postmoderne werden diese Zeitverhältnisse immer mehr gelebt und alltäglich erlebt. Der individuelle Lebensplan ist nicht mehr so eindimensional und einfach planbar, wie das in der Moderne angestrebt und versucht wurde. Lebensläufe von Menschen in der Postmoderne sind nicht mehr linear. Man nimmt Auszeiten in der Karriere, muß im fortgeschrittenen Alter vielleicht nochmal von vorne anfangen und unterzieht sich im hohen Alter einer Verjüngungskur. Statt kontinuierlicher Entwicklung also *midlife crisis* als Normalzustand?

In der Kultur des Postmodernismus werden diese Zeitverhältnisse natürlich noch viel deutlicher als im postmodernen Alltag. Die postmodernen Romane bringen gerne die kausalen Ereignisfolgen durcheinander. Mit spielerischer Leichtigkeit werden im postmodernen Roman die Zeitebenen gewechselt und damit auch die Identitäten von Personen. Die visuellen Künste der Postmoderne fügen Stilelemente aus ganz unterschiedlichen Epochen aneinander. Für postmoderne Architektur ist es kein Problem, griechische Säulen zu imitieren und mit bunten Neonleuchten zu illuminieren. Die postmoderne TV-Unterhaltungsserie schaltet permanent zwischen Vergangenem und Gegenwärtigem hin und her. Die Protagonisten haben keine Identitäten, die sich auf lineare Zeitläufe festlegen lassen. Sie können sogar wieder auferstehen, so wie Bobby Ewing in *Dallas*. Dort wurden etliche Folgen, in denen Bobby schon tot war, auf einmal als Traumzeit dargestellt.

Soviel zu den Zeitbildern und Zeiterfahrungen in der Postmoderne. Wie sieht es mit den *Raumkonzeptionen* in Moderne und Postmoderne aus? — Die Moderne hat nicht nur die Zeit entdeckt und beschleunigt, sondern auch den Raum ausgeweitet. Die Moderne läßt sich beschreiben als ein expansiver Vorgang. Die Grenzen des Geltungsbereichs der Moderne wurden immer weiter gezogen. Die europäische Zivilisation hat sich über den Erdball ausgebreitet. Die „frontiers" wurden verschoben, in Amerika immer weiter gen Westen. Und nach dem

„closing of the frontier" erfolgte die Expansion in den Weltraum. Die für die Moderne typischen Raumkonzeptionen und der moderne Umgang mit Raum sind im Prinzip einfach, ja eindimensional. Die Expansionsbewegung verläuft konzentrisch. Um einen zentralen Punkt wird der Zirkel gezogen. Der Ausstrahlungsbereich wird einfach immer größer. Die amerikanischen Städte zum Beispiel, die für die klassische Moderne sicher typischer sind als die europäischen Städte mit ihren mittelalterlichen Kernen, haben sich nach diesem konzentrischen Muster entwickelt. Mit jeder folgenden Wachstumsphase wurde um die City ein weiterer Ring gelegt. Aber auch in den Stadterneuerungen, welche die europäischen Städte erlebt haben, kann man rationalistische Raummuster erkennen, die dem Geist der Moderne verpflichtet sind. Das Schleifen der mittelalterlichen Wälle und Gräben, das Errichten gerader Achsen sind typisch für die moderne Stadtentwicklung. Die großen Boulevards, Ring- und Einfallstraßen wurden in Paris, Berlin oder Wien schon in einer prä-automobilen Phase der Moderne angelegt. Nur konnte man in den alten Städten Europas natürlich nie so radikal modernistisch vorgehen wie in den urbanen Neugründungen der Neuen Welt.

Anthony Giddens spricht davon, daß es in der Moderne zur Trennung von Raum und Zeit gekommen sei. Die Separierung von Zeit und Raum habe des weiteren zur Folge, daß sich die Dimensionen Zeit und Raum leeren würden (Giddens, 1991, S. 30f.). Damit meint Giddens folgendes: In der Vormoderne sind die Menschen in einem konkreten, überschaubaren Zeit-Raum, sie sind plaziert. In der Moderne hingegen ist es möglich, sich an einem Ort zu befinden und doch ganz woanders zu sein. Möglich wird das durch das Telefon, durch Computer und Bildschirmkommunikation. Anders als Giddens es tut, sollte man diese Möglichkeit, mit bestimmten elektronischen Medien Zeit- und Raumgrenzen zu überspringen, wohl eher schon der Postmoderne als noch der Moderne zuordnen. Die genannten Möglichkeiten haben ihren Ursprung in der Hochmoderne. Telegrafieren ist eine Erfindung des 19. Jahrhunderts, wie auch die Eisenbahn und das Auto. Von diesen Innovationen sind aber die heutigen Kommunikationsmedien und Transportmittel, wie etwa Raumschiffe und Satelliten, so verschieden, daß man sie als postmodern ansehen kann. Das Typische dieser Medien liegt auch nicht darin, daß sie Zeit und Raum separieren und entleeren, wie Giddens unterstellt. Im Gegenteil, Computer- und Satellitenkommunikation schafft neue Zeiten und Räume. Hinzu kommt, daß Zeit in bestimmten Fällen reversibel gemacht werden kann. Durch Computersimulation kann man Ereignisse und ihre Folgen durchspielen und wieder rückgängig machen. Im Prinzip ist es möglich, Zeit und Ort beliebig miteinander zu kombinieren. Intelligente Videospiele und Simulationsprogramme vorausgesetzt, ist es möglich, sich in verschiedene historische Vergangenheiten oder mögliche Zukünfte zu versetzen. Mit Hilfe des Fernsehens können wir heute schon an verschiedenen Orten zugleich sein, und zwar live. Man kann sagen, daß das kein Ersatz für das richtige Dabeisein vor Ort ist. Aber vor die Wahl gestellt, bei einem Großereignis leiblich dabei zu sein, die Hauptakteure aber nur, wenn überhaupt, mit dem Fernglas erkennen zu können, oder aber bei ARD und ZDF (oder welcher Anstalt auch immer) in der ersten Reihe zu sitzen, mag man sich für die mediale Kommunikation entscheiden. Es ist vorstellbar, daß nach diesem Muster des indirekten oder simulierten Dabeiseins auch einmal Konzepte des *sanften Tourismus* entwickelt werden.

Phantasie hat dem Menschen natürlich schon immer die Möglichkeit gegeben, sich über Zeit- und Raumgrenzen hinwegzusetzen, aber die vielleicht noch phantastisch anmutenden Möglichkeiten in der Postmoderne helfen der Phantasie noch ein wenig nach. Das sollte man nicht als Entleerung und Separierung von Raum und Zeit interpretieren, sondern eher als Überfüllung von Zeit und Raum, als Überlagerung oder Interferenz der Dimensionen Zeit und Raum. Reisen in und durch die Zeiten sowie die Simulation von Räumen sind dann auch Thema in Filmen (Wim Wenders *Bis ans Ende der Welt*) und Romanen (Italo Calvinos *Cosmicomics*, *Columbus Ungeborn* von Carlos Fuentes, Raymond Federmans *Die Nacht zum 21. Jahrhundert*), die man als postmodern bezeichnen kann.

Aber auch in einem weniger phantastischen Sinne sind in der Postmoderne Zeit und Raum miteinander verkoppelt. Die räumliche Struktur der postmodernen Stadt tangiert die Zeitorganisation der Menschen. Das gilt im Prinzip zwar auch für nicht-postmoderne Städte, doch in der Postmoderne wird die Zeit-Raum-Kopplung besonders deutlich. Die postmoderne Stadt ist weniger eine Industriestadt im klassischen Sinne als eine Dienstleistungsstadt. Banken, Versicherungen und Börsenmakler in den postmodernen Downtowns sind mit Städten vernetzt, die in anderen Zeitzonen liegen.

Über Börsen wird mit Gütern gehandelt, die noch gar nicht produziert worden sind, ja die vielleicht überhaupt niemals hergestellt werden. Auch das ist keine Erfindung der Postmoderne. Das Bank-

und Kreditwesen ist eine moderne Sache und macht deutlich, daß die Moderne früher als oft angenommen beginnt, nämlich zur Zeit der Blüte der italienischen Handelsstädte. Natürlich wurde auch davor schon Geld verliehen, doch der Aufbau eines transnationalen Kreditwesens in der Neuzeit stellt eben doch einen einschneidenden qualitativen Schritt dar. Und genauso stellen die Innovationen an den Finanzmärkten, die durch die elektronischen Informations- und Kommunikationssysteme möglich werden, eine deutliche Veränderung dar. Ein verwandtes, aber viel alltäglicheres Beispiel, das postmoderne Zeit-Raum-Verhältnisse bzw. die Überwindung zeitlicher und räumlicher Grenzen repräsentiert, ist die Kreditkarte.

In der Postmoderne geht es also nicht mehr wie in der Moderne um die immer zeitsparendere Bewegung durch reale Räume; auch nicht allein um die Expansion des modernen Weltsystems über den Globus, um die Einbeziehung entlegener Gegenden in dieses Weltsystem. Typisch postmodern ist vielmehr, sich über räumliche Grenzen hinwegzusetzen, ohne das Zimmer zu verlassen. Oder anders formuliert, verschiedene Räume ins eigene Wohn- oder Arbeitszimmer hereinzuholen. Man kann das die Implosion von Raum nennen.

Das Erlebnis postmoderner Zeit-Raum-Verhältnisse konzentriert und reduziert sich aber nicht auf den Fernseh- oder Computerbildschirm. Ihren architektonischen und sozialorganisatorischen Ausdruck finden die postmodernen Zeit-Raum-Konstellationen in der postmodernen Weltstadt. Die Konzentration von Dienstleistungen in der postmodernen Stadt hat wiederum Konsequenzen für die Strukturierung der Zeit. Die postmodernen Dienstleistungsfirmen verlangen von ihren Mitarbeitern die Flexibilisierung von Zeitstrukturen (Zukin, 1991b, S. 248) — aber nicht nur von den Mitarbeitern und ihren Angehörigen. Auch die Zeitpläne weiterer Dienstleistungsbereiche werden beweglich, von den Raumpflegefirmen, über den Fast-Food-Service, bis zu diversen Freizeitangeboten.

Ein weiteres typisch postmodernes Zeit-Raum-Verhältnis ist die Kontraktion, Zusammenziehung unterschiedlicher Zeiten an einem Ort. Museen sind hierfür ein Beispiel. Nun sind Museen ja keine Erfindung der Postmoderne, aber nie zuvor hat es so viele Museen gegeben wie in der Postmoderne. Im Museum werden allerdings verschiedene historische Zeiten nicht wild nebeneinander gestellt, sondern nach didaktischen, meistens auch chronologischen Gesichtspunkten. Bei den postmodernen Museumsbauten ist der Spielraum für das, was aus unterschiedlichen kunsthistorischen Epochen stammend nebeneinander plaziert werden darf, schon erheblich größer. Die paradigmatisch postmodernen Orte, wo historische Zeiten wild und schrill nebeneinander und übereinander gelagert werden, sind aber nicht die Museen, sondern Disneyworld und Las Vegas. Diese Kunststätten (im doppelten Sinn: Stätten der Kunst und künstliche Stätten) verräumlichen Geschichte. Dabei verfolgen sie nicht die Logik der Ereignisse, sondern die der Rhetorik. Nun mag man sagen, daß Disneyworld eben nicht die Welt ist. Aber immerhin gibt es an diesem Beispiel einiges zu entdecken, was auch in einer größeren postmodernen Welt gelten mag. Kein Wunder also, daß sich etwa Umberto Eco (1985, S. 78-88) Disneyland etwas genauer angesehen hat. Repräsentativ für die postmoderne Stadt ist Las Vegas zwar nicht. Aber immerhin kann man von Las Vegas lernen, wie der postmodernistische Architekt Robert Venturi (1979a) unterstellt.

Die Leitmotive der Postmoderne und die postmodernen Zeit-Raum-Verhältnisse verdeutlichen, daß Postmodernes Wurzeln in der Moderne hat. Postmodernität ist also nicht unbedingt das radikal Neuartige. Postmodern ist nicht notwendigerweise in allen Bereichen und Dimensionen die Negation von modern. Aber Postmodernität ist auch mehr als die letzte Ideologie der Moderne (Mongardini, 1992, S. 56). Über die postmoderne Infragestellung der Moderne läßt sich nicht einfach hinwegsehen, indem man eine radikalisierte oder selbst-reflexive Moderne (Giddens, 1990; 1991; Lash, 1993), eine vollständige statt einer halbierten Moderne (Beck, 1986; Münch, 1991; Touraine, 1992) propagiert und somit einen modernistischen Kernbestand stilisiert und gegen die postmodernistische Kritik immunisiert.

In den Debatten um die Moderne und Postmoderne gibt es im Grunde zwei prinzipielle Fraktionen: Die eine versteht die Postmoderne tatsächlich so, daß sie die Moderne ablöst und ersetzt. Die andere nimmt der Postmoderne sozusagen ihren gegen die Moderne gerichteten Stachel, wenn sie Postmoderne eher als Fortsetzung und Ausweitung der Moderne begreift. Dabei entstehen dann auch begriffliche Kuriositäten wie *unsere postmoderne Moderne* (Welsch, 1987). Der Kern dieser Vorstellung ist, daß Postmoderne nicht ohne Moderne denkbar ist, daß sie nicht unbedingt gegen alles Moderne gerichtet ist, wohl aber gegen die Ideologie des Modernismus (Calhoun, 1992, S. 273); das heißt, Postmoderne ist nicht gleichzusetzen mit dumpfem Antimodernismus, der sich nach einer Vormoderne zurücksehnt. Die Fraktion derer, die die Postmoderne als Fortsetzung der Moderne auffassen, läßt sich wiederum in eine Unterfraktion einteilen, die in der Postmoderne die Radikalisierung der Moderne erkennt, und in eine Gruppe, die eine geglättete, entschärfte Moderne als Postmoderne propagiert. Mal sieht es so aus, als sei die Postmoderne eine Fortsetzung der Moderne mit anderen Mitteln; ein andermal erscheint die Postmoderne als Einsatz moderner Mittel für nicht modernistische Ziele und Zwecke.

Der Begriff ‚postmodern‘ drückt eine Verlegenheit aus. Wir haben das Gefühl, daß sich das, was wir modern und Moderne nennen, ändert und schon geändert hat. Doch da wir inmitten der Veränderung stecken, fehlt uns der Überblick. Wir können bestenfalls die Bewegung zwischen modernen und postmodernen Markierungen feststellen, doch den Abstand zwischen diesen Markierungen können wir nur relativ bestimmen und nicht durch eine absolute Skala. Daher ist es auch nicht möglich, in apodiktischer Weise und vorab jeder Erörterung der empirischen Phänomene das Verhältnis von Moderne und Postmoderne ein für allemal zu bestimmen. Und schon gar nicht kann man verallgemeinernd über alle Bereiche, in denen sich Modernes und Postmodernes artikuliert, das Verhältnis von Moderne und Postmoderne festsetzen. Die Palette des Postmodernen ist viel zu bunt und breit, als daß man unterstellen kann, daß für den Farbtupfer am Rande der Palette das gleiche gelten muß wie für die dick aufgetragenen Farbkleckse an anderer Stelle der Palette. Postmoderne Familienformen haben zu *ihren* modernen Vorläufern möglicherweise nicht den gleich großen Abstand wie die postmodernen Erscheinungen in der Arbeitsorganisation zu *ihren* modernen Vorformen. Der Unterschied zwischen modernen und postmodernen Selbstbildern im Film oder der Literatur mag größer sein als zwischen modernen und postmodernen Identitäten im realen Leben. Was in dem einen Bereich ein modernes Auslaufmodell ist, kann in einem anderen Bereich ein Ausgangs- und Ansatzpunkt für postmoderne Entwicklungen sein.

Vielleicht ist gerade diese Mixtur aus verschiedenen Stilelementen und ihre Ungleichzeitigkeit Merkmal der Postmoderne. Postmoderne wäre dann nicht eine stilistische Einheit, sondern das Fehlen einer einheitlichen und dominanten Stilrichtung (Kellner, 1992, S. 171). Die folgenden Kapitel dieses Buches werden einige Farben der bunten Palette der Postmoderne beleuchten. Zunächst aber ist das Verhältnis der Postmoderne zu Geschichte und Posthistoire sowie die historische Verortung der Postmoderne zu klären.

3 Postmoderne und Geschichte — Posthistoire oder die Renaissance des Historischen?

Das folgende Kapitel stellt die Postmoderne in einen historischen Kontext. Gezeigt wird auch, welches Verhältnis die Postmoderne zur Geschichte hat, wie sie mit Geschichte umgeht. Das beinhaltet auch die Auseinandersetzung mit dem Begriff der Posthistoire. Und schließlich wird der Frage nachzugehen sein, was die historischen Ereignisse von 1989, also die Renaissance von Geschichte, für die Postmoderne bedeuten.

3.1 Geschichtskritik und Lust am Historischen

Die historische Selbstvergewisserung ist ein Kind der Moderne. Die Geschichtswissenschaft, so wie wir sie heute kennen, ist eine Erfindung der Moderne und unsere Vorstellungen vom Lauf der Geschichte sind moderne Fiktionen. Die großen Geschichtsphilosophien, wie die von Hegel und Marx, sind ebenso ein Produkt der Moderne wie die Methoden der Geschichtswissenschaft, die von den Idealen des modernen Wissenschaftsverständnisses geprägt sind.

Postmoderne ist immer wieder mit Posthistoire gleichgesetzt worden. Die Vorstellung, daß mit dem Ende der Moderne die Geschichte an ihr Ende gekommen sei, ist freilich absurd. Nicht Geschichte ist am Ende, sondern vielmehr die Geschichtstheorien der Moderne und die Modernisierungstheorien, die die geschichtliche Entwicklung zu simpel vorgestellt haben. Schluß ist auch mit den großen Erzählungen über den Weltenlauf, ob sie sich auf Hegel oder Marx stützen. An einen Endpunkt gekommen ist in der Postmoderne das von der Moderne tradierte Geschichtsverständnis!

Freilich haben nicht erst die Theoretiker der Postmoderne konventionelle Vorstellungen von Geschichte kritisiert. Kritik an einem Verständnis von Geschichte als Heldengeschichte oder Geschichte der Staatsaktionen ist schon vor der Postmoderne laut geworden. Gegen die erzählende Geschichtsschreibung hat die moderne Sozialgeschichte die Geschichte der Strukturen gestellt. Die *Annales*-Schule (Lucien

Febvre, Marc Bloch, Fernand Braudel) hat statt der historischen Einzelereignisse die *longue durée* in den Mittelpunkt geschichtswissenschaftlicher Betrachtung gestellt. Die historische Soziologie eines Immanuel Wallerstein (1974, 1980, 1989) hat das moderne Weltsystem zur Bühne des historischen Geschehens gemacht und so die eurozentrische Nabelschau teilweise überwunden. Gegen den Eurozentrismus ist auch das Werk des Kulturanthropologen Eric Wolf (1982) gerichtet, das den Titel *Europe and the Peoples Without History* trägt. Dieser Titel meint natürlich nicht, daß die nichteuropäischen Völker keine Geschichte hätten, sondern deutet polemisch darauf hin, daß die Europäer den Nichteuropäern ihre Geschichte vorgeschrieben haben.

Die Postmoderne ist also nicht die erste und einzige Kritik der Geschichte. Die zentralen Kritiken, die der Postmodernismus gegen die Geschichte vorbringt — und nicht nur der Postmodernismus — problematisieren folgende Punkte (Rosenau, 1992, S. 63): *erstens* die Vorstellung, es gäbe eine reale, wißbare Vergangenheit, die noch dazu so etwas wie die Evolution von Ideen, Institutionen oder Aktionen darstelle; *zweitens* die Sichtweise, daß Historiker objektiv sein sollten; *drittens*, daß Vernunft die Historiker befähige, die Vergangenheit zu erklären; *viertens*, daß es die Rolle der Geschichte sei, das intellektuelle und kulturelle Erbe der Menschheit zu interpretieren und von Generation zu Generation weiterzuvererben.

Die Geschichtswissenschaft versucht Ordnung in das zeitliche Nach- und Nebeneinander von Ereignissen zu bringen. Geschichtswissenschaft begnügt sich nicht damit, den Lauf der Dinge zu erzählen, sondern fragt auch nach den Gründen und Ursachen der Geschehnisse. Sie will verstehen oder erklären. Der bescheidenste Schritt in diese Richtung erfolgt, wenn man nach der Verbindung zweier Ereignisse fragt, wenn man die Gründe oder Motive für eine Handlung erkundet oder die Ursachen eines Ereignisses erforscht. Eine so verstandene Geschichtswissenschaft liefert Teilerkenntnisse, erfaßt Ausschnitte aus der Geschichte. Weniger bescheiden sind die Erklärungen der großen Geschichtsphilosophie; wenn man etwa, wie Hegel oder Marx, behauptet, das Gesetz der Geschichte zu kennen. Solche totalitären Geschichtstheorien stilisieren die geschichtlichen Ereignisse zum historischen Geschick hoch. Die Erklärungen dieser großen Geschichts-Geschichten sind totalitär, d.h., sie geben vor, sich auf das Ganze zu beziehen und sie erwecken den Anschein, als hätten sie immer recht. Für den Lauf der Weltgeschichte werden dann universell gültige Prinzipien verantwortlich gemacht. Der Historische Materialismus z.B. glaubt, allgemeine Antriebskräfte der Geschichte zu identifizieren, wenn der Klassenantagonismus zur bewegenden Kraft der Geschichte hochstilisiert wird. Aber nicht nur im Marxismus wird der Geschichte ein *Telos* unterstellt, das dem nur scheinbaren Chaos der Ereignisse Ordnung, Richtung oder Sinn verleiht, also ein Ziel, auf das hin die Geschichte unvermeidlich zusteuern soll, wenn vielleicht auch auf verschlungenen Pfaden. Diese Vorstellung von Geschichte geht vielmehr zurück auf das jüdisch-christliche Weltbild. Von der Vorstellung der Geschichte als Heilsgeschichte oder Geschichte der Verdammnis sind verschiedene Geschichtstheorien inspiriert.

Die teleologische Geschichtsvision, also die Vorstellung, daß Geschichte nach irgendwelchen erkennbaren Gesetzen abläuft, hat Karl Raimund Popper (1971) als Historizismus bezeichnet. Gleichwohl vertritt Popper die Auffassung, daß die Wissenschaft durch das Aufstellen und Überprüfen von Hypothesen sich der Wahrheit immer mehr annähert, allerdings ohne sie jemals vollständig zu erreichen. Damit teilt Popper die Vorstellung, daß Geschichte, zumindest die Wissenschaftsgeschichte, auf ein Ziel hin ausgerichtet ist. Das trennt auch Popper, bzw. die Popperianische Wissenschaftslehre des Kritischen Rationalismus, vom Postmodernismus. Der Postmodernismus weist konsequent jede Vorstellung zurück, nach der sich in der Geschichte das Wirken irgendeines höheren Prinzips erkennen lasse. Kein göttlicher Plan, aber auch kein humanistisches Prinzip, ob diese nun Vernunft, Wahrheit, Sittlichkeit, Brüderlichkeit oder Glückseligkeit heißen, steuern die Geschichte.

Was in der Postmoderne also ans Ende gekommen ist, ist eine bestimmte Vorstellung von Geschichte, die man als die humanistische bezeichnen kann. Wie auch schon die Attacke des Strukturalismus auf das humanistische Geschichtsbild, richtet sich der postmoderne Angriff gegen die Geschichte auf eine Geschichtsversion, die auf der Gleichung von Wirklichkeitserfassung, Wahrheitsanspruch, Sinn- und Identitätsstiftung beruht. Doch ist die Postmoderne deshalb nicht gleichzusetzen mit Posthistoire. Denn auch in der Postmoderne geht Geschichte weiter. Die diversen vermeintlichen Zielsetzungen der großen Geschichte sind noch nicht erreicht. Zugleich glaubt aber der Postmodernismus auch nicht daran, daß diese Ziele je verwirklicht werden. Nicht einmal das Projekt der Moderne ist vollendet, aber es wird auch niemals diese Vollendung geben.

Die Posthistoire hat zwei Gesichter, ein düsteres und ein heiteres. Die optimistische Variante von Posthistoire ist zuletzt mit großer

Publikumswirksamkeit von Francis Fukuyama (1992) vertreten worden, zumindest hat man Fukuyama so verstanden. Nach Fukuyama ist mit dem weltweiten Sieg von Kapitalismus, Liberalismus und Demokratie ein Kapitel in der Weltgeschichte abgeschlossen, das durch die Auseinandersetzung zwischen Liberalismus und Sozialismus gekennzeichnet war oder durch den Kampf der Mächte des Guten mit denen der Finsternis. Das heißt natürlich noch lange nicht, daß das Paradies auf Erden verwirklicht wäre und die Menschen die Hände in den Schoß legen könnten. Im Gegenteil, es gibt noch viel zu tun. Aber der große historische Antagonismus zwischen Kapitalismus und Sozialismus, der für die Dynamik der Moderne so wichtig war, ist historisch geworden.

Mit seiner Diagnose setzt Fukuyama eigentlich nur die Modernisierungstheorien der fünfziger und frühen sechziger Jahre fort, die von der Überlegenheit des westlichen Gesellschaftsmodells überzeugt waren und auf seine universelle Durchsetzung vertrauten. Vordergründig gibt die Realität Fukuyama recht. Die kommunistischen Regime in Osteuropa haben sich ebenso aufgelöst wie einige Militärdiktaturen in Lateinamerika. Überall, so scheint es, haben sich Kapitalismus, Liberalismus und Parlamentarismus durchgesetzt. Aber dieses Bild stimmt natürlich nur auf den ersten Blick. In den Republiken, die aus der Sowjetunion hervorgegangen sind, und in den Staaten Lateinamerikas verbergen sich hinter den Fassaden liberaler Verfassungen düstere Realitäten. Freiheit und Demokratie stehen überall auf wackligem Boden. Aber was noch schlimmer ist und wie ein Hohnschrei auf Fukuyamas optimistische Diagnose erscheint, ist die Tatsache, daß weltweit die Völker zwar das Joch der Diktatur abgeschüttelt haben und somit die liberal-demokratische Forderung nach Selbstbestimmung verwirklicht haben, daß sie aber im Zuge dieser Selbstbestimmung die mühsam errungenen Güter der Modernisierung verschenken. Nach der Vorstellung der Moderne sollte die liberale Gesellschaft ja auch zur Integration ihrer Einheiten führen. Doch das Gegenteil ist vorerst der Fall: die nationale Selbstbestimmung führt in den nationalistischen Separatismus, wenn nicht in den kollektiven Selbstmord. Wir sind mit der paradoxen Situation konfrontiert, daß ein Teilprojekt der Moderne, die Selbstbestimmung der Völker, voranschreitet, aber leider mit dem Ergebnis des Rückfalls in vormoderne Barbarei. Angesichts dieser geschichtsträchtigen und explosiven Paradoxie von Posthistoire zu reden, ist absurd.

Die andere Variante der Posthistoire sieht düsterer aus. Sie meint nicht, daß wir ans Ende der Geschichte gekommen seien, weil sich alles so schön gefügt hat. Die düstere Version von Posthistoire unterstellt vielmehr die Sinnlosigkeit, Beliebigkeit und Aussichtslosigkeit jeglichen historisch ambitionierten Handelns. Diese pessimistische Einschätzung resultiert aus der Erfahrung des Scheiterns. Diese Posthistoire-Version ist dem Postmodernismus insofern ähnlich, als beide die Möglichkeiten der Vernunft und des rationalen Handelns mit großer Skepsis betrachten. Die Geschichte ist nicht die Verwirklichung der Vernunft. Die Flamme der Rationalität flackert in der Geschichte nur hier und dort auf, ist bestenfalls ein Strohfeuer. Auf hoffnungsvolle Phasen in der Geschichte folgen immer wieder Ausbrüche der Unvernunft und der Vernichtung. Immer wieder bleiben soziale Reformen auf halbem Wege stecken, schlagen Revolutionen in Terror um. Das Gutgemeinte der Vernunft verkehrt sich ins Gegenteil. Kriege und Katastrophen scheinen unausweichlich und kehren immer wieder. Das 20. Jahrhundert, in dem die Moderne ihren Höhepunkt erreicht, ist durch mehr Kriege und Kriegsopfer sowie durch zahlreichere und schwerere von Menschen verursachte Katastrophen gezeichnet als die vorangegangenen Jahrhunderte. Betrachtet man das grauenvolle Geschehen der Kriege und Katastrophen mit Distanz, dann erscheint Geschichte nur noch als Wiederkehr des Immer-Gleichen. Der nächste Schritt in diesem pessimistischen Geschichtsbild ist dann die Verabschiedung der Geschichte selbst.

Mit dieser düsteren Variante der Posthistorie teilt der Postmodernismus zwar die skeptische Haltung, was die Sinnhaftigkeit der Geschichte betrifft. Der Postmodernist entidealisiert und entheroisiert Geschichte, doch ohne daraus die Posthistoire abzuleiten. Für den Postmodernismus geht das Spiel der Geschichte weiter, nur eben nicht mehr mit der anmaßenden Selbstgewißheit des Modernismus, der meinte, den Lauf der Geschichte zu kennen. Nicht die Geschichte ist in der Postmoderne verschwunden, aus dem postmodernen Geschichtsbild sind lediglich die Fortschrittsvisionen verschwunden. Die Postmoderne garantiert weder den sozialen Fortschritt noch den moralischen. Auch die Geschichte der Ästhetik wird im Postmodernismus umgeschrieben. Die modernistische Ästhetik denkt linear: Neues muß entstehen, das Neue ist besser als das Alte. Die modernistischen Avantgarden setzen sich mit dem zu bearbeitenden Material innovativ auseinander und befördern somit den ästhetischen Fortschritt. Die Rolle der Avantgarden wird in der modernistischen Kunstideologie dann sogar noch überhöht; die Avantgarde der Künstler und Intellektuellen soll nicht nur den ästhetischen Fortschritt vorantreiben, sondern nebenbei auch noch den moralischen, kulturellen, politischen und sozialen.

Von diesen modernistischen Fiktionen hat sich die Postmoderne verabschiedet. In der postmodernistischen Ästhetik kommt das Neue auf das Alte zurück, besteht Kreativität nicht in der Neuerschaffung, sondern in der Dekonstruktion, werden Teile des Alten im Pastiche neu zusammenfügt. Das postmoderne Geschichtsbild ist nicht linear, sondern eher zyklisch. Die postmoderne Kultur ist nicht eine Kultur heroischer Neuerschaffung, sondern eine Kultur des Recycling. Altes wird in der Postmoderne neu belebt, und das Tempo des Recycling wird gesteigert, so daß der zeitliche Unterschied zwischen alt und neu zusammenschmilzt. Das mag dann den Eindruck des déjà vu hinterlassen, das Gefühl, daß alles schon einmal da gewesen ist und daß man auf der Stelle tritt. Diese Erfahrung, zusammen mit der subjektiven Wahrnehmung, daß die Spielräume für Veränderungen immer enger werden, mag dann dafür verantwortlich sein, daß Postmoderne mit Posthistoire gleichgesetzt wird.

Das Posthistoire-Gefühl entsteht aus enttäuschten Erwartungen, die sich an die Geschichte geheftet hatten, und aus dem Gefühl, auf der Stelle zu treten. Den Gang der Geschichte als langweilig zu empfinden, kann niemandem verwehrt werden. Aus Langeweile und Desillusionierung aber abzuleiten, Geschichte sei überhaupt am Ende, ist eine Übertreibung, die nicht unbedingt aus der Postmoderne folgt. Geschichte ist nicht zu Ende, und die Postmoderne ist auch keineswegs historisch uninteressiert. Ganz im Gegenteil, in der Postmoderne kommt es zur Renaissance des Historischen und der Geschichte. Aber nicht Geschichte im Singular, sondern im Plural. Nicht die Universalgeschichte, so wie sie vom Modernismus geschrieben worden ist, sondern die vielen großen und noch zahlreicheren kleinen Geschichten kommen in der Postmoderne zu ihrem Recht. Das Geschichtsbild der Moderne war universalistisch und provinziell zugleich. Das klingt paradox; gemeint ist, daß die Moderne eine historisch, geographisch und kulturell bedingte und damit relative Erfahrung auf die Weltbühne und die Weltzeit projiziert hat. Damit unterliegt die Moderne einem Selbstbetrug und vermag nicht über die Grenzen derjenigen Provinz hinauszuschauen, in der die von ihr aufgestellten Spielregeln Geltung haben mögen oder haben mochten. Das Geschichtsinteresse der Moderne ist über die Maßen selbstbezüglich. Geschichte ist in der Moderne Selbstvergewisserung, Selbsterklärung, Selbstlegitimation, d.h., es geht immer nur um die Moderne selbst. In der historischen Selbstvergewisserung des Modernismus singen alle historischen Stimmen das Hohelied der Moderne, entweder in Form des Triumph- oder des Trauermarsches.

Im Vergleich dazu haben wir es in der Postmoderne mit einem babylonischen Stimmengewirr zu tun. Die Völker erhalten ihre eigenen Geschichten, die nicht mehr in eine hierarchische Ordnung gebracht werden können. Auch die einzelnen Schichten der Geschichte, von der Ideengeschichte über die Geschichte der Macht bis zur Alltagsgeschichte erhalten in der Postmoderne ihre Berechtigung. Gewiß, diese Pluralisierung der Geschichte ist auch nicht ganz neu, ist nicht eine genuine Erfindung der Postmoderne. Der Historismus des 19. Jahrhunderts war schon ähnlich orientiert. Aber die Vorstellung des Historismus, daß alle Epochen gleich nah zu Gott seien, war doch halbherzig und zumindest im realen Umgang mit der Geschichte der Völker und Gesellschaften wirkungslos. Während sich der Historismus am Exotischen delektierte und die Vielfalt der Kulturen im Völkerkundemuseum ausstellte, betrieben Kolonialismus und Imperialismus die Ausrottung des Anderen und Fremden.

Der Historismus der Postmoderne stellt gegenüber dem Historismus des 19. Jahrhunderts eine Steigerung dar. Alles Historische wird interessant: nicht nur die großen Staatsaktionen, auch die diversen kollektiven und individuellen Lebensweisen und Alltäglichkeiten werden inventarisiert. Auf einige Felder, auf denen das Interesse der Postmoderne am Historischen festzustellen ist, sei hier hingewiesen.

Etwa seit der zweiten Hälfte der siebziger Jahre hat die Soziologie die Geschichte wiederentdeckt. Historisches Interesse der Soziologie äußert sich in zwei Formen. Erstens in einer Beschäftigung mit der eigenen Geschichte. Da werden die soziologischen Klassiker nicht nur gepflegt, sondern geradezu wie Ikonen verehrt. Voluminöse Klassikergesamtausgaben haben Konjunktur. Aber auch die Aufarbeitung der Vergangenheit des Faches in verschiedenen historischen Epochen und in verschiedenen kulturellen Kontexten beschäftigt viele Soziologen. Bezeichnenderweise geht diese Form des soziologischen Historismus einher mit der gewachsenen Ernüchterung hinsichtlich der Rolle der Soziologie bei der Gestaltung der Gesellschaft. Wichtiger als diese Versenkung der Soziologie in die eigene Geschichte ist aber zweitens eine andere soziologische Hinwendung zur Geschichte, und zwar die der komparativen historischen Soziologie. Herausragende Vertreter dieser neueren *Historical Sociology* sind etwa Reinhard Bendix (1978/1980), Shmuel N. Eisenstadt (1987, 1992), Immanuel Wallerstein (1974, 1980, 1989), Charles Tilly (1990), Michael Mann (1986/1990). Auch Anthony Giddens (1985) und Randall Collins (1990), die eher zur systematischen Theorie neigen, haben neuerdings historisch-komparative Wege eingeschlagen. In der deutschen Soziologie hat man sich infolge der Wiederentdeckung von Norbert Elias (1987, 1992) wieder für die historische Dimension des Sozialen interessiert. Die Arbeiten der genannten Soziologen, aber auch die einer Reihe von Historikern vor allem französischer Provenienz (Fernand Braudel (1979a,b/ 1985, 1986), Philippe Ariès 1960/1977), Georges Duby (1976/1984, 1978/1986) Emmanuel LeRoy Ladurie (1975/1983) und die Rezeption dieser Arbeiten sind nicht nur Ausdruck gewachsenen Interesses an vergangener Geschichte. Sie haben auch dafür gesorgt, daß wir ein vielfältigeres, facettenreicheres Bild von der Moderne bekommen haben. Die Moderne, so wie sie im soziologischen oder historischen Einführungstext vorkommen mag, ist eine Fiktion gewesen. Überspitzt kann man sagen, es hat nicht nur eine Moderne gegeben, sondern deren mehrere. Wenn auch die genannten Soziologen und Historiker nicht Postmodernisten sind, so vermitteln sie uns doch ein postmodernes Bewußtsein, da sie uns die vielen Entwürfe und Verwerfungen der Moderne vorführen. Mit ihrer Hilfe erhalten wir ein vielschichtiges Bild von der Moderne, einer Moderne auf verschlungenen Wegen mit unklaren Anfängen und ausgefransten Rändern. Die Geschichte der Moderne ist nicht so stromlinienförmig und eindimensional verlaufen, wie die soziologischen Modernisierungstheorien unterstellten. Die Modernisierungstheorien, die die Moderne gleichgesetzt haben mit Aufklärung, Vernunft und Rationalisierung, sind nicht Darstellungen, sondern Karikaturen der Geschichte. Demgegenüber ist das postmoderne Wissen von der Moderne gewitzter, es umfaßt das Bewußtsein von den vielfältigen Modernen, die eben nicht nur Aufklärungsprojekte sind, sondern auch aus großen und kleinen historischen Katastrophen bestehen.

Bei der Entdeckung der Geschichte ist die Soziologie etwas schwerfällig gewesen. Der *Mainstream* der Soziologie in den fünfziger und sechziger Jahren war historisch völlig uninteressiert. Die Entwicklung der *Historical Sociology* setzte so richtig erst in der zweiten Hälfte der siebziger Jahre ein und hat sich mittlerweile in der amerikanischen Soziologie einige Bastionen erobert. Im Vergleich dazu ist die Entwicklung in der deutschen Soziologie zurückgeblieben. Mit der Ausnahme des unzeitgemäßen Elias, der ja seine wissenschaftliche Karriere auch nicht in Deutschland gemacht hat, gibt es in der gegenwärtigen deutschen Soziologie kein Oevre, das den Vergleich mit den Werken von Bendix oder Wallerstein bestehen würde.

Das Interesse am Historischen ist natürlich nicht auf die Soziologie beschränkt. In gewisser Weise scheint die Soziologie nur — etwas mühsam und schwerfällig — eine Entwicklung nachzuvollziehen, die sich auch außerhalb der Wissenschaft vollzieht. Breite Publika zeigen Interesse an Geschichte und historischen Themen. Ein Indikator dafür ist die Flut historischer Sachbücher. Interessanterweise wird das Mittelalter neu entdeckt. Man denke nur an Umberto Eco, aber auch an Georges Duby. Wie auch schon bei der Begeisterung der Romantik für das Mittelalter sieht es so aus, als überspringe die Postmoderne am liebsten ihre unmittelbare Vorgeschichte und wende sich statt dessen scheinbar entlegenen historischen Epochen zu. Ist die Begeisterung für das Mittelalter nun eine Form des Eskapismus, eine Flucht vor den Realitäten der aktuellen Zeitgeschichte? Ähnliche Vorwürfe wurden ja der Romantik des 19. Jahrhunderts gemacht. Oder gibt es Wahlverwandtschaften, Ähnlichkeiten zwischen dem Mittelalter und der Postmoderne?

Postmoderne Lust am Historischen offenbart sich nicht nur auf dem Markt der historischen Sachbücher, sondern auch in der belletristischen Literatur und in Filmen. Nicht nur Ecos *Der Name der Rose* ist ein Beleg für die Beliebtheit des historischen Sujets. Die historischen Romane der Postmoderne sind natürlich anders konstruiert als die klassischen Historiengemälde in der Literatur. In der postmodernen Literatur wie auch im postmodernen Film wird Historisches zum Material, mit dem man spielerisch umgeht. Zeitebenen und zeitliche Perspektiven werden miteinander ebenso vermengt, wie historisch gesicherte Fakten und postmodernistische fiktionale Geschichten vermischt werden. Wir haben es also wieder einmal mit Pastiches zu tun. Ob diese jeweils gelungen sind, sei dahingestellt. Zunächst ist einfach festzuhalten, daß Geschichte thematisiert wird und auch ein Gegenstand der Unterhaltung sein kann. Besser noch als der Roman belegt das vielleicht der Film in der Postmoderne. Die Kinohits lassen auch Lust am Historischen erkennen. Die historischen Sujets reichen von Ecos mittelalterlicher Klostergemeinschaft, über Kolumbus und den letzten chinesischen Kaiser bis hin zu Kevin Costners Beschäftigung mit Indianern, Robin Hood und John F. Kennedy.

Romane sind schnell beiseite gelegt, und Filme dauern nicht lange. Insofern könnte man sagen, daß man ihre Bedeutung als Indikator für den postmodernen Zeitgeist nicht überbewerten sollte. Doch wir stoßen in der Postmoderne noch auf dauerhaftere und deutlich sichtbare Spuren des historischen Interesses, nämlich in der bebauten Umwelt. Wohl noch nie zuvor hat es so viele Museen gegeben wie heute. Die achtziger Jahre waren ein Jahrzehnt der Museumsneubauten, und bezeichnenderweise sind es gerade die Museumsbauten, in denen die Postmoderne architektonische Formen angenommen hat. Gleichzeitig ist der Bereich dessen, was als museumswürdig angesehen wird, ins Uferlose gewachsen. Das historische Interesse richtet sich nicht nur auf die herkömmlicherweise in Museen ausgestellten Objekte. Raritäten und Kuriositäten sind auch museumsreif. Aber nicht nur in herkömmlichen Museen begegnet der Freizeitmensch der Vergangenheit. Ein breites Spektrum von Freizeitangeboten lebt von der Faszination des Vergangenen. Historische Lebensformen und Ereignisse werden nachgestellt. Ob auf Kulturfestivals, Stadt- und Stadtteilfesten oder an touristischen Stätten, überall gibt es Ritterspiele, mittelalterliche Banquette und dergleichen. Anders als in den herkömmlichen Museen kann man sich hier in die Vergangenheit nicht nur kontemplativ zurückversetzen, sondern man ist aufgefordert, sich zu verkleiden, mitzuspielen und aktiv die Geschichte zu erleben. Unterhaltung, Vergnügen, Freizeitspaß werden kulturalisiert, werden spielerisch mit Geschichtlichem konfrontiert.

In der Postmoderne werden die Grenzen zwischen verschiedenen Lebenssphären eingerissen. Das zeigt sich auch im postmodernen Umgang mit Historie. Das postmoderne Verhältnis zur Geschichte erschöpft sich nicht in der konservatorischen Haltung, nicht in der positivistischen Dokumentationspflicht. In der Postmoderne wird Geschichte zum Wirtschaftsgut. Kultur und Kommerz reichen sich die Hände. *Cultural heritage* — also das kulturelle Erbe — wird nicht in die Archive verbannt, sondern ausgestellt, inszeniert, vermarktet und konsumiert. In Großbritannien bezeichnet *cultural heritage* auch ein touristisches Konzept. Reisen ist damit eine historische Erfahrung im dreifachen Sinne. Erstens in dem Sinne, daß Reisen ein Akt in der Zeit und damit in der Geschichte ist; zweitens in dem Sinne, daß der Tourismus selber eine historische Entwicklung hat; und drittens auch in dem Sinne, daß man durch Reisen ein Stück Geschichte „er-fahren" kann. Die räumliche Veränderung durch das Reisen ermöglicht die Begegnung mit einer anderen Zeit. Und es ist dieser touristische

Historismus, der im postmodernen Reiseprogramm ein nicht unbedeutendes Marktsegment darstellt.

Alle genannten Beispiele für die Lust am Historischen widerlegen die Vorstellung, daß es in der Postmoderne mit der Geschichte vorbei sei, daß Postmoderne mit Posthistoire gleichzusetzen wäre. Allerdings scheint die Frage berechtigt, ob denn dieses postmoderne Angebot von Geschichte und Geschichten, ob Kommerzialisierung und Konsum des Historischen der Geschichte gerecht werden. Die Kritik am postmodernen Umgang mit Geschichte könnte ja lauten, daß die Postmoderne das Geschäft der Geschichtsverfälschung betreibe. Baut die Postmoderne die Geschichte nicht zu einem gigantischen Disneyland um? Wie authentisch, wie repräsentativ ist die postmoderne Präsentation der Geschichte? — Die postmodernistische Antwort darauf würde etwa so lauten: Die Postmoderne spiegelt nicht Geschichte wider, so wie sie wirklich gewesen ist. Im übrigen konnte das keine historische Darstellung für sich in Anspruch nehmen. Der Blick auf Historisches erfolgt immer von einer Warte aus, geschieht in einer Perspektive. Kein Standort, keine Perspektive ist absolut. Die Entscheidung für die eine oder andere Sichtweise ist immer selber historisch kontingent, mehr oder weniger voraussetzungsvoll und damit prinzipiell auch anders möglich. Der Vorteil der postmodernen Geschichtsvorstellung und -ausstellung liegt darin, daß sie — zumindest der Intention nach — pluralistisch ist. Nicht Ausgrenzung, sondern Erweiterung der Sichtweisen ist das Ziel. Es gibt nicht das eine richtige Geschichtsbild, welches die Geschichte in ihrer Totalität widerspiegelt, sondern es gibt zahllose Bilder und Erzählungen von Geschichten, die sich gegenseitig spiegeln.

Geschichte also als Spiegelkabinett, in dem man immer nur sich selbst, fratzenhaft und verzerrt wiederfindet? — Das mag schon sein, würde der Postmodernist sagen. Aber ist das so schlimm? Im Spiegelkabinett kann man doch auch Erfahrungen machen, und man kann dabei sogar Spaß haben. Man läßt sich auf dieses Spiegelkabinett doch nur als Spiel ein und findet letztlich den Ausgang. Ist das nicht sympathischer im Vergleich zu der Vorstellung, daß wir nur in *einen* Spiegel sehen dürfen, von dem wir annehmen sollen, daß er uns die Welt so zeigt, wie sie wirklich ist? Ist nicht gerade angesichts der Erfahrungen der Moderne und ihrer Einbahnstraßen, Sackgassen, Endlösungen und Endlager das postmoderne Spiegelkabinett gar nicht so ein übler Ort? In Anbetracht der monologisch angelegten und im

Effekt totalitären Ideologien des Modernismus ist Mißtrauen angebracht gegenüber allen angeblich authentischen Geschichtsbildern.

3.2 Die Beschleunigung der Geschichte seit 1989

Angesichts der dramatischen Veränderungen in Osteuropa seit 1989 stellt sich auch das Verhältnis von Postmoderne, Posthistoire und Geschichte in einem anderen Licht dar. Als 1989 die Berliner Mauer fiel, kehrte Historie mit Pauken und Trompeten auf die Bühne des Weltenlaufs zurück. Mit der ganzen Rhetorik des historisch Bedeutungsvollen wurde der geschichtliche Augenblick gefeiert. Zu erleben waren Ereignisse von historischer Tragweite, wie uns aus berufenem Mund von Persönlichkeiten versichert wurde, die in die Geschichte eingehen wollten. Wir wurden Beobachter großer historischer Vorgänge, zumindest als Fernsehzuschauer. Wo zuvor historische Windstille zu herrschen schien, so daß die Rede von der Posthistoire plausibel war, brach plötzlich der Sturm der historischen Ereignisse herein. Das Tempo der historischen Veränderungen wurde atemberaubend. Versteinerte Strukturen in Osteuropa und einstmals mächtige Personen gingen schneller und auf andere Weise in die Geschichte ein, als ihnen lieb war. Sie wurden Teil der vergangenen Geschichte, die schon weit zurückliegt. Das postsozialistische/ postkommunistische Osteuropa versucht seine heutige Situation zu definieren und sucht nach Orientierungen für die zukünftige Geschichte. Nachdem das längst schon ausgehöhlte ideologische Instrumentarium des Marxismus-Leninismus sich nun auf der Müllkippe der Geschichte wiederfindet, scheint Raum geschaffen für eine neue Geschichte. Also nicht Posthistoire, sondern eine neue Runde in der Geschichte wird eingeläutet.

Die Postmoderne wurde mitunter dargestellt als eine weltgeschichtliche Situation, in der zugleich alles geht („anything goes") und nichts mehr läuft. In der westlichen Welt hatte sich nach den unruhigen späten sechziger und frühen siebziger Jahren dieses Gefühl breit gemacht. 1968 war und ist, zumindest für die Linke, eine Art Mythos. Die Mai-Unruhen 1968 in Paris, die endlosen Teach-in's und Demonstrationen jener Jahre in Westeuropa, Nordamerika und sogar in Japan sind damals von vielen so wahrgenommen worden, als hätte das kapitalistische System kurz vor seinem Zusammenbruch gestanden. Daraus wurde eine Legende, an deren schwächlicher Flamme sich die Nostalgie der Achtundsechziger noch heute erwärmt. Irgendwie und zum Erstaunen der damaligen Revolutionäre, von denen mittlerweile die meisten etabliert sind, konnte sich der Kapitalismus damals gerade noch retten. Für viele Linke von damals war das eine Enttäuschung, die ihnen das Gefühl vermittelte, Geschichte im großen, revolutionären Sinne könne nicht mehr gemacht werden. 1968 ist auch das Jahr der Niederschlagung der Reformbewegung des Prager Frühlings durch die Truppen des Warschauer Paktes. Auf eine kurze Phase, in der sich Hoffnungen auf einen humanen Sozialismus zu erfüllen schienen, folgten Repression und Depression. Die Aufbruchstimmung von 1968 im Westen und im Osten schlug in das Gefühl um, daß die Möglichkeiten der Menschen, die Geschichte selbst zu machen, angesichts ultrastabiler Herrschaftssysteme doch sehr gering sind. Große Geschichte schien zu versanden im Fortschreiben des Status quo.

Im Anschluß an die reformbewegten Zeiten der späten sechziger und frühen siebziger Jahre schien die weltpolitische und innenpolitische Situation in den späten siebziger und achtziger Jahren von Immobilismus geprägt. Nichts bewegte sich wirklich, sieht man einmal von Nebenschauplätzen wie dem Iran ab. Die Rollen auf der Weltbühne waren verteilt, die Positionen abgesteckt. Eine Mischung aus phrasenhaften ideologischen Bekenntnissen und politischem Pragmatismus schien das Verhältnis der Supermächte zu bestimmen. Auch in innen- und gesellschaftspolitischen Bereichen herrschte Stagnation. Die linksliberale Aufbruchstimmung wich einem neuen Konservativismus, und sogar die sogenannten neuen sozialen Bewegungen (Frauenbewegung, Ökologiebewegung, Friedensbewegung) schienen sich totzulaufen. Große und nachhaltige Bewegungen jedenfalls, Revolutionen womöglich, waren nicht zu erwarten. So konnte der Eindruck einer posthistorischen Postmoderne entstehen. Doch 1989 dann, plötzlich und unerwartet, fand Geschichte wieder im großen Stile und mit emphatischer Geste statt.

Aber auch in einem anderen Sinne findet Geschichte wieder statt. Wie die Entwicklungen in Ostdeutschland zeigen, holt uns die Vergangenheit immer wieder ein. Das trifft für Individuen zu — vor allem für die, deren problematische Biographie durch die Öffnung der Stasi-Akten offenkundig wird — wie auch für ganze Gesellschaften, die sich mit schon längst totgeglaubten Nationalismen auseinandersetzen müssen. Der Müll, der auf dem Schuttabladeplatz der Geschichte abgeladen wurde, ist noch lange nicht entsorgt. Die historischen Altlasten sickern in den Boden, vergiften nicht nur das Grundwasser, sondern zersetzen auch Fundamente des Liberalismus und sozialer

Zivilität. In den vom Kommunismus befreiten Gesellschaften werden die Kräfte einer frühmodernen Marktwirtschaft entfesselt, muß der Glaube an den Markt das ideologische Vakuum ausfüllen. Das Monopol des Staates auf Gewaltausübung sowie auf die langfristige Planung und Verwirklichung der Glücksansprüche der Bürger ist im Postkommunismus diskreditiert und steht auch in den westlichen Gesellschaften auf dem Prüfstand.

Bedeutet diese zwiespältige Renaissance der Geschichte, daß es auch mit der Postmoderne vorbei ist? Zeigen die historischen Ereignisse, daß die Postmoderne nur eine kulturelle Mode war, die einige Journalisten und Intellektuelle aus Mangel an aufregenderen Ereignissen gepflegt haben? Wäre damit die Postmoderne, von der in den achtziger Jahren so viel die Rede war — wenngleich sie ja schon viel früher konzipiert und diskutiert wurde —, Schnee von gestern? War die Postmoderne nur ein kleines Intermezzo, vielleicht zwischen Moderne und Ultramoderne? Oder war die Postmoderne nur eine Illusion, während die Moderne ungebrochen weiterging und nun bestärkt weitergeht?

Auf diese Fragen ist ein klares Nein die Antwort. Die Postmoderne ist ja nicht bloß die Sache von Zeitgeist- und Lifestyle-Magazinen. Die Postmoderne ist auch keineswegs mit den Ereignissen von 1989 erledigt. Der Gang der Geschichte hat durchaus nicht gezeigt, daß wir sanft geruht und die Postmoderne nur geträumt haben und daß wir nun, da uns der Lärm der geschichtlichen Ereignisse aufgeweckt hat, wieder in der Moderne sind. 1989 hat nicht der Moderne zum Durchbruch verholfen, sondern der Postmoderne Tür und Tor geöffnet. Natürlich nicht einer Postmoderne, in der alle Probleme schon gelöst wären, ganz im Gegenteil. Die Postmoderne wird nicht so gefällig, nicht so beliebig und beliebt sein, wie manche das vielleicht gehofft hatten. Daß die Postmoderne nicht nur eitel Sonnenschein ist, wird gerade nach 1989 und nachdem der kurze Freudentaumel angesichts der Geschenke von Freiheit und Einheit vorüber ist, besonders deutlich.

Für die Soziologen bzw. die Sozialwissenschaften war 1989 auch ein Schock. Die sozialwissenschaftliche Frühwarnkompetenz hat sich blamiert. Auch die Sozialwissenschaftler sind überrascht worden und haben einige Zeit gebraucht, um auf 1989 überhaupt zu reagieren. Die Bedeutung von 1989 versucht Immanuel Wallerstein (1991c) in einem Essay zu erfassen. Es sei ein riesiges Mißverständnis, so Wallerstein, wenn man 1989 als die Bestärkung des bestehenden kapitalistischen

Systems interpretiert. Wallerstein sagt, daß der Zusammenbruch des Leninismus das Weltsystem um die letzte politisch stabilisierende Kraft beraubt habe. — Wie soll man das verstehen? Sicherlich reagiert in den Ländern der Ex-Sowjetunion Anarchie, wo früher Stabilität war. Im ideologischen Bereich ist die Destabilisierung wohl auch nicht auf den Herrschaftsbereich der ehemaligen UdSSR beschränkt, denn sicher vermissen die Ideologen im Pentagon oder andernorts die klaren Feindbilder. Und insgesamt ist die Welt nach 1989 wohl kaum weniger kompliziert geworden. In der Tat befindet sich das Weltsystem in Mutation, wie Wallerstein diagnostiziert. Aber Wallerstein (1991c, S. 15) geht noch einen Schritt weiter, wenn er schreibt: „1989 is probably a door closed on the past. We have perhaps arrived now in the true realm of uncertainty."

Daß wir uns in einer großen und vielleicht neuen Unsicherheitszone bewegen, wer wollte das bestreiten? Und man mag dieses „true realm of uncertainty" als Postmoderne bezeichnen, was Wallerstein nicht tut. Statt dessen wagt sich Wallerstein mit einer kühnen Behauptung hervor. Er sagt, daß das Weltsystem, gerade weil es so erfolgreich ist, nicht länger so weitermachen könne. Über 500 Jahre habe das moderne Weltsystem funktioniert, indem es unaufhörlich immer mehr Kapital akkumuliert habe. Aus irgendeiner messianischen Gewißheit schöpft nun Wallerstein die Zuversicht, daß das Weltsystem bald nicht mehr in der Lage sein werde, auf diese Weise weiterzufunktionieren. Der historische Kapitalismus werde, wie alle historischen Systeme, an seinen Erfolgen, nicht an seinen Mißerfolgen zugrundegehen.

Wallerstein hat in seinem beeindruckenden Werk (Wallerstein, 1974, 1980, 1989) fraglos sehr viel zum Verständnis der modernen Welt und des Kapitalismus beigetragen. Sein Glaube, daß das historisch gewordene und kapitalistisch bestimmte Weltsystem vor seinem nahen Untergang stehe, dürfte aber eher ein alter Glaubensartikel eines bekennenden Sozialisten sein als eine wissenschaftlich begründete und haltbare Prognose. Da der Sozialismus heute weniger denn je eine attraktive Gesellschaftsform darstellt und selbst ehedem überzeugte Sozialisten zu 200-prozentigen Verfechtern der marktwirtschaftlichen Lehre geworden sind, würde sich Wallerstein natürlich lächerlich machen, wenn er den Untergang des kapitalistischen Weltsystems mit der Morgendämmerung des Sozialismus gleichsetzen würde. So schreibt er dann auch, daß der angeblich bevorstehende Zusammenbruch des kapitalistischen Weltsystems für die bisherigen, d.h. sozialistisch orientierten, Gegner des Systems nicht notwendigerweise eine gute Nachricht darstelle. Wir befänden uns nämlich an einer Bifurkation, also einer Weggabelung, an der man nicht weiß, wohin die Reise geht. „What will replace the capitalist world-economy eventually may be better, but it could be worse. Thus we have reason neither for despair nor for celebration" (Wallerstein, 1991c, S. 14f.).

Immerhin ist diese ambivalente Situation zwischen Hoffnungslosigkeit und großer Feier eine gute Charakterisierung postmoderner Gegenwart. Postmodern insoweit, als hier die für den Modernismus typische Gewißheit, wohin der Zug der Geschichte fährt, verabschiedet ist. Ironischerweise erinnert Wallersteins Bifurkationsrhetorik an George Bushs Floskel der neuen Weltordnung. Für Wallerstein und für Bush, zwischen denen es ansonsten nicht viel Gemeinsamkeiten geben dürfte, steht bzw. stand die große und dramatische Veränderung des Weltsystems bzw. der Weltordnung bevor. Gemeinsam ist Wallerstein und Bush eine Hoffnung in das Neue, das da kommen soll, wobei man sicher sein kann, daß sich die spezifischen Erwartungen beider konträr zueinander verhalten. Wie die Transformation des Weltsystems bzw. der Weltordnung nun wirklich aussehen wird, ob sie von alleine kommen wird oder ob man ihrer Geburt nachhelfen muß, und wann genau sie wirklich kommt, darauf sind Wallerstein wie Bush zufriedenstellende Antworten schuldig geblieben.

Wohin mag nun aber der Zug der Geschichte fahren? George Bush spielt bei der Beantwortung dieser Frage wohl keine Rolle mehr. Was meint Wallerstein, wird nach der großen Mutation des Weltsystems kommen, die für ihn außer Frage steht? Ganz ohne Perspektive ist Wallerstein nicht. Er setzt in die Kreativität der sogenannten antisystemischen Kräfte. Diese sieht er am Werk in den Unabhängigkeitsbewegungen der peripheren Länder, in den Protestbewegungen innerhalb der Kernstaaten und in den neuen sozialen Bewegungen. 1968 ist für ihn ein Schlüsseldatum. Wallerstein zählt zu denen, die an der Legende oder dem Mythos von 1968 herumbasteln. Merkwürdigerweise wird der Mythos 1968 nun revidiert. Hatte die Linke bislang 1968 als — wenn auch gescheiterten — Aufbruch in eine sozialistische Zukunft stilisiert, wird nach der Desillusionierung durch den real existierenden Sozialismus 1968 auf einmal zur Hoffnungsquelle für eine nicht nur postkapitalistische, sondern auch postsozialistische Zukunft. Die antisystemische Stoßkraft der diversen, ja sehr unterschiedlichen Protestbewegungen wird von Wallerstein überbewertet, sowohl was Absichten wie auch Wirkungen betrifft. Wallersteins Begriff des

Antisystemischen macht keinen Unterschied, gegen welches konkrete System sich die Bewegung im Einzelfall richtet. Er tut so, als handle es sich dabei immer um eine Bewegung gegen das kapitalistische Weltsystem. So kommt dann Wallerstein schließlich zu der abenteuerlichen These, die Veränderungen von 1989 seien das Ergebnis der latenten, andauernden Revolte von 1968 gewesen!

Indem sich Wallerstein von den alten Gewißheiten über den Verlauf der Geschichte verabschiedet und von der Bifurkation spricht, an der es offen ist, in welche Richtung der Weg geht, macht er einen Schritt in Richtung Postmoderne. Aber der Schritt ist nur halbherzig, wenn der Geist von 1968 zur latenten Kraft erhoben wird, aus dem sich die Transformation des Weltsystems ableiten lasse. Und natürlich speist sich auch Wallersteins Gewißheit, daß das kapitalistische Weltsystem so gut wie überholt sei, aus alten sozialistischen Träumen. Die postmodernistische Gegenwartsbestimmung hingegen kann sich sehr wohl vorstellen, daß wir es noch eine Weile mit dem kapitalistischen Weltsystem zu tun haben werden, ja daß der Kapitalismus zusammen mit der Postmoderne noch eine Zukunft vor sich hat.

3.3 Post-Amerika und Postmoderne

Die postmoderne Verfassung ist nicht eine posthistorische Situation und auch nicht gleichzusetzen mit einem postkapitalistischen Weltsystem. 1989 markiert den Übergang in eine veränderte weltgeschichtliche Situation. Doch 1989 ist weder der Beginn der Postmoderne noch ihr Ende. Werfen wir einen Blick zurück auf den möglichen Beginn der Postmoderne! Der Beginn der Postmoderne ist historisch zu verorten, wenn man ihn parallel setzt mit der geschichtlichen Phase, in der die hegemoniale Vormachtstellung der USA ausgehöhlt wurde und zu Ende ging. Der Postmodernismus wäre damit parallel zu setzen mit dem Übergang vom Amerikanismus zum Postamerikanismus. In diesem Zusammenhang beziehen sich diese Begriffe nicht auf pro- oder anti-amerikanische Einstellungen und Haltungen, sondern auf die Rolle, die die USA im Weltsystem spielen. Mit dem Übergang vom Amerikanismus zum Postamerikanismus ist der relative Niedergang der USA als geopolitischer und wirtschaftlicher Macht gemeint, wohlgemerkt der relative. Dabei darf man nicht den Fehler machen, den relativen Niedergang der USA in der Geopolitik und der Ökonomie automatisch gleichzusetzen mit der Verringerung der kulturellen Bedeutung Amerikas. Amerikanische Filme, Fernsehserien, Videos und Musik bestimmen den Weltmarkt, quantitativ (also was Marktanteile oder Sendezeiten betifft) und z.T. auch qualitativ (was den Einfluß auf Kultur, Lebensweisen und Bewußtsein angeht). Aus der weltweiten Verbreitung von Dallas und Dynasty, Madonna und McDonald, CNN und Coca-Cola kann zwar nicht die kulturelle Hegemonie der USA abgeleitet werden. Doch folgt andererseits aus dem Niedergang der USA als Hegemonialmacht im wirtschaftlichen, politischen, wissenschaftlichen und technischen Bereich keineswegs die Abnahme des kulturellen Einflusses Amerikas.

Fraglos gegeben war die Hegemonie der USA, wirtschaftlich, militärisch, technologisch, wissenschaftlich und auch kulturell, in der Nachkriegszeit bis hinein in die sechziger Jahre. Die Post-World-War-Two-Era ist *das* amerikanische Zeitalter gewesen. In dieser Zeit haben sich von den USA ausgehend ökonomische Maßstäbe, soziale Selbstverständlichkeiten und kulturelle Standards entwickelt, die zum allgemeinen Signum der modernen Gesellschaft avancierten. Diese Modernität der fünfziger und sechziger Jahre wurde von den Sozialwissenschaftlern als Normalität, als Regelfall gesellschaftlicher Entwicklung ausgegeben. So wurde etwa die Familie, so wie sie sich in dieser Zeit empirisch auffinden ließ, in der amerikanischen Familiensoziologie zum normativen Maßstab überhöht. Was eine historisch bedingte soziale Formation war, wurde in ahistorischer Weise zur Institution Familie schlechthin. Im Vergleich zu diesem Bild oder Zerrbild muß der heute zu beobachtende Pluralismus familialer Strukturen wie ein Scherbenhaufen erscheinen. Doch nur, wenn man von der typischen Familie der fünfziger und frühen sechziger Jahre ausgeht, kann von einem Scherbenhaufen die Rede sein. Von der postmodernen Warte aus gesehen, stellt die Moderne der fünfziger und sechziger Jahre die Ausnahme und nicht die Regel dar. Und das nicht nur im Bereich der Familie.

Geschichte ist natürlich niemals ein eindimensionaler Prozeß, sondern meistens eine Auseinandersetzung zwischen unterschiedlichen, oft diametral entgegengesetzten Tendenzen. Und so ist auch schon in der Muster-Moderne der fünfziger und frühen sechziger Jahre untergründig die Gegenströmung am Werk gewesen. Die sogenannte Gegenkultur, die in der zweiten Hälfte der sechziger Jahre an die Oberfläche der Geschichte geriet, war wohl weniger das große dramatische Ereignis, die große Kulturrevolution, sondern nur ein besonders deutlich zutage tretendes Symptom untergründiger, auch verdrängter

Entwicklungstendenzen in der Geschichte. Dabei ist der oft zitierte „Geist von '68" wohl kaum die bestimmende und erklärende Ursache von Veränderungen, sondern vielmehr selbst erklärungsbedürftig.

Die scheinbare Kulturrevolution von 1968 ist nicht eine Zeitenwende, ist auch nicht der Beginn der Postmoderne. Wie wir ja schon wissen, taucht der Postmodernismus in der amerikanischen Literatur bereits vor 1968 auf. Einiges von diesem früh-postmodernen Zeitgeist, wie er in den Literaturdebatten der späten fünfziger und sechziger Jahre schon virulent ist, kommt dann auch in den kulturellen Veränderungen der sechziger Jahre an die Oberfläche. Was in den späten sechziger Jahren zusammenkommt, ist vielschichtig und vielfältig. Einerseits die volle Entfaltung der Kräfte der Moderne: also etwa die durchgreifende Industrialisierung auch in der Dritten Welt; die Gipfelstürme der Technik in Kombination mit dem modernen Expansionsdrang, symbolisiert in der Landung auf dem Mond 1969; und auch die Vorstellung der rationalen Gestaltbarkeit der Gesellschaft, bei der sich natürlich die Soziologie eine Schlüsselrolle zugedacht hatte. Diese typisch modernistischen Gestaltbarkeitsoptionen und -visionen mit all ihrem Optimismus und auch mit ihrer Naivität erscheinen in den sechziger Jahren in so unterschiedlichen Manifestationen wie dem Marxismus, dem sozialdemokratischen Wohlfahrtsstaat oder Lyndon B. Johnsons „Great Society".

Andererseits werden zur gleichen Zeit auch postmoderne Tendenzen deutlich. Diese postmodernen Tendenzen, die kultureller, aber auch sozialorganisatorischer Art sind, kann man nicht einfach als antimodern charakterisieren. Daniel Bell, der den Begriff ‚postindustrielle Gesellschaft' in Umlauf gebracht hat (Bell, 1971, 1973/1975), sieht die postmodernen Tendenzen in der Kultur interessanterweise in scharfem Gegensatz zu den postindustriellen Tendenzen in Wirtschaft und Gesellschaft (Bell, 1976). Die postindustrielle Gesellschaft ist nach Bell vor allem durch zweierlei charakterisiert: erstens die zunehmende Bedeutung des quartären Bereichs, d.h. die Ausweitung der hochqualifizierten Dienstleistungen; und zweitens die zentrale Bedeutung des wissenschaftlichen und technischen Wissens. Bell spricht davon, daß das wissenschaftlich-technische Wissen zum axialen Prinzip der gesellschaftlichen Entwicklung avanciere. Postindustrialisierung ist nach Bell also nicht die Abschaffung der Industrie, sondern eine neue qualitative Stufe industrieller Entwicklung. Postindustrielle Gesellschaft heißt mehr *white collar jobs* und weniger *blue collar jobs*, mehr Computerfirmen und weniger Stahlindustrie, mehr Forschungszentren und weniger Fließbänder, mehr Banken, Versicherungen, Informations- und Kommunikationsdienste und weniger Hochöfen und Werften. Bemerkenswerterweise sind postindustrielle Gesellschaft und postmoderne Kultur bei Bell aber Gegensätze.

Wie schon beim Verhätnis von Postmoderne und Posthistoire sehen wir hier, daß nicht alle Postismen notwendigerweise in dieselbe Richtung weisen. Die postmoderne Kultur ist für Bell die schon im Modernismus des 19. Jahrhunderts angelegte subversive, hedonistische Gegenkultur zur wissenschaftlich-technischen Rationalität der postindustriellen Gesellschaft. Gegen Bell ist aber wohl davon auszugehen, daß postindustrielle Gesellschaftsstruktur und postmoderne Kultur zusammenhängen. Vielleicht ist auch die postindustrielle Gesellschaft weniger rational und die postmoderne Kultur weniger irrational und gesellschaftsfeindlich, als Bell es unterstellt. Bells Verhältnis zur Postmoderne gleicht dem eines puritanischen Doktor Faustus, der mit der Postmoderne herumexperimentiert und die Geister des Postindustrialismus aus der Flasche läßt, aber die zugleich entfesselten mephistophelischen Geister des Postmodernismus bannen möchte. Doch wer A sagt, muß auch B sagen. Die postindustrielle Gesellschaft ist nicht zu den kulturellen Tarifen der Früh- oder gar Vormoderne zu haben. Die postindustrielle Gesellschaft, die in den sechziger und siebziger Jahren zu entstehen begann, kann nun einmal nicht auf der Grundlage der Werte viktorianischer Kultur errichtet werden.

Was sich also ab den sechziger Jahren ereignet, sind relativ gleichzeitige, aber nicht notwendigerweise gleichausgerichtete Veränderungen in Gesellschaft *und* Kultur. Zu diesen Veränderungen ist es nicht über Nacht gekommen, sie treten auch nicht synchron abgestimmt oder Hand in Hand auf. Diese Veränderungen hin zur postindustriellen Wirtschafts- und Sozialstruktur einerseits und zur postmodernistischen Kultur andererseits zusammen stellen einen historischen Wendepunkt oder, besser, Wendeprozeß dar, in dessen Verlauf sich das herauskristallisiert, was heute Postmoderne darstellt. Diese Entwicklung des Postmodernen ist nicht etwas, was sich aus einer Geschichtsteleologie ableiten läßt, ist nichts, was aus der Strukturlogik oder Wesenhaftigkeit von Gesellschaft und Kultur hervorgeht. Das konkrete Erscheinungsbild der Postmoderne ist in historischen Kontexten zu sehen, es ist bedingt durch geohistorische und geopolitische Konstellationen.

Um den Übergang von der Moderne zur Postmoderne zu beschreiben, sind neben 1968 noch andere Jahreszahlen von nicht nur symbolischer, sondern auch realer Bedeutung. Die Beziehung von Postmoderne und *Post-Amerika* läßt sich mit dem Hinweis auf folgende Daten schlaglichtartig skizzieren: die Ermordung John F. Kennedys im Jahr 1963; das amerikanische Desaster im Vietnamkrieg, der 1973 beendet wird; der Watergate-Skandal, über den 1974 schließlich US-Präsident Richard Nixon stürzt; 1980 das klägliche Scheitern der Befreiung amerikanischer Geiseln im Iran; und weniger dramatisch, aber letztlich vielleicht mit der nachhaltigsten Wirkung, der Niedergang des Dollars seit Ende der sechziger Jahre, ein schleichender Prozeß, der 1971 zur Außerkraftsetzung des Weltwährungssystems durch Nixon geführt hat. Ein weiteres Ereignis, das in diesem Zusammenhang zu nennen ist, aber natürlich nicht die USA allein betrifft, ist die sogenannte Ölkrise von 1973 und der von ihr ausgelöste Schock. Mit Ausnahme der Ölkrise und des Dollarverfalls, die weniger Ereignis- als Prozeßcharakter haben, sind es bezeichnenderweise gerade die genannten Ereignisse, die auch in amerikanischen postmodernen Romanen und Filmen aufgearbeitet werden. Diese Ereignisse sind Bestandteil des kollektiven Bewußtseins oder Unbewußten der Amerikaner und damit Teil der neueren amerikanischen Mythologie. Die Gegenwartsromane und -filme sind die Container, die diese Mythologie enthalten und befördern. Und da wir in einer Weltkultur leben, in der der amerikanische Einfluß nicht unerheblich ist, sind diese legendär und mythologisch gewordenen Ereignisse auch in die postmoderne Kultur insgesamt eingegangen. Das heißt, die postmoderne Kultur enthält, transportiert und verarbeitet diese Mythen. Aber es handelt sich hier nicht um geschichtsunabhängige Mythen und Fiktionen. Die Postmoderne hat eben auch reale historische Bezüge; und wo immer man die ersten Anfänge der Postmoderne ansetzen mag, so richtig deutlich konturiert sich die Postmoderne in einer historischen Phase, die eben mit dem relativen Niedergang der USA zusammenfällt, einem Niedergang, dessen Beginn in den genannten historischen Ereignissen zum Ausdruck kommt.

Geopolitische Verschiebungen sind ein ganz normaler Vorgang in der Geschichte. Nationen erleben relative Auf- und Abstiege in der globalen Konstellation, wie Paul Kennedy (1989) überzeugend dargestellt hat. Was seit etwa 1970 den USA widerfährt, mußten zuvor andere Hegemonialmächte erdulden (vgl. Calleo, 1990; Hall, 1990). Die Weltmachtstellung, die Spanien in der postmittelalterlichen Welt hatte, ging in der frühen Moderne zeitweilig an die Niederlande. Und England beerbte schließlich die Niederlande und war tonangebend über weite Strecken der Hochmoderne. Das wilheminische Deutschland schickte sich an, Großbritannien herauszufordern. Doch mit dem Eintritt der USA in den Ersten Weltkrieg deutete sich an, daß die USA und nicht Deutschland die Nachfolge Großbritanniens als Hegemonialmacht antreten würden. Mit dem Zweiten Weltkrieg sollte sich das dann noch deutlicher bestätigen. Die wirtschaftlichen Kräfteverhältnisse verschoben sich aber seit Mitte der sechziger Jahre zu Ungunsten der USA. Ob man die Anteile am Weltbruttoprodukt als Indikator wählt oder Steigerungen des Bruttosozialprodukts oder des Bruttosozialprodukts pro Kopf betrachtet, allemal zeigt sich ein relativer Niedergang der amerikanischen Wirtschaft, relativ vor allem im Verhältnis zu Japan. Ob die USA aufgrund ihrer militärischen Dominanz wie auch aufgrund ihrer noch immer führenden Rolle auf einigen wissenschaftlichen und technologischen Gebieten den relativen Niedergang als Weltmacht verzögern, stoppen oder gar umkehren können, das bleibt abzuwarten. Vielleicht ist ja gerade die nordamerikanische Gesellschaft, in der sich postmoderne und postindustrielle Tendenzen schon früher und prägnanter gezeigt haben als andernorts, auch besonders prädestiniert, sich auf große Transformationen nicht nur der Binnengesellschaft, sondern auch der Weltgesellschaft einzustellen. Auf jeden Fall ist es bemerkenswert und geradezu paradox, daß die Herauskristallisierung von postindustriellen und postmodernen Gebilden und Beziehungen mit der postamerikanischen Ära zusammenfällt, aber ausgerechnet in Amerika so schön zu beobachten ist.

Wenn man die Postmoderne in den historischen Kontext rückt, dann stellt sich natürlich auch die Frage nach den möglichen Pfaden zukünftiger historischer Entwicklung. Was die Postmoderne historisch schon bewirkt hat und was sie in Zukunft mit sich bringen könnte, darauf wird bei der Darstellung der institutionellen Bereiche, in denen sich Postmodernisierung vollzieht, in diesem Buch im einzelnen noch zurückzukommen sein. Doch sei an dieser Stelle stichwortartig der große welthistorische Rahmen abgesteckt, in dem die Postmoderne angesiedelt sein wird, in dem sich die Postmodernisierung vollzieht.

Aus dem dargestellten Postamerikanismus, also dem relativen Niedergang der USA im Weltsystem, folgt bis auf weiteres wohl kaum, daß die eine oder andere Nation in der Postmoderne so klar bestimmend sein wird, wie das Großbritannien und die USA in der Moderne waren. Dezentrierung und Polyvalenz, diese Leitmotive der Postmoderne, werden sich auch in dem Sinne manifestieren, daß die postmoderne Welt polyzentrisch sein wird. Nicht mehr die Kernländer, die die Moderne vorangetrieben haben, werden relativ gesehen einen wirtschaftlichen und politischen Aufschwung erleben, sondern Gesellschaften, die im pazifischen Raum angesiedelt sind; nicht allein Japan, sondern auch Korea, Taiwan, Singapur, Indonesien, Malaysia und, letztlich vielleicht am wichtigsten, China. Im transpazifischen Raum, an dem eben auch die USA Anteil haben sowie Rußland, wird die Zukunftsmusik spielen. Für die mit sich selbst beschäftigten Europäer und die auf Ostdeutschland und Osteuropa starrenden Deutschen im besonderen besteht da die Gefahr, den Anschluß zu verlieren.

Die polyzentrische Welt der Postmoderne ist natürlich komplizierter als die vom Spannungsverhältnis der USA und der UdSSR geprägte Nachkriegszeit, die nun endgültig zu Ende ist. Kriege im konventionellen Sinne werden wieder möglicher und — es ist zu befürchten — wohl auch wahrscheinlicher. Nicht nur zwischen Staaten werden alte Rivalitäten und neue Konkurrenzverhältnisse belebt, sondern auch die Einheit von staatlichen und gesellschaftlichen Gebilden wird prekär. Bevor die dezentrierenden Entwicklungen in der Ex-Sowjetunion und im ehemaligen Jugoslawien ihren Lauf nahmen, ist bereits der Begriff ‚Neo-Tribalismus‘ — die Erfindung neuer stammesartiger Gemeinschaften, ihrer Identitäten und Wahrheiten (Maffesoli, 1988; Bauman, 1992b, S. 303-305) — in Umlauf gesetzt worden, der nun schreckliche Aktualität gewonnen hat, leider auch in Deutschland.

Geschichte — das gilt nicht erst in der Postmoderne — ist etwas, das von den Menschen nicht einfach gemacht wird, sondern auch etwas, derer sich die Menschen bedienen. Geschichte wird instrumentalisiert, etwa für die Bildung und Legitimierung von Nationen oder anderen kollektiven Gebilden. Was in der Postmoderne noch hinzukommt, ist die gesteigerte Medialisierung der geschichtlichen Erfahrung. Während die Moderne ihre Geschichte in Buchform gespeichert und weitergegeben hat, bedient sich die Postmoderne elektronischer Speicher- und Übermittlungsmedien, um Geschichte aufzubereiten und zu verbreiten. Zu welchen andersartigen Verhältnissen zur Geschichte das führen mag, bleibt abzuwarten. Es ist plausibel, daß die Halbwertzeit historischer Erfahrung immer kürzer wird: schnelle Durchlauferhitzung des historischen Ereignisses und dann rapider Gedächtnisschwund; kollektive Amnesie als Bewältigung der Geschichte mit prinzipieller Recycling-Chance oder Geschichte als Problemmüll.

Die postmoderne Welt wird nicht problemfrei sein und wird weit entfernt sein von der Selbstgewißheit modernistischer Geschichtsphilosophien und Entwicklungstheorien. Wir dürfen allerdings nicht vergessen, daß in den düsteren, tragischeren Versionen der Modernität immerhin von der Dialektik der Aufklärung die Rede war (Horkheimer & Adorno, 1944/1982). Als Bestätigung dieser Dialektik muß wohl die Entfesselung der sozialen, ökologischen und biologischen Probleme gesehen werden, die die Moderne eingeleitet hat und nun der Postmoderne weiterreicht. Globale Probleme wie das Ozonloch und die Vernichtung der Wälder mit den zu befürchtenden Konsequenzen für das Weltklima, AIDS und andere Angriffe auf das Immunsystem stellen Probleme dar, die zwar nicht prinzipiell unlösbar sind. Doch im Vergleich zu diesen Problemen haben die sozialen Probleme, mit denen man sich in der Moderne herumschlagen mußte und mit denen sich die moderne Soziologie beschäftigt hatte, die Größe von Taschenspielereien. Für die Problemlage in der Postmoderne könnte man den Satz von Marx über das Verhältnis der Menschen zu ihrer Geschichte etwa so umformulieren: Die Menschen machen nicht mehr die Geschichte, sondern sie schaffen die Voraussetzungen für die Katastrophen, die dann die Geschichte machen.

4 Der postmoderne Roman als Paradigma der Postmoderne

4.1 Ausgangspunkte einer postmodernen Literatursoziologie

In diesem Kapitel soll an einem Objektbereich gezeigt werden, was die Signaturen der Postmoderne sind. Die Charakteristika und Merkmale der Postmoderne werden anhand eines relativ klar umrissenen Gegenstandbereiches verdeutlicht. Der ausgewählte Gegenstand ist die postmoderne Romanliteratur.

Warum, so könnte man fragen, diese Flucht aus der Realität in die Welt literarischer Fiktion? - Nun, zum einen wurde ja schon im ersten Kapitel darauf hingewiesen, daß Begriff und Phänomen der Postmoderne bereits sehr früh in der Literaturkritik und -wissenschaft thematisiert wurden; schon ab Ende der fünfziger Jahre in den USA (sieht man einmal von de Oníz, 1917 ab). In den sechziger Jahren erschienen erste als postmodern bezeichnete Romane von John Barth, Thomas Pynchon, Donald Barthelme und Robert Coover. Für den Soziologen gibt es gute Gründe, sich mit der Romanliteratur auseinanderzusetzen; und zwar Gründe, die auch einem soziologischen Spezialgebiet, nämlich der Literatursoziologie, ihre Daseinsberechtigung geben. Die Literatursoziologie ist ein Randgebiet der Soziologie, auf dem sich allerdings in letzter Zeit nicht allzuviel ereignet hat. Klassiker dieses Spezialgebiets sind Georg Lukács, Theodor W. Adorno, Leo Löwenthal oder Lucien Goldmann. Diese vier sind von marxistischen Prämissen ausgegangen und haben sich für die Literatur der Moderne interessiert. Alle vier sind aber für das Begreifen der postmodernen Literatur ziemlich unbrauchbar. Die genannten Literatursoziologen haben sich weniger mit in ihrer Zeit aktuellen Romanen befaßt als mit solchen, die schon einem älteren Kanon zuzurechnen sind. Nun macht ja schon die Literaturwissenschaft gerne einen Bogen um die aktuelle Literaturproduktion und überläßt sie lieber der Literaturkritik im Feuilleton. Und die Soziologen, sofern sie sich überhaupt mit Literatur beschäftigen, verfahren da kaum anders. Allzu gerne zieht man sich in die relativ sichere und komfortable Situation zurück, die durch historische Distanz zum Untersuchungsobjekt gekennzeichnet ist. Lukács, Adorno, Löwenthal oder Goldmann waren jedenfalls nicht auf der Höhe der Zeit, was Auswahl und Vorlieben für bestimmte Romane betrifft.

Lukács und Adorno singen das hohe Lied auf die Avantgarde. Das erscheint paradox, weil Adorno und vor allem Lukács mit großer Ignoranz gegenüber zeitgenössischen Entwicklungen der Literatur und Kultur geschlagen sind. Die Vorstellungen davon, was avantgardistisch und progressiv ist, leiten Lukács und Adorno aus ihren Geschichtsphilosophien ab. Das Selbstverständnis moderner Literatur, Kunst, Musik und moderner Kultur im allgemeinen ist vom Avantgardismus geprägt. Der Gestus der Avantgarde ist typisch für den Modernismus. Avantgardismus basiert auf der linearen Zeitvorstellung, auf der teleologischen Vorstellung des Voranschreitens auf einem Entwicklungspfad. Und diesen Entwicklungspfad zu kennen, ist die Anmaßung des Modernisten.

Die modernistische Vorstellung von Kunst als einer heroisch verzweifelten Antwort auf eine für die Moderne grundlegende Erfahrung von Entfremdung, wie sie von Lukács oder Adorno geteilt wird, findet sich als theoretischer Eckpfeiler auch noch in einem breitangelegten Werk von Peter Bürger (1992) mit dem vielversprechenden Titel *Prosa der Moderne*. Bürger (1992, S. 17) schreibt dort ganz dialektisch, ganz hegelianisch: „Autonome Kunst entsteht als Antwort auf die Entfremdungserfahrungen, die der Mensch in einer Welt macht, die sein Produkt ist und ihm doch überall als eine ihm fremde entgegentritt." Leider thematisiert Bürger nicht die Möglichkeiten der Literatur in der Postmoderne — obwohl er doch in der Vorbemerkung zu seinem Buch vermutet, daß es kein Zufall sei, „daß der eher hilflose Terminus der Postmoderne zum Signum der Zeit wurde" (Bürger, 1992, S. 7). Hilflos ist aber wohl eher der Versuch Bürgers, eine Antwort auf dieses Signum der Zeit ausgerechnet dadurch zu finden, daß er postmoderne Literatur ignoriert. Durch dialektische Kunststücke wie das folgende kann man die Postmoderne jedenfalls nicht theoretisieren. „Will man die Rede von der Postmoderne dennoch weder einseitig auslegen, noch polemisch abfertigen, so zeigt sie sich als der unbegriffene Ausdruck dafür, daß die Moderne sich anders denken muß. Sie verweist auf ein verändertes Selbstverständnis, das sich noch nicht begriffen hat" (Bürger, 1992, S. 7). Es bleibt Bürgers Geheimnis, wie er der Postmoderne ernsthaft auf die Spur kommen will oder der behaupteten Notwendigkeit der Moderne, sich anders zu denken, zu entsprechen vermag, wenn er auf fast 500 Seiten nicht einen der andernorts als postmodern apostrophierten Romane nennt.

Wenn man wie die Vertreter der Kritischen Theorie — und in dieser Tradition steht auch Bürger — die Wirklichkeit immer in das begriffliche Schema von Rationalität und Entfremdung zu bringen versteht, dann ist es kein Wunder, wenn man mit einer Literatur, die nicht so einfach in dieses Schema zu pressen ist, nichts anfangen kann. Wenn man sich wie die modernistischen Avantgardisten anmaßt, das Entwicklungsgesetz der Geschichte, der Kultur, der Vernunft zu kennen, dann ist es nur ein kleiner Schritt, alles das auszugrenzen, niederzumachen oder zu verkennen, was nicht auf diesem Pfad, nicht auf diesem Heilsweg wandelt. Kein Wunder also, daß Lukács und Adorno zu unversöhnlichen, arroganten wie bornierten Verdikten über bestimmte Werke kommen. Und auch kein Wunder, daß sich Bürger um eine aufbereitete Interpretation der Moderne bemüht, aber sich für postmoderne Gegenwartsliteratur nicht zu interessieren scheint.

Ob nun im Felde der Literaturtheorie, Literaturkritik oder Literatursoziologie, eine Auseinandersetzung mit Literatur, die auf der Höhe der Zeit, d.h. der aktuellen Literaturproduktion, sein will, wird also ihre Maßstäbe und Kategorien kaum von Lukács oder Adorno beziehen können. Und sie kann sich auch nicht einfach durch Ignoranz aus der Affäre ziehen. Für das Verständis der Postmoderne sind modernistische literatursoziologische Theorien wenig brauchbar. Was von den literatursoziologischen Klassikern wie Adorno übernommen werden kann, ist das allgemeine Anliegen, einen Zusammenhang zwischen Literatur einerseits und Kultur und Gesellschaft andererseits herzustellen. Leider gibt es keinen Ansatz, der, in Anspruch und Reichweite den Analysen Adornos vergleichbar, so etwas wie eine Theorie des postmodernen Romans bereitstellen würde — eine Theorie, die auch den Spagat zwischen Literaturwissenschaft und Sozialwissenschaft vorführen kann. Vielleicht ist das aber auch ein Vorteil, da damit die Gefahr geringer ist, daß Aussagen über Literatur in ein vorab feststehendes theoretisches Korsett hineingezwängt werden. Statt einer dogmatischen Literaturtheorie sind folgende *Ausgangspunkte einer soziologischen Theorie der postmodernen Literatur* von Nutzen:

1. Es gibt keinen normativen Kanon postmoderner Literatur. Zwischen modernem und postmodernem Roman existieren keine festen Grenzen, beide liegen eher auf einem Kontinuum. Dieses Kontinuum ist nicht eindimensional, sondern wird durch mehrere Unterscheidungskriterien gebildet.

2. Postmoderne Literatur unterstellt kein Fortschrittsmodell und braucht auch keine Ideologie des Avantgardismus. Eine der postmo-

dernen Literatur entsprechende Literatursoziologie und -theorie verabschiedet sich von den Fiktionen des Avantgardismus. Der Avantgardismus ist zur leeren Geste geworden. Die Rebellionen der Avantgarde haben sich totgelaufen.

3. Literatur hat nicht nur eine, sondern mehrere Funktionen. Das brauchen nicht nur intellektuelle Funktionen zu sein (Erkenntnis, Aufklärung), sondern können ebenso emotional-affektive, moralische oder motivierende sein. Literatur ist außerdem ein Instrument der Lebensbewältigung. Die Lektüre von Literatur hat potentiell immer ein kreatives Moment. Dieses kreative Moment in der Rezeption ist in gewissem Sinne auch subversiv, da der Leser eine andere Botschaft der Lektüre entnehmen kann, als ihm von einer autoritären Instanz zugemutet wird. Nicht zuletzt bietet Literatur auch Projektions- und Identifikationsfiguren an, die man frei auswählen und über die man ziemlich frei verfügen kann (Hawkins, 1990, S. 183).

Literatur dient natürlich zu mehr als zur Befriedigung psychischer Bedürfnisse. Für den Soziologen stellen Texte, also auch Romane, Dokumente dar. So wie die Aufzeichnungen eines Feldforschers, die Protokolle von Konversationen oder die Transskripte von Interviews ethnographisch wertvolles Material darstellen, das uns zu Informationen über eine Interaktionssituation, eine Gruppe, eine Gesellschaft oder eine Kultur verhilft, so lernen wir auch aus den Romanen etwas über eine oder mehrere Kulturen. In den literarischen Texten und in den Kulturen, denen die Texte entspringen und die sie zugleich zu beschreiben versuchen, lassen sich die Leitmotive der Postmoderne identifizieren. Die Leitmotive, wie sie in *Kapitel 2* dargestellt wurden, klingen in postmodernen Romanen an und werden dort variiert. Die Leitmotive oder Schlüsselbegriffe der Postmoderne sind sozusagen Kriterien, anhand derer man entscheiden kann, ob man es mit einem postmodernen Text zu tun hat.

Die Vorgehensweise, bestimmte Texte als postmodern zu bezeichnen, weil sie bestimmten Kriterien entsprechen bzw. weil bestimmte Leitmotive vorkommen, ist in gewissem Sinne zirkulär. Zirkulär deshalb, weil die Schlüsselbegriffe der Postmoderne unter anderem aus den literarischen Texte herausdestilliert worden sind. Doch ist diese Zirkularität kein Fehler, sondern für hermeneutisches Sinnverständnis charakteristisch. Außerdem läßt sich dieses Verfahren durch Triangulation absichern, d.h. durch den Versuch, die postmodernen Leitmotive nicht nur mit der kulturellen Ebene (oder Region) der

Texte zu verbinden, sondern auch mit den anderen Regionen, in denen sich Postmodernität artikuliert.

4.2 Zeit und Raum im postmodernen Roman

Der Anfang sei gemacht mit dem allgemeinsten Charakteristikum der Postmoderne, nämlich dem speziellen Verhältnis, das die Postmoderne zu Raum und Zeit hat. Die Organisation von Raum und Zeit ist immer eine Aufgabe, die sich dem Roman stellt. Handlungen und Geschichten spielen sich irgendwo ab und sind in irgendeiner Zeit verortet. Im Roman des Realismus, dessen Blütezeit mit der Moderne des 19. Jahrhunderts zusammenfällt, gibt es mit dem räumlich-zeitlichen Koordinatensystem keine größeren Probleme. Der Ort des Geschehens bleibt überschaubar und die Ereignisse schreiten linear, Schritt für Schritt voran. Im Verlauf der Moderne bzw. in der weiteren Entwicklung des modernen Romans wird das natürlich komplizierter. Marcel Proust macht den Fluß der Ereignisse und die Rekonstruktion der Ereignisse im Erinnern zum eigentlichen Thema seiner *Suche nach der verlorenen Zeit*. James Joyces *Ulysses* erzählt einen Tag im Leben eines Dubliners namens Leopold Bloom. Doch an diesem Bloomsday folgt nicht Ereignis auf Ereignis, schreitet die Zeit nicht einfach linear voran. *Ulysses* ist vielmehr eine Odyssee durch verschiedene Zeiten: Alltagszeit, mythische Zeit, Traumzeit werden miteinander verflochten. Doch immerhin bleiben zwei Zentren aufrechterhalten: das Subjekt Bloom, in dessen Bewußtsein diese Zeiten zusammenkommen, und der Ort Dublin, der sozusagen eine Provinzbühne ist, auf der das Welttheater und Psychotheater des Joyce-Bloomschen Bewußtseins inszeniert wird. *Ulysses* ist oft als Höhepunkt in der Entwicklung des modernen Romans angesehen worden. Manche Interpreten haben hier aber auch schon Postmodernes entdekken wollen. Weiter in Richtung Postmoderne geht dann Joyces Spätwerk *Finnegans Wake*. Dort werden Zeiten und Räume schon viel radikaler aufgelöst, ein Zentrum der Handlung ist nicht mehr auszumachen, der Text ist hochgradig intertextuell. Im Fall *Finnegans Wake* hat man es also schon mit einem schwierigen Zurechnungsproblem zu tun. Ähnlich verhält es sich bei der Einordnung von Samuel Beckett. Was aber einer Zuordnung von Joyce und vor allem von Beckett zur Postmoderne entgegensteht, ist das weitgehende Fehlen des karnevalesken Elements, das Raymond Federman mit

Laughterature (Witz, Humor, Unernsthaftigkeit, Hedonismus, Leichtigkeit) benannt hat. Insbesondere bei Beckett scheint es der Fall zu sein, daß hier noch die authentische Existenz des Menschen eine wichtige, ja unverzichtbare Referenzebene darstellt — allerdings eine Referenz mit negativen Vorzeichen, da ja Beckett gerade das Scheitern, die Leere, die Unmöglichkeit eines authentischen Daseins vorführt. Aber anders als Postmodernisten, die diese Negativität mit Witz kommentieren würden, bringt Beckett sozusagen die ganze Schwere und Ernsthaftigkeit negativer Daseinserfahrung zum Ausdruck.

Im postmodernen Roman gibt es nicht die Einheit von Zeit und Raum. Der postmoderne Roman setzt sich kühn hinweg über historische Epochen und räumliche Grenzen. Der Aktionsraum der Personen im postmodernen Roman steigert sich in einen unendlichen Möglichkeitsraum. Dieser läßt unzählige Aktionen und Identitäten der Handelnden zu. Der Zusammenhalt von Handlungssequenzen und Identitäten ist a-logisch. Es gibt keinen großen Lebensentwurf, keinen Handlungsplan, keinen zentralen Konflikt, der von vornherein dem Geschehen einen Sinn aufoktroyieren würde. Der Zusammenhang wird scheinbar chaotisch. Nicht Psycho-Logie, sondern Psycho-Manie sind für den postmodernen Roman typisch. Im modernen Roman spielt die Psychologie im Sinne von Logik und Wahrscheinlichkeit eine Rolle. Die psychischen Vorgänge bei den Figuren der Postmoderne sind unwahrscheinlich, psychosemiotisch. Es regiert die Assoziation und Konnotation, nicht die Logik und Denotation. Der Raum und die Zeit sind offen. Bewegung durch Raum und Zeit erfolgt nicht in linearer Weise. Die Abenteuerreise geht nicht mehr von Ost nach West, sondern auch umgekehrt. Am Ende der Reise weiß man nicht, ob man nicht wieder dort angekommen ist, wo die Reise begonnen hatte oder sogar an einem Punkt davor. Am Ende der Reise hat man einen Zeitpunkt erreicht, der vor dem Ausgangspunkt liegt. Das ist auch eine Art Überwindung der Endlichkeit oder Sterblichkeit (vgl. Bauman, 1992c, S. 10) des menschlichen Daseins, die anders als in der Moderne nicht zu einer tragischen, schicksalsbeladenen Haltung führt, sondern zu Heiterkeit und Leichtigkeit. Das läßt sich exemplarisch anhand des Romans *Die Liebe in den Zeiten der Cholera* von Gabriel García Márquez zeigen.

In *Die Liebe in den Zeiten der Cholera* (= LZC) unternehmen Florentino Ariza und Fermina Daza eine lange Reise bzw. zwei lange Reisen. Die eine ist die Reise ihres Lebens. An deren Ende — und am

Ende des Romans —, da sie alt sind, kommen sie endlich dazu, ihre Liebe zu leben. Am Ende unternehmen die beiden eine Reise in Form einer Schiffsfahrt, einer Art später Hochzeitsreise. Diese Schiffsreise führt durch den südamerikanischen Urwald bzw. durch das, was von ihm übrig geblieben ist. Die Moderne hat sich durch den Urwald gefressen, die Bäume sind abgeholzt, statt Wälder gibt es nur noch verbrannte Steppen. Diese Reise war zu Beginn des 19. Jahrhunderts noch „eine der übelsten und beschwerlichsten Pilgerfahrten, die ein menschliches Wesen unternehmen kann" (LZC, S. 493). Als dann die Moderne auch in den Urwald vordrang, wurde das anders. „Für die ersten achtzig Jahre Dampfschiffahrt war das nicht mehr zutreffend gewesen, dann aber erneut und für immer, als die Kaimane sich den letzten Schmetterling geschnappt hatten, die mütterlichen Seekühe und auch die Papageien, die Affen und die Dörfer ausgestorben waren: als alles ein Ende hatte" (LZC, S. 493f.). Die Situation, die García Márquez beschreibt, ist also die einer ökologischen Katastrophe. Auf die kann man ganz im Geiste des Modernismus reagieren: „‚Kein Problem', lachte der Kapitän, ‚in ein paar Jahren werden wir mit Luxusautomobilen durch das trockene Flußbett fahren'" (LZC, S. 494).

Am Ende dieser Reise nimmt die Geschichte eine merkwürdige Wendung. Weil das Schiff unter der Choleraflagge fährt, verweigert man ihm das freie Anlegen. Es gibt nur die Wahl zwischen Quarantäne und Weiterfahren. Angesichts dieses Dilemmas schaut Florentino Ariza, dessen Anweisungen sich der Kapitän fügen muß, „durch die Fenster (des Schiffes) in alle vier Himmelsrichtungen der Windrose, auf die klare Linie des Horizonts, den wolkenlosen Dezemberhimmel, auf die ewig schiffbaren Wasser und sagte: ‚Wir fahren geradeaus, immer weiter geradeaus, zurück nach La Dorada'" (LZC, S. 508). Die ganze Reise noch einmal zurückzulegen, entsetzt den Kapitän. „‚Meinen Sie das im Ernst?'" fragt der Kapitän. Und Florentino Ariza meint es ernst. Der Kapitän: „‚Und was glauben Sie, wie lange wir dieses Scheiß-Hin und -Zurück durchhalten können?' Florentino Ariza war seit dreiundfünfzig Jahren, sieben Monaten und elf Tagen und Nächten auf die Frage vorbereitet: ‚Das ganze Leben', sagte er" (LZC, S. 509).

An diesem herrlichen Schluß eines schönen Romans haben wir es mit einer postmodernen Zeit-Raum-Schleife zu tun. Der Urwald ist zwar von der Moderne längst aufgefressen, aus dem Fluß der Zeit kann man wegen tatsächlicher oder nur vermeintlicher Katastrophen wie der Cholera nicht aussteigen. Also fährt man die Wegstrecke ewig hin und her, „das ganze Leben lang". Man könnte auch sagen, daß Leben besteht aus gar nichts anderem. Aber der Ton, in dem García Márquez das sagt, hat nichts Klagendes, Schicksalschweres. Das ist nicht die düstere und verzweifelte Situation von Sisyphus.

Der postmoderne Roman endet nicht mit einem Endpunkt, weder mit der Vollendung eines Plans noch einer Handlung. Am Ende steht auch nicht der Big Bang oder der Final Countdown. Das Ende ist immer ein Zurück zum Anfang, zum Ausgangspunkt. Dabei wird diese reflexive Schleife häufig nicht in der intellektuellen Reflexion, sondern in der ästhetischen Kontemplation vollzogen. Deutlich wird das in Umberto Ecos Roman *Das Foucaultsche Pendel* (=FP). Der Erzähler, der am Ende des Romans eine schwindelerregende Reise zwischen Orten und Zeiten sowie durch diverse Computerfiles hinter sich hat, reflektiert schließlich über Sinn und Zweck des Daseins. Sein oder Nicht-Sein, das ist hier nicht die Frage, sondern Schreiben oder Nicht-Schreiben: „Ob ich es aufschreibe oder nicht, macht keinen Unterschied. Sie würden immer nach einem anderen Sinn suchen, auch in meinem Schweigen. ... Also kann ich ebensogut hierbleiben, warten und den Hügel betrachten. Er ist so schön" (FP, S. 754).

Das Foucaultsche Pendel endet mit der Verabschiedung jeder Idee oder Ideologie. Auf Fragen nach dem Sinn sind keine gültigen Antworten möglich. Die Moderne ordnet die Ereignisse gerne einem Telos, einem Heilsplan, einer Ideologie unter. Sie möchte den Beweis antreten, daß das Telos, der Heilsplan, die Ideologie Recht hat. Die Moderne will beweisen, überzeugen, Konsens herstellen. Das Projekt der Moderne — was immer darunter verstanden wird — soll nach dem Willen der Modernisten vollendet werden. Die Moderne redet unentwegt von den „letzten Dingen"; sie will die Vernunft und die Emanzipation durchsetzen, sie will die Fundamente bloßlegen, das Manifeste vom Latenten trennen, das Eigentliche vom Uneigentlichen, das Prinzipielle vom Akzidentiellen. Der Modernismus sucht die Endlösung, bestehe diese nun in der Vollendung der Vernunft oder in der Auslöschung der Menschheit. Die Postmoderne bleibt hingegen diese letzten Fragen, Antworten und Lösungen schuldig, bewußtermaßen. Statt der ideologischen Entscheidung steht am Ende des *Foucaultschen Pendels* die ästhetische Kontemplation. Und Ähnliches finden wir auch in Ecos erstem Roman *Der Name der Rose* (=NR), an dessen Ende es heißt: „Mir bleibt nur zu schweigen" (NR, S. 634). „Ich gehe und hinterlasse dies Schreiben, ich weiß nicht, für wen, ich weiß auch nicht mehr, worüber: Stat rosa pristina nomine, nomina nuda tenemus" (NR, S. 635). Der Zeitlauf schmilzt zusammen — man könnte sagen, er implodiert — im ästhetischen Moment.

Postmoderne Zeit-Raum-Verhältnisse werden auch an anderer Stelle von Ecos *Der Name der Rose* deutlich, nämlich am Anfang des Romans. Der Roman ist gleich zweimal eingerahmt, zweimal codiert. Die eigentliche Handlung, die u.a. eine Kriminalstory ist, wird von einem Prolog und einem Epilog eingerahmt. Im Prolog wendet sich der Mönch Adson an den Leser. In der Romanhandlung ist Adson einer der Protagonisten, und die Handlung wird aus seiner Perspektive erzählt. Er ist das Ich, das zum Leser spricht. Aber bevor der Leser diese Geschichte erzählt bekommt, begegnet er den Reflexionen des gealterten Adson. In diesen Reflexionen erklingt auch ein postmodernes Motiv, wenn Adson jeder übergeordneten Interpretation eine Absage erteilt. Adson will nämlich nur berichten, „ohne sich (mich) zu erkühnen, daraus einen höheren Plan abzuleiten, vielmehr gleichsam nur Zeichen von Zeichen weitergebend" (NR, S. 17). Das heißt, die Zeichen beziehen sich auf Zeichen; es gibt keine Referenzebene jenseits oder außerhalb der Zeichen. Und genau in dieser Schwebe der Referenzlosigkeit beläßt uns ja dieser Adson am Ende des Buches, im Epilog, wo er sich der Kontemplation über die Rose hingibt. Diese Einklammerung des Geschehens durch Prolog und Epilog, in denen sich Adson in seiner Chronistenrolle präsentiert, ist die erste Einklammerung oder Codierung. Es gibt noch eine zweite, denn dem ganzen stellt Eco einen Vorspann voran. In diesem Vorspann ergreift Eco das Wort. Er will den Leser glauben machen, daß ihm 1968 auf einer Reise ein Buch in die Hand gefallen sei, das im Jahr 1842 erschienen ist. Dieses Buch von 1842 ist wiederum eine französische Übersetzung einer älteren Vorlage. Und diese ihrerseits geht auf eine noch ältere Handschrift aus dem 14. Jahrhundert zurück. Mit dieser Handschrift sind wir schließlich bei dem Text des Mönchs Adson angelangt, der uns die Kriminalgeschichte aus dem Mittelalter erzählt. Aber auch dieses Transkript aus dem Jahre 1842, so berichtet Eco, sei ihm, Eco, verlorengegangen. Allerdings habe er dann später ein weiteres Exemplar dieses Buches gefunden, das aber wiederum auf einer anderen, nicht-identischen Ausgabe beruhte.

Fazit des ganzen Verwirrspiels um verlorengegangene, abgeschriebene und wiedergefundene Texte: Die Authentizität der „schreckliche(n) Geschichte des Adson von Melk" bleibt in der

Schwebe. Mit dieser aufwendigen Konstruktion will uns Eco sagen, alles ist Text über Text — Realität als Wirkung von Texten bzw. von intertextuellen Bezügen. Eco spielt hier also das postmoderne Spiel der Intertextualität. Bezüge zu anderen Texten und Zeichen sind dann auch in der eigentlichen Erzählung zahlreich vorhanden. Obwohl die Story ja auf den Bericht des Adson zurückgehen soll, die dieser im 14. Jahrhundert verfaßt hat, kann der Leser Anspielungen auf Figuren wie Sherlock Holmes entdecken.

Ecos Romankonstruktion ist ein schönes Beispiel für Doppel- oder Mehrfachcodierung. *Der Name der Rose* läßt sich eben als unterhaltsame Kriminalgeschichte lesen, als Parodie des Genres, als philosophisch-theologischer Traktat oder als Zettelkasten des Semiotikprofessors Umberto Eco. Damit ist *Der Name der Rose* natürlich kein historischer Roman im eigentlichen Sinne. Nur scheinbar geht es darum, daß dem Leser historische Begebenheiten oder eine historische Epoche authentisch vorgeführt werden. Ecos Roman ist vielmehr Beispiel für den typisch postmodernen spielerischen Umgang mit Geschichte. Geschichte als Mythos und Comic Strip.

So kommt in *Der Name der Rose* auch das mythische Jahr 1968 vor, und zwar im Vorspann. Jenes Manuskript hat Eco angeblich am 16. August 1968 entdeckt. In Prag noch hält er das Buch in Händen, doch dann besetzen die Warschauer-Pakt-Truppen Prag. Auf der hektischen Heimreise geht dann Eco die Begleitperson verloren, die auch das Buch mit sich nimmt. Das kann man natürlich als Allegorie lesen. Es verschwindet nicht nur die Person, mit der Eco gereist war, sowie das besagte Manuskript, sondern zugleich geht auch die Utopie des Prager Frühlings verloren. Mit ganz wenigen Worten bannt Eco in seinem Vorwort die doppelte Bedeutung von 1968. Vorbei der Prager Frühling, vorbei aber auch die 68er „Überzeugung, daß man nur schreiben dürfe aus Engagement für die Gegenwart und im Bestreben, die Welt zu verändern" (NR, S. 12).

Die Überzeugung, auf die Eco hier anspielt, entspricht dem literaturtheoretischen Kredo Sartres. Dieses impliziert jene auch von Adorno oder Lukács geteilte modernistische Vorstellung einer progressiven Entwicklung von Aufklärung und Emanzipation, die auch für die Kunst normativ bindend sein soll. In der Postmoderne gilt diese angeblich notwendige Verknüpfung von Kunst und Politik nicht mehr. Die reichlich verkrampfte Ehe von Schreiben und gesellschaftspolitischem Engagement ist zerschlagen. „Heute, mehr als zehn Jahre danach", schreibt Eco und meint nach 1968, „ist es der Trost des homme de lettres (der damit seine höchste Würde zurückerlangt), wieder schreiben zu dürfen aus reiner Liebe zum Schreiben. So fühle ich mich denn nun frei, aus schierer Lust am Fabulieren die Geschichte des Adson von Melk zu erzählen, und es erscheint mir stärkend und tröstlich, daß sie so unendlich fern in der Zeit ist (....), so herrlich frei von allen Bezügen zur Gegenwart, so zeitlos fremd unseren Hoffnungen und Gewißheiten" (NR, S. 12).

Man meint, Eco fühle sich in dieser neuen Freiheit des postmodernen Autors wie neu geboren. Und wahrscheinlich ist es kein purer Zufall, daß unter diesem Vorwort Ecos das Datum 5. Januar 1980 steht. Eco hat am 5. Januar Geburtstag. Diese angebliche zeitliche Ferne des Buches ist natürlich ein weiterer Trick Ecos. Denn erstens stellt Eco ja gerade durch das Vorwort Gegenwartsbezug her, und zweitens ist auch Adsons Geschichte, die in der scheinbar so entlegenen Zeit des 14. Jahrhunderts spielt, voller Bezüge zur Gegenwart, aber eben kunstvoll verschlüsselt (Vester, 1990).

4.3 Pastiche

Das Pastiche ist ein Leitmotiv der Postmoderne, das für die Verletzung der von der Moderne errichteten Grenzen steht. Im Pastiche kommt es zu neuen Kombinationen; das Pastiche ist ein kreatives Prinzip, das von den Kritikern als geschmacklos und eklektizistisch diffamiert wird. Da das Pastiche die etablierten Grenzen und Differenzen mißachtet, ist es subversiv; es stellt die existierende Ordnung und ihre Prinzipien in Frage. In der Literatur bewirkt die Pastichebildung eine Durchmischung der Stile und Genres und repräsentiert schließlich die Infragestellung der Grenzen zwischen hoher und niedriger Kultur, zwischen Seriösität und bloßer Unterhaltung, Kunst und Kommerz etc. „Man hat uns eingeredet, auf der einen Seite wäre die Große Kunst, die Hochliteratur, die typische Personen in typischen Umständen darstellt, und auf der anderen die Trivialliteratur, die atypische Personen in atypischen Umständen darstellt. ... Proust hatte recht, das Leben wird sehr viel besser durch schlechte Musik als durch eine Missa Solemnis dargestellt" (FP, S. 581).

Pastichebildung gibt es zwar nicht erst im postmodernen Roman, dort aber in auffälligem Maße. Postmoderne Romane sind oft nicht nur einem Genre zuzurechnen. Sie sind doppelt oder mehrfach codiert in dem Sinne, daß sie unterschiedliche Lektüren herausfordern, verschiedene Leserschaften mit unterschiedlichen Erwartungen ansprechen. *Der Name der Rose* ist da ein prominentes Beispiel. Aber auch wenn man die Untersuchung von der Frage der Genrezugehörigkeit des Gesamttextes auf die eigentliche Textebene verlagert, finden sich zahlreiche Beispiele für Pastichebildung. Der postmoderne Roman, so könnte man sagen, ist ein Fließtext, der andauernd Sinnkomplexe konstruiert und sogleich wieder dekonstruiert. Nichts ist dem postmodernen Text heilig. Dem postmodernen Roman geht es nicht darum, einen autoritativen, sozusagen sakralen Text zu konstruieren, sondern er spielt mit der Überlieferung der Texte (der Literatur als heiliger Schrift), zersetzt die Texte und fügt sie respektlos wieder zusammen. Dabei werden natürlich nicht nur die formalen Gesetze der Texte gesprengt, sondern auch der Sinn dieser Texte. Das heißt, keine Religion, keine Ideologie ist dieser postmodernen Zersetzungsarbeit heilig.

Diese postmoderne Respektlosigkeit und Subversivität ist nicht zu verwechseln mit Ideologiekritik in ihren verschiedenen modernistischen Varianten. Die klassische Ideologiekritik argumentiert immer von einer Position der Überlegenheit. Klassische Ideologiekritik weiß — oder gibt vor zu wissen —, wo die Grenzen zwischen wahrem und falschem Bewußtsein liegen, zwischen Eigentlichem und Uneigentlichem, zwischen Bei-sich-selbst-Sein und Entfremdung. Ideologiekritik in diesem Sinne erinnert an Religionskritik, bei der es nur um die Ersetzung der einen Religion durch eine andere Lehre geht. Solche Ideologiekritik wurde vom Marxismus und der Kritischen Theorie geübt, sie kommt aber auch in den aufklärerischen und engagierten Romanen der Moderne vor, im Zeichen des Realismus oder des Existentialismus.

Von dieser Ideologiekritik unterscheidet sich die Subversivität der Postmoderne. Beim postmodernen Pastiche geht es nicht darum, einer schlechten, falschen Scheinwelt die bessere, wahre, eigentliche Alternative gegenüberzustellen. Die Sinnangebote, die die Postmoderne macht, sind nur Vorlagen, die ihrerseits wieder dekonstruiert, zerschlagen und wieder neu zusammengesetzt werden können. Die pasticheartigen Sinnformationen, die der postmoderne Roman anbietet, sind Inseln im postmodernen Textfluß. Diese Inseln sind keine sonnenbeschienenen Paradiese, sondern bestenfalls Rettungsbojen, auf denen man sich nicht allzu lange ausruhen kann, da sie die Eigenschaft haben, sich selbst rasch wieder aufzulösen. Das bekannteste Beispiel für diese postmoderne Zersetzungsarbeit ist wohl Salman

Rushdies Roman *Die Satanischen Verse*, in dem die religiösen Fundamente der östlichen und die kulturellen Formen der westlichen Zivilisation gleichermaßen dekonstruiert werden.

4.4 Verlust der Referenz/Repräsentation

In Don DeLillos Roman *Weißes Rauschen* (=WR) gibt es die schöne Szene, in der von einer Touristenattraktion die Rede ist. Welcher Art ist diese Touristenattraktion? Es ist eine Scheune, die einfach deshalb berühmt ist, weil sie die meistfotografierte Scheune Amerikas ist. Diese Scheune repräsentiert nichts außer sich selbst, bzw. die Aura, die sich gebildet hat, indem die Scheune unzählige Male abgebildet worden ist. Die Aura zerstört die Referenz. Wenn man zu dieser Scheune fährt, kommt man an Hinweisschildern vorbei, auf denen etwa zu lesen ist „DIE MEISTFOTOGRAFIERTE SCHEUNE AMERIKAS" (WR, S. 18). Durch die Zeichen, die die Aura herstellen, ist das eigentliche Objekt selbst fast schon unsichtbar geworden. „‚Sobald man die Hinweisschilder auf die Scheune gesehen hat, wird es unmöglich, die Scheune selbst zu sehen'" (WR, S. 19). Nicht die Funktion des Repräsentierens, im Sinne einer Abbildung von etwas objektiv Gegebenem, steht hier im Vordergrund, sondern die kollektive Herstellung von etwas Repräsentativen. „‚Wir sind nicht hier, um ein Bild einzufangen, wir sind hier, um eines aufrechtzuerhalten. Jedes Foto verstärkt die Aura.....Hierzusein bedeutet eine Art geistiges Ausgeliefertsein. Wir sehen nur, was die anderen sehen. Die Tausende, die in der Vergangenheit hiergewesen sind, und diejenigen, die in der Zukunft noch kommen werden. Wir haben eingewilligt, Teil einer kollektiven Wahrnehmung zu sein. Das bringt im wahrsten Sinne des Wortes Farbe in unser Vorstellungsvermögen. Eine religiöse Erfahrung gewissermaßen, wie aller Tourismus.... Sie fotografieren das Fotografieren'" (WR, S. 19).

Dieser Satz „Sie fotografieren das Fotografieren" ist eine schöne Beschreibung des Referenzverlusts in der Postmoderne. Die postmodernen Beschreibungen und Beobachtungen sind sich klar darüber, daß der Blick auf das „Eigentliche" nicht möglich ist, daß wir eine sozusagen unbefleckte Erkenntnis nicht haben können. Wir leben in einer durch die Medien der Anschauung und Beschreibung vermittelten, in einer mediatisierten Welt.

Was in DeLillos Roman so schön veranschaulicht wird, ist keine literarische Marginalie, sondern ein Signum der Postmoderne, das wir nicht nur in der Welt des Romans antreffen. Daniel Boorstin (1961) hat für diesen Sachverhalt den Begriff *pseudo-event* verwendet. Die von DeLillo beschriebene Touristenattraktion ist solch ein Pseudoereignis. Im Bereich der Medien findet man mühelos weitere Beispiele: Pressekonferenzen, auf denen festgestellt wird, daß es nichts zu sagen gibt, und erklärt wird, daß man sich nicht äußern möchte. Nicht das Ereignis selbst ist das Wichtige, sondern seine Beobachtung. Der postmoderne Beobachter nimmt an Ereignissen nicht unmittelbar teil und kann sie auch nicht kontrollieren. Die Ereignisse in der Postmoderne sind nicht in eine Geschichte zu integrieren, zu der man eine moralische Stellung zu beziehen hätte. Man ist bestenfalls betroffen, aber auch nur solange wie der Reiz der Bilder nicht nachläßt.

In DeLillos *Weißes Rauschen* ziehen die Katastrophenbilder über den Bildschirm. Die Familie, die in dem Roman im Mittelpunkt steht, versammelt sich „vor dem Fernsehapparat, wie es der Brauch und ungeschriebenes Gesetz war, mit Essen aus dem Chinarestaurant. Es gab Überschwemmungen, Erdbeben, Erdrutsche, Vulkanausbrüche" (WR, S. 79). Einspruch und Protest gibt es nur, wenn jemand das Programm ausschalten will. „Ansonsten", so beschreibt der Erzähler die Rezeptionshaltung, „blieben wir stumm, während wir zusahen, wie Häuser ins Meer rutschten, ganze Dörfer in einer Masse heranfließender Lava zerbarsten und in Flammen aufgingen. Jede Katastrophe weckte in uns den Wunsch nach mehr, nach Größerem, Grandioserem, Überwältigenderem" (WR, S. 79f.). So etwas kommt nicht nur in Romanen vor, sondern ist postmoderne Realität. Oder anders ausgedrückt, der Roman der Postmoderne überspitzt nur etwas, was auch außerhalb der Literatur anzutreffen ist. Literarische Fiktion und außerliterarisches Faktum liegen gar nicht so weit auseinander.

Die „meistfotografierte Scheune Amerikas" in *Weißes Rauschen* ist berühmt, weil sie berühmt ist. Alle fotografieren sie, weil sie berühmt ist. Und sie ist berühmt, weil alle sie fotografieren. Es gibt Berühmtheiten, von denen man gar nicht weiß, weshalb sie berühmt sind; die nur berühmt sind, weil sie berühmt sind. Bekanntheit und Berühmtheit sind in der Postmoderne auch ohne Referenz auf eine Leistung oder Tat möglich. In *Weißes Rauschen* folgt die Szene mit der Scheune unmittelbar nach einer anderen Szene, in der es ebenfalls um die Erzeugung von Aura und Berühmtheit geht. Jack Gladney, der Hauptprotagonist, ist ein Professor, der sich auf Hitler-Forschung spezialisiert hat. Am „College-on-the Hill" hat Gladney eine ganze Abteilung der Hitlerforschung eingerichtet, die der Provinzuniversität internationales Renommee verschafft hat. Die Berühmtheit des College und des Hitlerforschers Gladney hängt von der Hitlerforschung ab, die er selbst erst erfunden hat. Ein Kollege Gladneys, der seinerseits Vorlesungen über „Lebende Legenden" hält, bringt seine Anerkennung in einem Gespräch mit Gladney zum Ausdruck: „‚Sie haben ein ganzes System um diese Figur geschaffen, ein Gefüge mit zahllosen Subgefügen und damit in Beziehung stehenden Forschungsgebieten, eine Geschichte innerhalb der Geschichte. Ich bewundere diese Leistung. Das war meisterhaft, gescheit und verblüffend vorausschauend. Dasselbe möchte ich mit Elvis machen'" (WR, S. 18). — Das kann man getrost als Allegorie auf postmoderne Intertextualität und ihren *promotional character*" lesen.

4.5 Dezentrierung und Intertextualität

Indem DeLillos Romane den Pastichecharakter von Identitäten beschreiben, führen sie zugleich auch die Dezentrierung des Subjekts vor. Sowohl die kleinen und normalen Identitäten der Alltagsmenschen als auch die großen und außergewöhnlichen Figuren des öffentlichen Lebens sind Mischungen aus Faktischem und Fiktiven. Die Identitäten der Durchschnittsmenschen sind pasticheartige Gebilde, zusammengebraut aus kulturellen Versatzstücken und Vorbildern, aus frei-flottierenden Wünschen und Ängsten, aus Identifikationen mit konsumierbaren Objekten, handle es sich bei diesen nun um Pop-Idole oder Pop-Corn. So ist es dann auch kein Zufall, daß DeLillo zum einen die Welt der Waren und der Supermärkte beschreibt und zum anderen die Aura von Persönlichkeiten des öffentlichen Lebens, von lebenden Legenden, dekonstruiert. DeLillo dechiffriert Ikonen postmoderner Wirklichkeit. Die Ikonen und lebenden Legenden, die Bilder und Werbetexte bilden im postmodernen Bewußtsein ein Pastiche, das DeLillos Literatur einfängt. In *Weißes Rauschen* gibt es eine Szene, in welcher der Erzähler seine schlafende Tochter beobachtet und zu verstehen versucht, was sie im Schlaf murmelt. Das geheimnisvolle, auratische Zauberwort, das das schlafende Mädchen von sich gibt, ist nicht der Name eines Märchenprinzes, sondern der Markenname eines japanischen Sportwagens. Die postmodernen Träume sind Pastiches, die von keinem individuellen Bewußtsein gebildet werden, ihre Produktion kennt kein Zentrum. Es handelt sich um „supranationale Namen, Computer-erzeugt, mehr oder weniger universell aussprechbar" (WR, S. 184). Der staunende Vater in *Weißes Rauschen* bezeichnet sie als „Teil des Gehirngeräuschs jeden Kindes in substatischen Regionen, die zu tief sind, um erforscht zu werden. Was auch immer ihre Quelle war, die Äußerung traf mich mit der Wucht eines Augenblicks wunderbarer Transzendenz" (WR, S. 184).

DeLillo übt keine Ideologiekritik im modernistischen Sinne. Er denunziert nicht das postmoderne Bewußtsein und die postmoderne Kultur, sondern zeigt uns die Bilder, Objekte und Ereignisse, die im weißen Rauschen des postmodernen Gehirns präsent sind. *Weißes Rauschen* schließt mit der Beschreibung eines Supermarktes, also dem Ort, wo sich die Dialektik von Wunscherregung und Wunschbefriedigung austobt.

Weitere zentrale Ikonen der Postmoderne führt DeLillo in seinen neueren Romanen *Sieben Sekunden* und *Mao II* vor. *Sieben Sekunden* (im Original *Libra*) ist die Geschichte von Lee Harvey Oswald, der am 22.11.1963 den damaligen amerikanischen Präsidenten John F. Kennedy erschossen hat — oder erschossen haben soll. Was an jenem Tag in Dallas, Texas, wirklich passiert ist, damit befassen sich noch heute Wissenschaftler und Journalisten. Die Hintergründe für die Ermordung Kennedys und für die tödlichen Schüsse, die zwei Tage später im Polizeigebäude von dem Nachtklubbesitzer Jack Ruby auf Oswald abgefeuert wurden, das ist der Stoff, aus dem die Legenden in der Postmoderne gewebt werden, das ist der Gegenstand nicht des American Dream, sondern eines amerikanischen Alptraums. Wenn man den Beginn der Postmoderne unbedingt mit historischen Ereignissen datieren will, dann spielt der 22.11.1963 sicher eine wichtige Rolle. Mit der Ermordung JFK's wird dem amerikanischen Traum ein schwerer Schlag versetzt. So wie JFK zu Lebzeiten den amerikanischen Traum von Freiheit, Demokratie, Gerechtigkeit, Wohlstand und blendender Jugendlichkeit verkörperte, so wurde seine Ermordung zum kollektiven Trauma, das dann später noch von den Alpträumen des Vietnamkriegs überschattet werden sollte. Die Ermordung Kennedys ist aber nicht nur ein Meilenstein in der allmählichen Heraufkunft der Postmoderne, sondern auch ein mehrfach kolportiertes Ereignis — eine Textvorlage, von der ausgehend weitere Texte entstehen.

Die Ermordung Kennedys ist auch eine postmoderne Parabel. Nicht Aufklärung ist das Resultat der Ermittlungen, sondern Verstrickung in Verschwörungstheorien und phantastische Geschichten. Das heißt, es gibt nicht den authentischen, autoritativen Text, der das Geschehen repräsentiert, sondern nur ein Gewebe intertextueller Bezüge. Die Ermordung JFK's ist auch ein Lehrstück, wie in der Postmoderne Realität und Repräsentation der Realität, Macht und Medien miteinander verwoben sind und wie beim Versuch, diese Verflechtungen zu entwirren, nicht die Wahrheit, sondern nur wieder Texte entstehen.

Auch die Figur Lee Harvey Oswald in *Libra* ist eine postmoderne Identität, unstet und ohne festen Kern. Oswald besitzt keine klare Ideologie, sondern hat Bruchstücke aus theoretischen Abhandlungen, die er gelesen hat, zu einem pasticheartigen Weltbild verwoben. Oswald ist eine brüchige Collage aus disparaten Teilgeschichten und Teilidentitäten. Er, der vermeintliche Attentäter, hat die Ereignisse nicht unter Kontrolle. Es wird nicht einmal deutlich, ob der tödliche Schuß auf Kennedy von ihm abgegeben wurde. Oswald ist nicht derjenige, der einen Plot ausführt, sondern er ist selbst Figur in einem Plot, über dessen Autorenschaft letztlich keine Klarheit besteht. Oswald ist ein postmodernes Konstrukt ohne Authentizität, „a series of incidents", wie es in *Libra* (S. 354) heißt. Die Drahtzieher sagen dort: „We want to establish Oswald as a man that people will later remember." Aber was, so fragt einer der Hintermänner des Plots, wenn Oswald nicht kooperiert? Antwort: „We create our own Oswald. A second, a third, a fourth" (*Libra*, S. 354).

Oswald ist Täter und Opfer. Auf makabre Weise ist seine Täter- und Opferrolle mit den Rollen Kennedys verbunden, der auch Opfer ist. Eine Theorie besagt, daß Kennedy zum Opfer wurde, weil er nicht Täter werden wollte, weil er sich nicht zur Ermordung Fidel Castros entschließen konnte. Das Attentat auf Kennedy sollte nur vorgetäuscht werden, um den Verdacht auf Castros Leute als Attentäter zu lenken und damit Kennedy zu bewegen, den Plot gegen Castro zu befehlen.

Solch eine leicht paranoide Geschichte, zusammengefügt aus verschiedenen Plots, ist typisch postmodern. Daß verschiedene Handlungsstränge verfolgt werden, ist noch nicht postmodern, sondern Kennzeichen von Romanen überhaupt. Postmodern wird die Sache vielmehr dadurch, daß bei dieser Komposition Identitäten von Subjekten sowie von Zeit- und Raumbezügen aufgelöst, dekonstruiert werden. Die Subjekte im Roman sind keine autonom Handelnden, sondern werden ge- oder verhandelt. Sie sind Effekte der Sprache oder der medial vermittelten Bilder; sie sind nicht die Urheber ihrer Plots. Und auch der Autor des postmodernen Romans ist nicht mehr der Urheber im autorialen Sinne, zumindest will der postmoderne Romancier diese Figur des Autors dekonstruieren. Diese Entheroisierung des Autors, dieses letzten Gottes, den die Moderne am Leben gelassen hatte, führt etwa Federman vor, sowohl in seinen Romanen wie in seinen Vorträgen über Literatur. „Man kann nicht länger behaupten, der Schriftsteller sei am *Ursprung* seiner Sprache, da es die Sprache ist, die den Autor erschafft und nicht umgekehrt" (Federman, 1992, S. 95). Und weiter sagt Federman (1992, S. 96): „Schriftsteller zu sein stimmt nicht länger mit einer bestimmten Identität überein, sondern mit einer bestimmten Situation, die jedem zugänglich ist. Diese Entmystifizierung der heiligen Funktion des AUTORS und der Idee der ORIGINALITÄT deutet an, daß tatsächlich alle Schriftsteller als PLAGIATOREN bezeichnet werden können, da sie keine Sprache erfinden, sondern sie nach jemand anderem zitieren, der sie selbst nach jemand anderem zitiert, und so weiter."

Während der moderne Roman von einem Zentrum aus konstruiert wird und die entsprechende ästhetische Theorie die zentrale Rolle des Autors feiert und sein Bewußtsein hinsichtlich Richtigkeit und Falschheit bzw. Authentizität und Uneigentlichkeit überprüft, wird im postmodernen Roman dieser sichere Ort des Erzählens bzw. des ideologischen Standorts aufgebrochen. „Wer spricht da eigentlich?", „wie konstituiert sich das Ich, dessen, der da spricht?", „welches Verhältnis stellt der Sprecher (oder besser die vielen Stimmen des Sprechenden) zu dem Text (besser zu den intertextuellen Bezügen) her und wer hört da eigentlich zu, wer liest den Text und was macht der Leser mit dem Text?" — das sind Fragen, die vom postmodernen Roman aufgeworfen werden. Dabei unterscheiden sich natürlich die postmodernen Könner von den Epigonen dadurch, daß sie diese Fragen nicht theoretisch abhandeln (das wäre Literaturtheorie und nicht Roman), sondern diese theoretischen Probleme in die Erzählung, in den Plot einflechten.

Federman, Romancier und Literaturwissenschaftler, ist ein Meister in der simultanen Verflechtung von Erzählen und Kommentieren. Die Position des Erzählers wird dezentriert, das heißt, der Erzähler wird in Teilidentitäten oder unterschiedliche Rollen aufgesplittet. Der Schriftsteller läßt sich beim Schreiben über die Schulter schauen und gibt — nicht ganz ernst gemeinte — Gebrauchsanweisungen für die Lektüre. Der Leser wird in den Prozeß, in dessen Verlauf der Text entsteht, eingebunden. Dieser Prozeß hat kein Zentrum, in dem der

Erzähler stehen könnte, und er hat auch weder Anfang noch Ende. Weder die erzählten Ereignisse noch die Entstehungsgeschichte des Textes folgen einer Chronologie.

Federmans Roman ist ein Beispiel für Intertextualität, bzw. das ganze Federmansche Werk ist intertextuell angelegt. Denn immer wieder kommt Federman auf das zentrale Trauma zurück, das er erlitten hat und das in seinen Texten immer wieder vorkommt: der Holocaust. In der Nacht zum 21. Jahrhundert, also am 31. Dezember 1999, wird der „alte Mann" in eine Kolonie im Weltraum deportiert. Das ist eine Variation des Federmanschen Themenkomplexes, der von Verfolgung, Ausweisung, Deportation und Vernichtung handelt, aber auch von Entkommen und Emigration. In *Die Nacht zum 21. Jahrhundert* (= NJ) wird die Thematik in einen futuristischen Kontext gestellt. Eine andere Version des Themas bekommt der Leser in Federmans Roman *betrifft: Sarahs Cousin* (= SC) präsentiert. In diesem Roman wird das traumatische Erlebnis eines kleinen Jungen erzählt, der den Holocaust überlebt hat, weil ihn seine Mutter gerade noch rechtzeitig in einem Wandschrank versteckt hat. Das ist die Geschichte von Raymond Federman.

Im Zentrum der Texte Federmans steht nicht eine Figur oder ein Ich, sondern eine Erfahrung, die klaustrophobisch und befreiend zugleich ist. Nicht das selbstherrliche Subjekt, nicht der frei agierende Held ist der Dreh- und Angelpunkt der Geschichte, sondern ein eingeschüchtertes Kind, das sich im Wandschrank versteckt hält. Dieser Wandschrank, in dem das Kind Platzangst hat und in dem es sogar seine Notdurft verrichtet, ermöglicht das Überleben und wird somit paradoxerweise zum Symbol für die Freiheit. Die Wurzeln des entwurzelten Subjekts sind sozusagen im Wandschrank zurückgeblieben. Diese zentrale Erfahrung eines dezentrierten Subjekts, eines Subjekts, dessen Leben damit begonnen hat, daß es in einem Wandschrank versteckt wurde, ist das Leitthema, auf das die Texte Federmans immer wieder Bezug nehmen. Dabei schafft Federman das Kunststück, daß dieses Immerwiederzurückkommen auf die traumatische Begebenheit nie langweilig wird. Denn Federman läßt den Leser immer wieder daran Anteil nehmen, wie er das zentrale traumatische Thema dekonstruiert. Er setzt zu immer neuen Geschichten und Perspektiven an und schafft damit Distanz zum Trauma. „Obwohl es eine unausweichliche Tatsache dieser Geschichte ist, daß Sarah und ihr Cousin Überlebende der End-Vernichtung sind, ist dies doch nicht ihr eigentliches Anliegen. Dennoch muß man auf diesen Punkt zu sprechen kommen. Ich kann schon die Einsprüche hören. Nicht schon wieder" (SC, S. 16f.).

Federman schafft Distanz, indem er die mögliche Reaktion des Lesers vorwegnimmt. Mit Ironie spielt er darauf an, daß er immer wieder auf die selbe alte, traurige Geschichte zurückkommt: „Ist es eine gute Idee, dasselbe Melodram aufzuführen wie zuvor? Dasselbe alte Lied? Heh, Kumpel, hast du es nicht langsam satt, immer und immer wieder dieselbe Melodie zu spielen? Zweifellos ist das ein kraftvolles Thema: die Rekonstruktion einer traumatischen Vergangenheit. Er glaubt, daraus ein großes Buch machen zu können, wenn er sich nicht allzu häufig wiederholt. Aber er macht sich Sorgen; haben wir nicht genug von diesen unverzeihlichen Greueln? Trotzdem werden wir kurz darauf zu sprechen kommen. Wie Cousin und Cousine es schafften, während der Invasion zu überleben, wie sie sich weit voneinander entfernten und nach vielen Jahren wieder zusammenkommen. Das ist die Geschichte, die ich erzählen möchte" (SC, S. 17).

Durch das Ansprechen der Leser im Text entmystifiziert Federman die Rolle des Autors und die Bedeutungsschwere der Geschichte. Beispielhaft hierfür ist auch der Beginn von *Die Nacht zum 21. Jahrhundert*: „He ihr, ihr da, aufwachen, es geht wieder los, die ganze Chose noch einmal, aber dieses Mal ohne das übliche Gefasel, die Geschichte eben, die wirkliche, Schluß mit dem Versteckspiel und dem ganzen Gezauder, und sie beginnt, kaum zu glauben, aber wahr, sie beginnt in der Zukunft, ehrlich, nein, das ist mein Ernst, na gut, sagen wir in der nahen Zukunft, will mich ja auch nicht zu weit von der Gegenwart weg wagen, und außerdem sollte man den logischen Aufbau immer im Auge behalten, vom Zeitdruck einmal ganz abgesehen" (NJ, S. 7).

Ein anderes schönes Beispiel dafür, wie der Autor in seinem Roman den Leser anspricht und ihn an der Konstruktion und Dekonstruktion des Textes teilhaben läßt, liefert Italo Calvino mit seinem Roman *Wenn ein Reisender in einer Winternacht* (= WRW). Dieser Roman enttäuscht Leser, die sich eine zu Ende erzählte Geschichte erwarten. Die Handlung besteht zum Teil aus dem Schreiben und Lesen verschiedener möglicher Romane, und am Ende läßt Calvino sieben Leser in einer Bibliothek über ihre Lesearten diskutieren. Einer dieser Leser, der siebente, sagt: „,Glauben Sie etwa, jede Geschichte müßte einen Anfang und ein Ende haben? In alten Zeiten konnten Erzählungen nur auf zwei Arten enden: Nachdem Held und Heldin alle Prüfungen überstanden hatten, heirateten sie oder starben. Der letzte Sinn, auf den alle Erzählungen verweisen, hat zwei Gesichter: Fortgang des Lebens, Unausweichlichkeit des Todes'" (WRW, S. 312).

Interessant ist, wie Calvino nach dieser Literaturdiskussion den Roman zu Ende bringt. Calvino wendet sich an den Leser seines Romans, der im Roman selber auch vorkommt, und zwar als einer, der *Wenn ein Reisender in einer Winternacht* von Italo Calvino liest — oder lesen möchte. Denn das Buchexemplar stellt sich als defekt heraus, der Verlag hat darin Seiten aus dem Buch eines anderen Autors eingebunden. (Mit Federman kann man das wohl PLAYGIARISMUS nennen.) Bei der Reklamation im Buchladen lernt der Leser eine junge Leserin namens Ludmilla kennen, die mit ihrem Buchexemplar das gleiche Problem hat. Leser verliebt sich in Leserin, und wenn er dann zu Hause weiterliest, passiert etwas, das Calvino wie folgt beschreibt: „Du bist mit deiner Lektüre nicht mehr allein, du denkst an die Leserin, die jetzt im selben Moment auch ihr Buch aufschlägt — und schon legt sich über den Roman, den du lesen möchtest, ein Roman, den du möglicherweise leben könntest, die Fortsetzung deiner Geschichte mit ihr, oder besser: der Anfang einer möglichen neuen Geschichte" (WRW, S. 39).

Calvino bleibt den beiden auf der Spur. Kehren wir an die Stelle am Ende des Romans zurück! Der Text geht nach dem zitierten Statement des Diskutanten wie folgt weiter: „Du hältst einen Augenblick inne, um über diese Worte nachzudenken. Dann, blitzschnell, entscheidest du dich: Du willst Ludmilla heiraten" (WRW, S. 312). Auf diese vorletzte Seite des Romans folgt dann auf der letzten Seite noch ein kleiner Abschnitt, wo zu lesen ist: „Leser und Leserin, nun seid ihr Mann und Frau. Ein großes Ehebett empfängt eure parallelen Lektüren. Ludmilla klappt ihr Buch zu, macht ihr Licht aus, legt ihren Kopf auf das Kissen, sagt: ‚Mach du auch aus. Bist du nicht lesemüde?' Und du: ‚Einen Moment noch. Ich beende grad *Wenn ein Reisender in einer Winternacht* von Italo Calvino.' ENDE" (WRW, S. 313)

4.6 Polyvalenz und Anti-Heroismus

Die Problematisierung des Verhältnisses von Roman und Realität, von Fiktionen und Fakten ist eine Vorliebe postmoderner Schriftsteller. Allerdings können auch in dieser Hinsicht die Postmodernisten nicht Originalität für sich in Anspruch nehmen. Schon in Lawrence Sterne's

Roman *Tristram Shandy* aus der Mitte des 18. Jahrhunderts findet man Ähnliches. Aber das fiktive und faktische, das inhaltliche und formale Material, mit dem der Postmodernist spielen kann, ist natürlich gegenüber Sternes Zeiten ins Unermeßliche angewachsen. Religionen und Mythen, Ideen und Ideologien werden im postmodernen Roman dekonstruiert, nichts ist ihm heilig. Popsongs können mit wissenschaftlichen Theorien, mit alten und neuen Mythen zu pasticheartigen Gebilden zusammengeschmolzen werden, Identitäten religiöser und politischer Führer werden mit denen von Film- und Comicfiguren zusammengebacken. Folgerichtig bedient sich dann der postmoderne Roman auch gerne filmischer Techniken wie Schnitt und Überblendung. All das findet sich etwa exemplarisch und genial in Salman Rushdies *Die Satanischen Verse* (=SV), in denen ein indischer Filmstar merkwürdige Mutationen erlebt und unter anderem eine Reinkarnation des Erzengel Gabriels darstellt. Der indische Schauspieler ist bei einem Absturz eines Jumbos über dem Ärmelkanal vom Himmel gefallen und wandert ziellos und traumtrunken durch das multikulturelle London. Der Flugzeugabsturz war durch eine Bombe verursacht, und auch London ist keine multikulturelle Idylle, sondern ein Ort, wo sich ethnische Gruppen befehden und terroristische Anschläge an der Tagesordnung sind. Gabriel, respektive Gibril, dieser gefallene Engel, „bewegt sich wie in einem Traum, denn nach der tagelangen Wanderung durch die Stadt (...) kennt er keinen Unterschied mehr zwischen Wach- und Traumzustand; er hat jetzt einen Begriff davon, was Allgegenwart sein muß, weil er sich durch mehrere Geschichten zugleich bewegt..." (SV, S. 453).

Im weiteren Verlauf dieser Passage, in der Alternativen für die weiteren Identitäten und Aktionen Gibrils angedeutet werden, mischt sich Rushdie in den Text ein und dekonstruiert damit die Illusion des Fiktiven: „(Ich gebe ihm keine Anweisungen. Auch ich warte mit Interesse darauf, wie er sich entscheiden wird — auf das Ergebnis seines Ringkampfes. Charakter gegen Vorbestimmung: ein Freistilkampf. Zwei Stürze, zwei Aufgaben oder ein K.O. werden entscheiden.) Ringend schreitet er durch seine vielen Geschichten voran" (SV, S. 454).

Den *Satanischen Versen* vergleichbar ist ein anderer voluminöser Roman. Sein Autor ist wie Rushdie ein Wanderer zwischen Welten, jemand der entweder überall oder nirgends zu Hause ist. Die Rede ist von Carlos Fuentes und seinem Roman *Christoph Ungeborn* (=CU).

Wie andere Romane der Postmoderne springt auch *Christoph Ungeborn* in der Zeit hin und her, wechseln sich Perspektiven ab. Die sensationellste Perspektive, aus der dort erzählt wird, ist die eines ungeborenen Lebens. Ein mexikanisches Paar beschließt, ein Kind zu zeugen, und zwar so, daß es am 12. Oktober 1992 zur Welt kommt. Mexiko hat nämlich einen Preis für das Baby ausgesetzt, das als erstes am 500. Jahrestag der Entdeckung Amerikas durch Columbus zur Welt kommt. Der Leser oder „Ausleser", wie er im Text angesprochen wird, bekommt den Zeugungsvorgang aus der Perspektive eines Spermatozoons erzählt — ähnlich wie der Betrachter von Woody Allens Film *Was Sie schon immer über Sex wissen wollten, sich aber nicht zu fragen trauten* Woody Allen in der Rolle einer Spermazelle sieht, die darauf wartet, auf dem Höhepunkt des Geschlechtsaktes aus dem Körper ins Ungewisse hinauskatapultiert zu werden. Das ziemlich verworrene Geschehen in *Christoph Ungeborn* wird immer wieder aus der Sichtweise des im Mutterleib heranreifenden Embryos kommentiert. Das Ganze scheint eine gigantische Kopfgeburt dieses ungeborenen Columbus, der sich auch an den Ausleser wendet, ihn zum Mitwisser, zum Komplizen macht: „Du weißt, ich habe nichts allein erzählt, denn du hast mir geholfen, von der ersten Seite an. Deine Vermittlung ist meine Rettung; stell dir mein Entsetzen vor, wenn ich dich nicht hätte: blind, eingewickelt und gehindert würde ich mich nur in Kreisen drehen (in Teufelskreisen) und mich fragen: Wo sind sie, die mich hierhergebracht haben? Ich sehe sie nicht! Du weißt, Ausleser, ohne dich hätte ich meine Absicht nicht durchführen können, nämlich den Lebenden meine Träume und Alpträume mitzuteilen: Nun sind es *Deine* Träume und Alpträume" (CU, S. 609).

Christoph Ungeborn ist ein kompliziertes intertextuelles Gewebe. Komplotte und Katastrophen kommen darin vor; historische Fakten, Mythen und Visionen werden zu einem gigantischen Pastiche verwoben. Textfetzen und Stile werden miteinander vermischt, große und kleine rhetorische Gesten, Sprachspiele, Zitate und Kalauer jagen einander. Das Leitmotiv Dezentrierung wird auf mehreren Ebenen durchgespielt: Die Figuren haben zentrifugale Tendenzen, verschwinden und verflüchtigen sich, während die zentrale Figur, eben dieser ungeborene Columbus-Homunculus eine altkluge, künstliche Überidentität darstellt, die aber noch nicht richtig zum Leben erweckt ist. Und natürlich geht es in diesem Buch auch — ähnlich wie bei Rushdie — um die Gegenüberstellung von Zentrum und Peripherie im geopolitischen und geokulturellen Sinne. Wie schon in seinem früheren großen Roman *Terra Nostra* setzt sich Fuentes mit der kulturellen Definition der Neuen Welt, speziell Mexikos, auseinander. Thema ist das Selbstbewußtsein der Peripherie in Relation zur Alten Welt, von deren Mythen und Historie sich die Neue Welt befreien möchte, aus deren Bannkreis sie aber nicht völlig ausbrechen kann.

In den Romanen von Fuentes und Rushdie stoßen die Mächte der Finsternis und des Lichts aufeinander. Gewissermaßen wird hier die Schöpfungsgeschichte neu geschrieben. Die Engel fallen noch einmal vom Himmel herab, und treiben mit den Teufeln zusammen ihr Unwesen — nach cinematographischen Gesetzmäßigkeiten. In den Romanen Fuentes' wird Amerika noch einmal neu entdeckt, aber die Entdeckungsreise erfolgt im Müllhaufen der Geschichte. Aus den dekonstruierten Mythen und Religionen werden neue Fiktionen zusammengesetzt, die dann — im Falle Rushdie wird das besonders deutlich — sogar realer als die Wirklichkeit werden können. Die Geschichten, die mit großer Lust am Fabulieren erzählt werden — und diese „Lust am Text" (Barthes, 1982) ist sicherlich ein wichtiges Merkmal postmoderner Romane — sind bei Rushdie und Fuentes fantastisch, märchenhaft. Aber sie haben auch eine Menge mit der postmodernen Wirklichkeit zu tun und drücken religiöse, kulturelle und politische Probleme unserer Zeit aus. Die Alpträume und Katastrophen sind präsent und dennoch verfallen diese Romane nicht in resignative oder depressive Haltung. Doch die Haltung bleibt am Ende in der Schwebe, man muß die Ambivalenz, die Nichteindeutigkeit aushalten. Es gibt keine eindeutigen, sicheren Standorte. Die möglichen Positionen sind polyvalent. Am Ende siegt nicht das Gute, aber auch nicht das Böse, vielmehr wird diese Opposition selbst in Frage gestellt.

Rushdie und Fuentes entlassen ihre Leser in eine ambivalente Zukunft. „Die Kindheit war vorüber, und die Aussicht aus diesem Fenster war nicht mehr als ein altes, sentimentales Echo. (...) Es schien, als erhielte er trotz seiner Vergehen, seiner Schwäche, seiner Schuld — trotz seiner Menschennatur — eine zweite Chance. (...) ‚Ich komme', antwortete er ihr und kehrte der Aussicht den Rücken" (SV, S. 535).

Auch in *Columbus Ungeboren* kommen Engel vor. Die Eltern des Kindes, um dessen Geburt es geht, heißen Angel und Engelchen. Am Ende des Romans, als am 12. Oktober 1992 am Strand von Acapulco ein Junge geboren wird, steht folgende Szene: „Der barocke Engel mit dem Schwert in der Hand und den Flügeln des Quetzalvogels, dem Schlangenrock und dem Goldhelm schlägt; er schlägt den Jungen, der auf dem Strand geboren wird, mit dem glühenden, schmerzenden Schwert auf die Lippen, und der Junge vergißt, vergißt es, vergißt alles, v e r g i ß t..." (CU, S. 623). Am Ende — so kann man dem wohl entnehmen — steht das Vergessen. Neue Geburt geschieht zum Preis des Vergessens. Das ist eine Chance, aber keine Garantie für Besserung, und das Spiel der Helden und Bösewichter beginnt aufs Neue.

Nach diesen Ausflügen in solche postmoderne Romane, die zum Teil voller phantastischer Geschichten sind, kommen wir noch einmal auf DeLillo zurück, der sich in vergleichsweise realeren Welten bewegt. Doch auch diese Welten sind ambivalent und sind Begegnungsstätten von Fiktion und Fakt. DeLillo beschreibt die Idole und Ikonen, Helden und Bösewichter, von deren Existenz und Motiven wir entweder zu wenig oder viel zu viel wissen, so daß wir nicht mehr zwischen faktischer Vorlage und fiktionaler Überlagerung unterscheiden können. Das wird deutlich in DeLillos *Mao II.* Darin geht es nicht um Mao Tse Tung, auch wenn das Bild von Mao, das Andy Warhol, hergestellt hat und aus Verfremdungen und Überblendungen des Antlitz Maos besteht, das Titelbild der amerikanischen Ausgabe ist. Einzelnen Kapiteln des Buches sind ebenfalls Fotografien vorangestellt, auf denen Szenen zu sehen sind, bei denen es um Menschenmassen, Macht und Gewalt geht. Vor dem überlebensgroßen Konterfei des Ajatollah Khomeini sieht man eine Massenkundgebung, es gibt Bilder von einer Massenhochzeit der Moon-Sekte und von Kindern, die sich in einem Schützengraben verschanzt und die Finger zum Victory-Zeichen geformt haben.

Diese Fotos deuten darauf hin, daß *Mao II* u.a. eine Parabel über Massen, Macht und Medien in der Postmoderne ist. Im Mittelpunkt steht der Schriftsteller Bill Gray, der von der Öffentlichkeit zurückgezogen für sein Werk lebt. Nach Jahren des Verstecks, in denen die literarische Öffentlichkeit auf den neuen Roman von Gray wartet und sich schon fragt, ob Gray überhaupt noch existiert, läßt Gray es zu, daß eine Fotografin Bilder von ihm macht. Gray wird dann in eine zunächst geheime diplomatische Aktion verstrickt, deren Sinn aber gerade wieder die Herstellung von Öffentlichkeit ist. Bei dieser Aktion geht es um die Befreiung einer Geisel, die von Terroristen in Beirut versteckt gehalten wird. Gray soll über Mittelsmänner Kontakt mit diesen Terroristen aufnehmen. Die Terroristen versuchen dadurch, in den Blickpunkt der Medien zu gelangen und eine Bühne für die

Selbstdarstellung zu erhalten. So kommt man auf den genialen Gedanken, eine Diskussion zwischen dem Schriftsteller und den Terroristen zu arrangieren, als Gegenleistung für die Freilassung der Geisel. Allerdings wird aus dieser Mission nichts. Das Schriftsteller-Subjekt geht verloren. Gray ist für seine Mitarbeiter, die von der Geheimaktion keine Ahnung hatten, unauffindbar. Der Leser bekommt immerhin den Tod Grays mit. Doch dieser Tod ereignet sich beiläufig. Der Schriftsteller — die moderne Figur des Autors, das Subjekt — verschwindet sozusagen zwischen den Zeilen. *Mao II* ist damit auch eine Parabel über die Rolle des Intellektuellen in der Postmoderne. Wenn sich mit seiner Bekanntheit ein massenwirksamer Medieneffekt erzielen läßt, dann hat er eine gewisse Funktion. Jenseits seiner Bedeutung als Medienereignis ist er aber unbedeutend. Er erreicht nichts, und angesichts der Realität des Libanons — man kann hinzufügen Bosniens, Äthiopiens oder Somalias — verliert er auch seine Stimme. Angesichts postmoderner Realitäten ist die Frage nach dem Subjekt belanglos und wird zur Farce.

Kennedy und Oswald in *Sieben Sekunden*, Gray in *Mao II* sind „Helden" der Postmoderne. Ihre Existenz beruht auf der Macht der Medien über unsere Phantasie — ebenso wie der Akt der Terroristen nur Sinn macht, wenn die Medien ihm die nötige Aufmerksamkeit verschaffen. Der Terrorist ist ein Parasit der Medien. Der Terrorakt bedarf der öffentlichen Inszenierung. Der Terrorist ist genauso auf Promotion angewiesen wie der Politiker. Geheimdiplomatie in der Politik und Verschwörung im Terrorismus sind zur Verwirklichung ihrer Ziele auf die Öffentlichkeitsarbeit angewiesen. Die rhetorischen Formen und Strategien der Massenmedien verleihen den Helden und Antiheroen der Postmoderne Gestalt. Postmoderne Romane versuchen eben diese Rhetoriken, das Vexierspiel von öffentlich zur Schau getragenen Masken, hinter denen sich kein eigentliches Gesicht, sondern wieder nur Masken verbergen, spielerisch nachzuzeichnen.

Die Leitmotive der Postmoderne finden sich nicht nur in der Welt des Romans. Man könnte sie auch in anderen künstlerischen Bereichen identifizieren. Kunst und Literatur sind keine abgehobenen Sphären, sondern berühren sich gerade in der Postmoderne mit gesellschaftlichen Bereichen. Daß im Wirtschafts- und Familienleben, in der urbane sowie der politischen Welt Erscheinungen und Prozesse zu beobachten sind, die mit den Schlüsselbegriffen der Postmoderne zu beschreiben sind, sollen die folgenden Kapitel verdeutlichen.

5 Die postindustrielle Transformation der Ökonomie

In diesem Kapitel werden einige Veränderungen in den Bereichen Wirtschaft und Arbeit behandelt, die in einem Zusammenhang zur Transformation von der modernen zur postmodernen Gesellschaft stehen. In einer etwas antiquierten Sprache ausgedrückt haben wir es hier also mit der materiellen Basis der Postmoderne zu tun. Für diese Basis haben sich die Sozialwissenschaften immer besonders interessiert. Die Veränderungen auf dieser Ebene sozialer Organisation, auf die sich in der Geschichte der etwas unklare Begriff ,industrielle Revolution' bezieht, haben die Sozialwissenschaften eigentlich erst entstehen lassen. Auf die gesellschaftlichen Transformationen, die im Zusammenhang mit der Industrialisierung standen, haben die Klassiker der Soziologie reagiert. Die Problemstellungen, das analytische Instrumentarium und die theoretischen Einsichten der modernen Soziologie sind eine Reaktion auf die Herausforderungen der industriellen Revolution und der Moderne gewesen. Man mag diese Problemstellungen, Analysen und Einsichten, die von den Klassikern geliefert wurden, fortschreiben. Doch vermutlich stellen die ökonomischen und sozialen Veränderungen von der modernen, nationalstaatlich orientierten Industriegesellschaft zur postmodernen, postindustriellen, transnational und global ausgerichteten Gesellschaft Herausforderungen dar, die mit den Wissensbeständen der Moderne allein nicht mehr zu bewältigen sind. Wie in neueren Kritiken der neoklassischen Wirtschaftslehre deutlich wird, scheinen sich auch deren Konzepte für die wissenschaftliche Analyse und die praktische Problembewältigung in der postindustriell-postmodernen Gesellschaft als nur begrenzt brauchbar zu erweisen (vgl. Block, 1990; Coughlin, 1991; Etzioni, 1988; Etzioni & Lawrence 1991; Lane, 1991).

5.1 Von der Arbeitsteilung zur Flexibilisierung

Die moderne Gesellschaft hatte entscheidende Impulse von der Industrialisierung erhalten. Diese Anbindung des Begriffs und Phänomens der modernen Gesellschaft an Vorstellung und Wirklichkeit der Industrialisierung geht sogar so weit, daß die Begriffe moderne Gesellschaft und Industriegesellschaft oft synonym verwendet wurden und werden. Mitunter werden die Begriffe auch zusammengezogen, so daß von der modernen Industriegesellschaft die Rede ist. Besonders analytisch und feinsinnig ist diese Begrifflichkeit folglich nicht. Es wäre zu fragen, ob es auch eine vormoderne Industriegesellschaft gegeben hat; ob die Sowjetunion und die DDR auch moderne Industriegesellschaften gewesen sind und ob es sinnvoll ist, diese dann unter denselben Begriff zu subsumieren wie die westlichen, kapitalistischen Industriegesellschaften.

Im Zentrum der Vorstellung von moderner und industrieller Gesellschaft steht jedenfalls die Idee der Produktion. Produktive Arbeit, im Sinne der Herstellung von Waren und Gütern, ist das Markenzeichen der modernen Industriegesellschaft. Produktionsvolumen und -tempo sind im Zuge der sogenannten industriellen Revolution gesteigert worden. Man kann darüber streiten, ob der Begriff ‚industrielle Revolution' angemessen ist, auf jeden Fall haben aber historisch eine Reihe von Innovationen in Wissenschaft, Technik und Arbeitsorganisation zu diesem rapiden Wachstum der Produktivkräfte und der Produktivität geführt. Als ein Schlüssel zum Verständnis dieser für die Moderne so wichtigen Entwicklung wurde die Arbeitsteilung angesehen. Adam Smith wie Émile Durkheim sehen in der Aufteilung der Arbeit in Teilschritte und in der Spezialisierung der Arbeitenden auf bestimmte Funktionen einen zentralen Mechanismus der modernen Wirtschaft. Durkheim (1902/1992) spricht von Arbeitsteilung auch in einem umfassenderen Sinne. Nicht nur betriebliche Arbeitsprozesse können nach diesem Prinzip effizienter organisiert werden, auch die Gesellschaft erfährt einen Entwicklungsschub durch Aufteilung und Spezialisierung ihrer Funktionen, Institutionen und Mitglieder. Im Zeitalter großer Maschinenerfindungen wird die moderne Gesellschaft wie eine Maschine vorgestellt, die aus für bestimmte Funktionen spezialisierten Teilen zusammengesetzt ist und deren verzahntes Ineinandergreifen ein großes Ganzes hervorbringt, das größer als die Summe seiner Teile ist.

Im Produktionsbereich findet die Arbeitsteilung ihren konsequenten Ausdruck in der Massenproduktion, im Verwaltungsbereich in der bürokratischen Organisation. Marx und Weber haben diese Prozesse beschrieben, wobei beide allerdings auch die negativen Seiten dieser Prozesse sahen. Bekanntlich hat Marx in der Arbeitsteilung, zusammen mit der Teilung von Produktion und Konsumtion sowie dem Antagonismus von Arbeit und Kapital, Ursachen der Entfremdung gesehen. Im Prinzip erkannte Marx in der Arbeitsteilung, die der Kapitalismus zuungunsten der Arbeiter organisiert habe, ein Entwicklungspotential, das unter postkapitalistischen Bedingungen (das sind für Marx vor allem andere Eigentumsverhältnisse) auch zugunsten der Arbeiter auszuschöpfen wäre, vor allem dann, wenn zunehmend die Maschinen statt der Menschen die arbeitsteiligen Produktionsvorgänge verrichten würden. Auch Weber hat durchaus die Ambivalenzen der bürokratischen Herrschaft gesehen, obgleich er im Idealtypus der bürokratischen Organisation einen großen Rationalisierungsschritt sah.

Konsequentester Ausdruck der hochgradigen Arbeitsteilung und damit Sinnbild der modernen Industrieorganisation sind *Taylorismus* und *Fordismus*. Frederick Winslow Taylor hatte in den USA zu Beginn des 20. Jahrhunderts Regeln für das „scientific management", für die wissenschaftliche Betriebsführung aufgestellt. Dreh- und Angelpunkt seiner Ideen war die Atomisierung der Arbeitsvorgänge in kleinste Teilschritte, die dann auch an die Arbeiter geringste Anforderungen stellen sollten. Ein praktisches Problem bei der Realisierung des Taylorismus bestand aus betrieblicher Sicht in dem Erfordernis ständiger Überwachung und Kontrolle der Arbeiter. Prinzipien des Taylorismus hat dann Henry Ford in der betrieblichen Praxis weiterentwickelt. Eine entscheidende Maßnahme bestand darin, daß nun das Tempo für die Verrichtung der Arbeitsvorgänge nicht mehr von den Arbeitern kontrolliert werden konnte, sondern daß es vom Fließband vorgegeben wurde. Allerdings sollte man nicht übersehen, daß selbst in den USA der Anteil der Fließbandarbeit nie mehr als 10% der Fabrikarbeit betraf (Hirschhorn, 1986, S. 7; zitiert nach Crook et al., 1992, S. 172).

Die moderne Arbeitsorganisation des nach Henry Ford benannten Fordismus ermöglichte Massenproduktion im großen Stile. Bei der Herstellung von Fords berühmten „Modell T" konnte im Laufe der Jahre die Produktivität mehr als verzehnfacht werden (Jones, 1965, S. 214; zitiert nach Crook et al., 1992, S. 172). Entgegen den Erwartungen, die aus der marxistischen Verelendungstheorie abzuleiten gewesen wären, verband sich damit auch ein Lohnzuwachs für die Ford-Arbeiter. Die Standardisierung der Produktion und der Produkte wirkte sich schließlich günstig auf den Preis des Produkts Auto aus, das auf Massenmärkten angeboten werden konnte. Der Fordismus prägte damit nicht nur die Fabrik der Zeit zwischen den Weltkriegen und nach dem Zweiten Weltkrieg, sondern wurde auch zu einem kulturellen Phänomen mit eigener Ästhetik. Standardisierung oder

08/15 wurde zum kulturellen Modell. Standardisierung, Berechenbarkeit, Vorhersagbarkeit und Effizienz ergaben in weiten Bereichen der Herstellung von Waren und Dienstleistungen ein Muster der Moderne. George Ritzer (1993), der diesen Rationalisierungsprozeß anhand der Entwicklung von *Fast-Food*-Ketten plastisch darstellt, spricht von der *McDonaldization* der Gesellschaft, die er als konsequente Anwendung von Taylorismus und Fordismus und damit als Signum der Moderne ansieht. Doch wie schon die Karriere von Fords Modell T und anderer Volksautos gezeigt hat, entwickeln sich Massenmärkte und Massenkonsum weiter. Standardisierte Angebote werden bald uninteressant. Wenn jeder das Standardprodukt besitzt, muß ein neues angeboten werden. Noch besser ist es, von vornherein nicht auf Standardisierung, sondern auf Diversifizierung zu setzen. Nachfrageeinbrüchen kann man auf Dauer noch am besten durch eine möglichst breite und diversifizierte Produktpalette begegnen. Nicht „economics of scale" ist das wirtschaftlichere Konzept, sondern „economics of scope". Auch im Ernährungssektor ist das durchrationalisierte Angebot der *Fast Food Restaurants* und Tiefkühlketten ja nur eine Facette der Angebotspalette, während individualisierte Produkte kulinarischer Hochkultur und eine ausgefeilte kulinarische Ästhetik ein anderes Extrem darstellen (vgl. Fine, 1992; Mennell, Murcott & van Otterloo, 1992). Die Koexistenz beider Tendenzen — fast food *und* nouvelle cuisine zusammen statt undifferenzierter Kost nach Hausfrauenart — und die Möglichkeit, im individuellen Ernährungsverhalten eine Vielzahl von Optionen miteinander zu kombinieren, ist vielleicht für die postmoderne Eß- und Trinkkultur typisch.

Die industrielle Rationalisierung entlang der von Marx und Weber vorgezeichneten Pfade und der von Taylor und Ford aufgestellten Gesetze hat sich zeitweise bewährt, aber inzwischen als überholt erwiesen. Vieles von dem, was Marx und Weber als Merkmale der modernen Industriegesellschaft beschrieben und als deren Wesensmerkmale überhöht haben, ist im Laufe der Modernisierung an seine Grenzen gestoßen — sei es an Grenzen, in dem Sinne, daß alle Möglichkeiten arbeitsteiliger und bürokratischer Rationalität ausgefüllt wurden, oder in dem Sinne, daß die Grenzen deutlich wurden, bei deren Überschreiten mehr negative als positive Effekte auftreten. Der Punkt ist erreicht, wo die auf Arbeitsteilung und bürokratischer Organisation beruhende Rationalität der Moderne ins Kontraproduktive umschlägt. Nach der modernen Gesellschaft, die mit dieser Rationalität operierte, zeichnen sich postmoderne Wege und Formen sozialer Organisation ab, die die Relativierung der für die moderne Gesellschaft typischen Rationalität betreiben. Postmodernität ist nicht nur kulturelles Programm, sondern wird auch in der für die moderne Gesellschaft so zentralen Sphäre der Arbeit oder Produktion erkennbar. So wie die vorindustrielle Arbeitsorganisation modernisiert werden mußte, um zur Industriegesellschaft zu werden, so wird nun die moderne Industriegesellschaft postmodernisiert. Welche faktischen Entwicklungen stehen dafür und lassen sich als Prozesse der Postmodernisierung der Ökonomie beschreiben?

Zunächst einmal ist der historische Hintergrund für die Postmodernisierung der Wirtschaft und der Arbeitswelt zu benennen. Man ist da wieder zurückgeworfen auf die Umbruchphase der späten sechziger und frühen siebziger Jahre, die schon in verschiedenen Zusammenhängen als so etwas wie eine Zeitenwende erschien, in der bestimmte postmoderne Entwicklungen in Gang gesetzt worden sind. Im wirtschaftlichen Kontext markiert diese Zeit eine Zäsur, in welcher die langanhaltende Wachstumsphase der Nachkriegszeit in den meisten OECD-Ländern zu Ende geht. Die Schockwirkung der sogenannten Ölkrise, die Führungsschwäche der USA, der relative Niedergang des Dollars gipfeln in dem Gefühl, daß die Weltwirtschaft nicht grenzenlos wachsen kann. Im Zuge der Krise stößt auch das Rezeptwissen der Nationalökonomen an seine Grenzen. Die Interventionspolitik des Keynesianismus will nicht mehr recht greifen, der Wohlfahrtsstaat erscheint nicht mehr finanzierbar, die Wirtschaft nicht kontrollierbar und das politische Gemeinwesen nicht mehr regierbar. Alles das sind Stich- und Schlagworte, die in den siebziger Jahren strapaziert wurden.

Doch in Reaktion auf all diese Krisenerscheinungen ereignet sich nicht etwa das, was die marxistischen Theoretiker erwartet hatten, für die es eine ausgemachte Sache war, daß der Kapitalismus an seinen Krisen zugrunde gehen müsse. Das Gegenteil ist der Fall. Krise meint ja eigentlich nicht Katastrophe, sondern Zeit der Entscheidung und damit Möglichkeit zur Erneuerung. Und genau das ist im ökonomischen System geschehen. Auf die unkomplizierte Normalität der Nachkriegszeit, diese späte Blüte der Moderne, folgte eine Phase der Reorganisation. Von einigen Soziologen (Offe, 1985; Lash & Urry, 1987), die von der marxistischen Analyse herkommen und die der Moderne wohl näher stehen als der Postmoderne, wurde dieser Prozeß beschrieben als Übergang vom organisierten zum disorganisierten Kapitalismus. Es sind aber wohl eher die von den Autoren unterstellten modernistischen Maßstäbe von Disorganisation, die zu der Verwendung des Begriffs ‚disorganisierter Kapitalismus' verführen, als ein wirklich disorganisierter Zustand des Kapitalismus. Vorbei ist es nicht mit dem Kapitalismus, sondern mit der modernistischen Art der Organisation. Die Organisation des postmodernen Kapitalismus ist weniger schematisch, mechanizistisch und hierarchisch, als das die modernistischen Organisationsmodelle verlangten. Die Transformation des Kapitalismus, die als Reaktion auf die Krisen der frühen siebziger Jahre in der Folgezeit stattgefunden hat, ist nicht eine Disorganisation, sondern eine komplexere, vielfältigere, buntere Form von Organisation. In diesem Organisationszustand begegnet man den Leitmotiven der Postmoderne, transponiert auf die Ebene der sozialen Organisation von Arbeit und Kapital. Im Zuge der Postmodernisierung der Wirtschaft treten Phänomene auf, die sich mit den Begriffen Pastiche, Dezentrierung, Verlust von Referenz und Kulturalisierung beschreiben lassen.

Recht gut beschrieben wird die postmoderne Transformation der Wirtschaft auch von David Harvey (1989). Die Transformation des Kapitalismus am Ende des 20. Jahrhunderts behandelt Harvey unter dem Titel *From Fordism to flexible accumulation*. Während die Organisation des Fordismus in rigiden Formen bestand, beruht die postfordistische Konstellation auf erhöhter Flexibilität. Flexibilität wird gesteigert in den Arbeitsprozessen und Arbeitsverhältnissen (inklusive Arbeitsverträgen), auf den Arbeitsmärkten, in den Produkten und bei den Konsumgewohnheiten. Bei dieser durch erhöhte Flexibilität charakterisierten Transformation der Wirtschaft gibt es natürlich Kontinuitäten zu früheren Stadien, doch es kommen eben auch eine Reihe von Anders- und Neuartigkeiten zum Vorschein. Es entstehen völlig neue Produktionsbereiche, neue Finanzierungstechniken, neue Märkte, und vor allem wird das Umschlagtempo von Innovationen in Technik, Organisation und Kommerzialisierung erhöht. Resultat davon sind drastische Verlagerungen zwischen den Bereichen der Wirtschaft sowie zwischen den geographischen Wirtschaftsregionen, auch auf der globalen Ebene des Weltsystems. Damit zusammenhängend enstehen neue Formen der Beschäftigung, der Organisation von Arbeit und Kapital sowie neue Formen und Muster der Karriereplanung und -gestaltung. Diese postmoderne Transformation der Wirtschaft hat auch Konsequenzen für das Verhältnis von Zeit und Raum (Harvey, 1989, S. 147). Auf die konkreten Auswirkungen in den urbanen und nichturbanen, in den sub- und supra-urbanen Räumen der Postmoderne wird in Kapitel 7 noch zurückzukommen sein.

Worin besteht nun die *Flexibilisierung der Wirtschaft*? Werfen wir einen Blick auf den Arbeitsmarkt, der sich im Vergleich zu den Zeiten von Marx oder von Weber hochgradig differenziert hat! Marxs Erwartung einer Proletarisierung der Arbeiterschaft, also der Homogenisierung des Arbeitsmarktes, ist von der tatsächlichen Entwicklung des Kapitalismus völlig widerlegt worden. Die Differenzierung erschöpft sich aber nicht nur in verschiedenen Berufen, Tätigkeiten und Anforderungen, auch nicht in den auf unterschiedliche Produktionsbereiche zugeschnittenen Teilarbeitsmärkten. Darüber hinaus ist eine Aufsplitterung der Arbeitsmärkte zu beobachten, die man mit dem Begriff ‚Dezentrierung' benennen kann. Im Zentrum des Pools von Arbeitskraft ist ein sogenannter Kernarbeitsmarkt angesiedelt. Das ist die Stammbelegschaft der Unternehmen, die vollbeschäftigt und relativ privilegiert ist hinsichtlich Bezahlung, Sicherheit des Arbeitsplatzes und sozialer Absicherung im Falle von Krankheit, Entlassung und Pensionierung. In diesen Stamm investieren die Unternehmen, mit ihm planen sie. Das heißt aber auch für diejenigen, die auf Dauer zu diesem Kern gehören und die entsprechenden Privilegien genießen wollen, daß sie zur Weiterqualifikation und zur Mobilität bereit sein müssen.

Um diesen Kern gruppiert sich die Peripherie, die zwei verschiedene Gruppen umfaßt. Bei der ersten handelt es sich um Vollzeiterwerbspersonen, deren Qualifikationen nicht allzu hoch sind. Das heißt auch, daß Investitionen in diese Qualifikationen nicht allzu kostspielig sind, so daß man mit diesem Arbeitskräftepotential relativ flexibel manövrieren kann. Entsprechend schwankt auch die zahlenmäßige Größe dieser Gruppe. Noch flexibler einzusetzen und entsprechend schwankender, was die Zahl der Erwerbspersonen betrifft, ist eine zweite Gruppe der Peripherie. Diese umfaßt Teilzeitbeschäftigte und nur vorübergehend Beschäftigte sowie von öffentlichen Ausbildungs- und Beschäftigungsprogrammen subventionierte Kräfte.

Für die einzelnen Individuen muß es nicht unbedingt von Nachteil sein, diesen flexibleren und manövrierfähigeren Gruppen anzugehören, da Flexibilität in beiderseitigem Interesse liegen kann. Wenn aber Versicherungen, Renten und andere Versorgungsansprüche durch flexiblere Arbeitsbeziehungen und -verträge reduziert werden, dann sind die Effekte für die erwerbstätige Bevölkerung insgesamt proble-

matisch. Gleichwohl geht der Trend auf den Arbeitsmärkten wohl
dahin, die Zahl der dem Kern zuzurechnenden Arbeitskräfte zu reduzieren und sich im Bedarfsfall der peripheren Gruppen zu bedienen.
Allerdings sollte man — zumindest, was die Bundesrepublik Deutschland betrifft — die Zahl der Teilzeitbeschäftigten nicht überschätzen,
wie *Tabelle 1* zeigt.

Tabelle 1: Verteilung der Erwerbstätigen in der BRD
(nach Maßgabe der normalerweise geleisteten Wochenarbeitszeit)
Früheres Bundesgebiet (nach S.JB.BRD, 1989, S. 90; 1992, S. 114)

	April 1988	April 1990
unter 15 Stunden	2,5%	3,9%
15 - 20 Stunden	5,8%	6,2%
21 - 35 Stunden	6,0%	6,5%
36 - 40 Stunden	71,4%	69,1%
41 Stunden und mehr	14,3%	14,3%

Ein weiterer Hinweis auf die Differenzierung und Flexibilisierung
bietet auch der Anteil, den die Gruppe der Selbständigen an der
Gesamtzahl der Erwerbstätigen hat. Auf dem Gebiet der alten Bundesrepublik stellten im Jahr 1990 die Selbständigen 8,8% aller Erwerbstätigen (S.JB.BRD, 1992, S. 90). Ihre Zahl ist in den achtziger Jahren
vor allem im Dienstleistungsbereich stark gestiegen, im Gebiet der
alten Bundesrepublik von 690.000 (1980) über 877.000 (1989) auf
924.000 (1991) (S.JB.BRD, 1992, S. 110f.).

Nun stellt die Diversifizierung des Arbeitsmarktes in verschiedene
Teilarbeitsmärkte sowie in mehr und weniger privilegierte Gruppen
von Erwerbspersonen keine radikale Neuerung dar. Eine weitergrei-
fende Veränderung ist hingegen die Tendenz vieler Unternehmen,
ganze Teilarbeitsbereiche (vor allem solche, die arbeitsintensiv und
starken Nachfrageschwankungen unterworfen sind) aus dem Unternehmen hinaus zu verlagern. Dies kann geschehen, indem bestimmte
Teile der Produktion ins kostengünstigere Ausland ausgegliedert
werden, sei es in Form von eigenen Teil- oder Tochterunternehmen
oder in Form der Beauftragung von Fremdunternehmen. Bestimmte
Prozesse und Aufgaben können auch im Inland an Subunternehmer

delegiert werden oder an eigenständige Spezialfirmen; letzteres vor allem, wenn es sich um Dienstleistungen handelt. Zahlreiche Aufgaben und die damit verbundenen Risiken werden im Produktionsbereich auch den Zulieferbetrieben aufgebürdet, im Bereich von Absatz und Vermarktung an Franchise-Partner delegiert. Diese Trends verlaufen ziemlich konträr zu dem durch Taylorismus und Fordismus geprägten Bild der modernen, auf Zentralisation und Konzentration basierenden Organisation. Der Fordismus beruhte auf Standardisierung und Massenproduktion. In der postfordistischen Wirtschaft wird die „economics of scale" durch die „economics of scope" verdrängt. Es gilt, nicht möglichst viel vom selben zu produzieren, sondern viel Verschiedenes herzustellen, eine breite Produktpalette anzubieten und auf individuelle Wünsche rasch und flexibel zu reagieren (Harvey, 1989, S. 155). Da das die Kapazitäten der größten und flexibelsten Unternehmen übersteigt, ist nicht die Zentrierung im durch und durch organisierten Unternehmen der richtige Weg. Vielmehr müssen Funktionen und Verantwortlichkeiten dezentriert werden. So entstehen komplexe Netzwerke von Produktionseinheiten, diversen Service-Unternehmen, Marketing- und Absatzorganisationen.

5.2 Dienstleistungsgesellschaft

Neben und im Zusammenhang mit der Flexibilisierung des industriellen Produktionsbereichs besteht das offenkundigste Merkmal der postindustriellen Gesellschaft darin, daß sie eine *Dienstleistungsgesellschaft* ist. Was heißt das, und wie läßt sich das belegen?

,Dienstleistung' ist natürlich ein sehr weiter und zunächst undifferenzierter Begriff. Der Begriff ,Dienstleistungsgesellschaft' ist genau besehen irreführend, da natürlich jede Gesellschaft eine Dienstleistungsgesellschaft ist. Die Dienstleistungsgesellschaft ist nicht eine historisch besondere Form; historisch spezifisch sind aber Art und Weise der Dienstleistung. Bereitstellung und Konsum, Inhalt und Verpackung, Ort, Zeit und Preis der Dienstleistungen verändern sich im Laufe der Wirtschafts- und Sozialgeschichte. Man kann daher eigentlich nicht sagen, daß die Dienstleistungsgesellschaft auf die Industriegesellschaft folgt. Beispielsweise wurde es gegen Ende des 19. Jahrhunderts in städtischen Haushalten üblich, Wäsche nach draußen an Wäschereien zum Waschen und Bügeln zu geben, während früher die Wäsche zeit- und arbeitsaufwendig im Haushalt erledigt wurde. Als dann später die Waschmaschine ihren Siegeszug durch die Haushalte antrat, änderte sich das wieder, mußte die Hausfrau selbst die Dienstleistung erbringen. In neuerer Zeit wiederum tragen die öffentlichen Waschsalons der Vermehrung der Single-Haushalte Rechnung. Dienstleistungen und das Ambiente, in dem sie erbracht werden, verändern sich also; ebenso wie sich die Personenkategorien, die die Dienstleistung erbringen, ändern.

Haushaltshilfen, wie sie im 19. und noch in der ersten Häfte des 20. Jahrhunderts in jedem gutbürgerlichen Haushalt anzutreffen waren, sind auch Dienstleistende gewesen. Diese Personen- und Tätigkeitskategorie ist in der heutigen Dienstleistungsgesellschaft rar geworden. Im Zuge der Industrialisierung und der Produktion von Haushaltsmaschinen wurden Haushaltsdienstleistungen verdrängt. Bestimmte traditionelle Dienstleistungen wie Schuheputzen, Boten- und Kurierdienste sind in der modernen Industriegesellschaft weitgehend verschwunden (vgl. Gershuny, 1981). Aber schon im letzten Fall, den Boten- und Kurierdiensten, ist schon wieder eine Gegenbewegung zu registrieren. Die vielfältigen privaten und öffentlichen Boten- und Kurierdienste wurden in der Moderne von der Post verdrängt, die das alles rationeller machen konnte. Bei dieser Rationalisierung blieben natürlich bestimmte Dienstleistungen auf der Strecke. Die Postzustellung wurde z.B. von zweimal auf einmal täglich eingeschränkt. Das tayloristisch-fordistische Unternehmen Post hat seine Grenzen, was Flexibilität und Effizienz betrifft. Folglich sind der Post in der Postmoderne in leistungsfähigen privaten Kurier- und Transportunternehmen ernstzunehmende Konkurrenten erwachsen.

Diese Entwicklung von konkurrierenden, überwiegend partikularistisch orientierten und wenig durchrationalisierten Serviceanbietern in der Vormoderne über die rationalisierte und bürokratisierte, universalistisch orientierte und oft monopolistische Großorganisation in der Moderne hin zu Diversifikation, Dezentralisierung und Privatisierung in der Postmoderne ist in ganz unterschiedlichen Bereichen zu beobachten: im Verkehrs- und Kommunikationswesen; aber auch in einem Bereich, wo Zentralisierung und Monopolisierung als zivilisatorische Errungenschaften der Moderne galten, nämlich dem der Schutz- und Sicherheitsdienste.

Der Begriff ‚Dienstleistung' umgreift also einen vielfältigen Phänomenbereich. Im Kontext der Debatte um die postindustrielle Dienstleistungsgesellschaft bezieht er sich aber noch auf einen anderen, spezifischeren Sachverhalt. Mit ihm ist nämlich noch mehr gemeint als die eben beschriebenen Erscheinungen, die sich ja alle noch im Bereich mehr oder weniger klassischer oder traditioneller Dienstleistungen abspielen. Neben der partiellen Renaissance klassischer Dienstleistungen, deren Zusammensetzung, Herstellung und Vermarktung freilich auch anders strukturiert ist als in der vormodernen Dienstleistungsgesellschaft, sind folgende Merkmale typisch für die postindustrielle Dienstleistungsgesellschaft:

1. Der Anteil, den Serviceleistungen am angebotenen und verkauften Produkt haben, wird immer bedeutsamer. Die Unterscheidung von Ware und Service verschwimmt in dem Maße, wie beides zusammen als Paket verkauft wird. Kopiergeräte und Computersysteme werden gleich mit den entsprechenden Wartungs- und Beratungsleistungen verkauft. Sogar Autofirmen, lange der klassische Bereich des Fordismus, bieten ihre Produkte im Leasing-Paket zusammen mit Finanzierungs-, Versicherungs- und Wartungsleistungen an. Immer mehr Firmen sehen sich gezwungen, kostenlose *hot lines* für die Kundenberatung bereitzustellen.

2. Zugleich wird auch der Dienstleistungsanteil innerhalb der industriellen Produktion immer bedeutsamer. Die industrielle Herstellung setzt immer mehr Expertenwissen in Forschung, Entwicklung, Vermarktung und Finanzierung voraus. Diese Entwicklung hat dann den Boom eines hochqualifizierten Dienstleistungsbereichs zur Folge. Diese wissenschaftlich-technischen Dienstleistungen sind zum einen innerhalb des industriellen Produktionskomplexes angesiedelt und lassen zum anderen auch einen eigenständigen Dienstleistungssektor in Form von Forschungsinstituten, Consultingfirmen, Finanzierungsorganisationen, Rechtsanwalts- und Steuerberatungskanzleien florieren.

3. Aber nicht nur diese auf die Produktion bezogenen Dienstleistungen zählen zum sogenannten *quartären* Bereich, sondern auch Organisationen und Institutionen der Reproduktion und Regeneration, wie das auf Expertenwissen basierende Gesundheits- und Therapiewesen.

Die statistische Erfassung des Dienstleistungsbereichs ist nicht ganz einfach. Einen ersten groben Hinweis auf die Bedeutung des Dienstleistungsbereichs erhält man aus einem Vergleich der Erwerbstätigenzahlen in den verschiedenen Wirtschaftsbereichen (*Tabelle 2*).

Tabelle 2: Erwerbstätige nach Wirtschaftsbereichen
Bundesrepublik Deutschland bzw. früheres Bundesgebiet (in 1000)
(nach S.JB.BRD, 1992, S. 112f.)

JAHR	1960	1970	1990	1991
Land- u. Forstwirtschaft, Fischerei	3581	2262	961	930
Produzierendes Gewerbe	12497	12987	11321	11530
Handel und Verkehr	4759	4755	5316	5541
Dienstleistungsunternehmen	2364	2933	5268	5550
— Kreditinstitute	266	411	678	.....
— Versicherungsunternehmen	117	186	213	.....
— Bildung, Wissenschaft, Kultur usw., Verlagsgewerbe	.....	209	447	.....
— Gesundheits- u. Veterinärwesen	.....	291	715	.....
— Übrige Dienstleistungsunternehmen	.....	1169	2300	.....
Staat	2098	2978	4305	4302
Erwerbstätige (im Inland) insgesamt	26063	26560	28433	29173

Der Anteil der im produzierenden Gewerbe Beschäftigten an der Zahl der Erwerbstätigen insgesamt hat sich in der Bundesrepublik Deutschland (bzw. früheres Bundesgebiet) von 47,9% im Jahr 1960 auf 39,5% im Jahr 1991 verringert. Im Jahr 1990 wurden in der Bundesrepublik 3,6% aller Erwerbspersonen dem primären Bereich (Land- und Forstwirtschaft, Fischerei) zugerechnet, 40,6% dem sekundären (produzierendes Gewerbe) und 55,8% dem tertiären (Dienstleistungen) (S.JB.A., 1992, S. 239). Der Dienstleistungssektor ist also derjenige Wirtschaftsbereich, in dem die meisten Menschen beschäftigt sind. Die historische Entwicklung hat zur Stagnation der Beschäftigtenzahlen im produzierenden Gewerbe geführt sowie zur deutlichen Zunahme der Zahl der Menschen, die in den diversen unter dem breiten Begriff Dienstleistung zusammengefaßten Wirtschaftsbereichen arbeiten. Die amtliche, nach Wirtschaftsbereichen differenzierende Statistik ist allerdings grob und sagt nichts über Qualität, Zusammensetzung und Qualifikationserfordernisse der erbrachten wirtschaftlichen Leistungen aus. Auf der einen Seite ist in der statistischen Kategorie „Dienstleistungsunternehmen" auch die Kneipe um die Ecke erfaßt, und andererseits können in den Wirtschaftsbereichen Landwirtschaft oder produzierendes Gewerbe Dienstleistungen statistisch enthalten sein, die hochgradig verwissenschaftlicht sind. Trotz dieser Vorbehalte macht es jedoch schon allein aufgrund der enormen quantitativen Bedeutung des Dienstleistungsbereichs durchaus Sinn, von der postindustriellen Gesellschaft zu sprechen — sofern man damit nicht unterstellt, daß das produzierende Gewerbe nun völlig bedeutungslos geworden sei. Letzteres ist natürlich nicht der Fall, es geht nur um eine Schwerpunktverlagerung vom produzierenden zum dienstleistenden Beschäftigungssektor. Auch die postindustrielle Gesellschaft kann nicht ohne einen industriellen, produzierenden Kern auskommen.

Was diese Entwicklung hin zur Favorisierung des Dienstleistungsbereichs betrifft, nimmt Deutschland international gesehen eine nachgeordnete Stellung ein. Mit 55,8% ist der Anteil der Erwerbspersonen, die dem tertiären Bereich zugerechnet werden, hierzulande gar nicht mal hoch. In den USA, Kanada, Großbritannien, Belgien, den Niederlanden sind es über 70%, in Australien, den skandinavischen Ländern, Frankreich und Italien zwischen 60% und 70% und in Japan auch immerhin 59,6%. Weniger als 50% aller Erwerbspersonen werden dem Dienstleistungsbereich nur in solchen Ländern zugerechnet, in denen entweder noch relativ viele Menschen in der Landwirtschaft beschäftigt sind — so etwa Ungarn mit 43,5% für den tertiären Bereich, Philippinen (44,7%) und Haiti (35,0%) — oder die ehemalige Sowjetunion (34,9%), wo nach der Statistik (oder aufgrund der kommunistischen Ideologie) dem produzierenden Gewerbe noch 45,8% und damit mehr als dem Dienstleistungsbereich zugerechnet werden (S.JB.A., 1992, S. 239; Angaben beziehen sich auf 1990 bzw. 1989).

Nun wird ja oft befürchtet, daß der Dienstleistungsbereich nicht so produktiv sei wie der industrielle Sektor. Diesbezüglich mag da ein anderer Indikator beruhigen, nämlich der Anteil der verschiedenen Wirtschaftsbereiche an der Bruttowertschöpfung. Mit 57,7% Anteil an der Bruttowertschöpfung hat der Dienstleistungsbereich in Deutschland 1990 sogar einen Wert erreicht, der noch etwas über dem Anteil dieses Sektors an der Zahl der Erwerbspersonen liegt. Auch hat sich die Bruttowertschöpfung im Dienstleistungsbereich zwischen 1985 und 1990 stärker gesteigert als in den anderen Wirtschaftsbereichen (S.JB.A., 1992, S. 163).

Es kann also kein Zweifel bestehen, daß mit dem richtig verstandenen Begriff ‚postindustrielle Gesellschaft‘ die Realität und ihre Veränderung zutreffend beschrieben ist. Nun meinte Bell (1973), der den Begriff ‚postindustriell‘ geprägt hat, nicht die Bedeutungszunahme irgendwelcher Dienstleistungen, sondern des *quartären* Bereichs, womit hochqualifizierte und professionalisierte, auf wissenschaftlichem Wissen basierende Berufe bzw. Beschäftigungsbereiche gemeint sind. Greift man einige typische Berufe heraus, dann läßt sich im Spiegelbild der Statistik der von Bell behauptete Trend bestätigen (*Tabelle 3*).

Tabelle 3: Erwerbstätige in ausgewählten Berufen
Bundesrepublik Deutschland bzw. früheres Bundesgebiet
(nach S.JB.BRD, 1989, S. 321; 1992, S. 42, 119, 391, 435)

Jahr	1960	1970	1980	1990
Hochschul-				
lehrer	18.000	49.000	127.000	163.000
Ärzte	79.000	100.000	139.000	195.000
Zahnärzte	33.000	31.000	33.000	42.000

Jahr	1983	1989
Wissenschaftliches		
Forschungspersonal	130.000	176.000
— davon in Unternehmen		
(ohne Geistes- und Sozialwissenschaften)	81.000	113.000

Jahr	1981	1989	1991
Rechtsanwälte	31.000	46.000	51.000
Ingenieure	....	551.000	....
Techniker	....	813.000	....

Bell hatte das technische und wissenschaftliche Wissen zum axialen Prinzip der postindustriellen Gesellschaft erklärt. Nun kann man darüber streiten, inwiefern wissenschaftliches Expertenwissen tatsächlich die postmoderne Gesellschaft bestimmt, welche Rolle es beispielsweise in der Politik hat. „Wissen ist Macht" wußte schon Francis Bacon, aber nicht alle Macht beruht auf Wissen. Es gibt verschiedene Ressourcen, Formen und Positionen von Macht (vgl. Mann, 1986). Auch Macht und Ignoranz können Allianzen eingehen, und es wäre wohl zu optimistisch, wenn man annehmen würde, daß diese in der

Postmoderne bedeutungslos werden. Doch immerhin läßt sich einige Zuversicht üben, wenn man einen simplen statistischen Indikator für die postindustrielle Wissensökonomie heranzieht, nämlich die Ausgaben für Forschung und Entwicklung. Die sind in der Bundesrepublik von 42,1 Mrd. im Jahr 1983 auf 74,92 Mrd. DM im Jahre 1990 gestiegen (S.JB.BRD, 1989, S. 362; 1992, S. 435). Diese Zahlen setzt man sinnvollerweise in Relation zum jeweiligen Bruttoinlandsprodukt; dann ergibt sich, daß der Anteil der Ausgaben für Forschung und Entwicklung am Bruttoinlandsprodukt von 2,52% im Jahre 1983 auf 3,11% anno 1990 gestiegen ist (eigene Berechnungen anhand von Daten aus S.JB.BRD, 1989, 1992). Das mag nicht dramatisch erscheinen, doch von den großen Wirtschaftsnationen gibt nur Japan relativ (bezogen auf das Bruttoinlandsprodukt) mehr Geld für Forschung und Entwicklung aus als Deutschland (Hage & Powers, 1992, S. 33).

5.3 Pastichebildung in der Wirtschaft

Die Tendenz zur postindustriellen Dienstleistungswirtschaft ist vielleicht die sichtbarste, aber bei weitem nicht die einzige Veränderung der Ökonomie in der Postmoderne. *Deregulierung* und *Privatisierung* sind weitere Stichworte, die für bedeutsame Transformationsprozesse der Wirtschaft stehen und auf flexiblere, weniger bürokratische Strukturen hindeuten. Diese Art der Flexibilisierung hat in einigen Bereichen zu Übernahmewellen geführt und zu völlig neuen Zusammensetzungen von Unternehmen und Konzernen. Daß diese Entwicklung allerdings auch große Turbulenzen in die Märkte bringen kann, denen einstmals mächtige Unternehmen zum Opfer fallen, hat die Deregulierung im amerikanischen Luftverkehr gezeigt. Im Zusammenhang mit Deregulierung und Privatisierung entstehen in den Unternehmen collagenartige Aktivitätsbereiche und pasticheartige Strukturen. In den 500 amerikanischen Top-Unternehmen („Fortune 500") arbeitet jeweils nur noch der kleinere Teil der Belegschaft in und für die Bereiche, die ursprünglich mit der jeweiligen Firma identifiziert wurden. Große unternehmerische Erfolge wurden auch in Organisationen erzielt, die nicht selber produzieren, sondern die Produktion koordinieren und mit Hilfe schlagkräftiger Marketingorganisation auf die Märkte bringen. Bekanntes Beispiel ist hier etwa die Firma Benetton. Voraussetzung für solche Strukturen, die Ähnlichkeiten zu frühindu-

striellen Produktionsmethoden des Verlagswesens haben, ist natürlich
ein funktionierendes Informationswesen. Die Informationalisierung ist
hyperproduktiv, indem sie immer neue Informationseinheiten in einem
immer rapideren Tempo hevorbringt, die dann wieder zu neuen Sinn-
konstellationen sowie zu neuen Produktpaletten zusammengesetzt
werden können. Aufgrund der computerisierten Informationstechnologie kann das zudem immer dezentraler geschehen; Entscheidungen
über Produktion und Absatz können dezentral und marktnah erfolgen.

Aber nicht nur die postmodernen Leitmotive *Pastiche* und *Dezentrierung* finden sich in der postmodernen Ökonomie wieder, sondern
noch ein weiteres Leitmotiv der Postmoderne, die *Kulturalisierung*.
Das postmoderne Marketing ist nicht mehr rein instrumentell und
zweckrational. Kulturelle Komponenten spielen eine wichtige Rolle.
Intern bemüht sich das postmoderne Unternehmen um die Pflege der
corporate culture, die nach außen auch als Image zu vermitteln ist.
Werbung genügt sich nicht mehr im Anpreisen von meßbaren Qualitä-
ten des Produkts, sondern ist um die Einbeziehung von kulturellen
Sinngehalten bemüht, um die Reflektion kultureller Werte und deren
Hervorbringung. Auch jenseits von Produktion und Absatz kümmert
sich das Unternehmen in der Postmoderne um Kultur, es tritt als
Sponsor von Kultur auf. Das ist natürlich nicht völlig uneigennützig,
denn man erhofft sich ja, daß von dem Glanz der geförderten Kultur
etwas auf das profane Produkt abfällt und daß dieser Abglanz das
profane Produkt selbst in den Adelsstand erhebt, es — im Sinne von
Durkheims (1984) Theorie des Profanen und Heiligen — sakralisiert.

Auf die Bedeutung des Informationswesens für Produktion und
Absatz wurde hingewiesen. Information ist vielleicht die wichtigste
Ware und zugleich Dienstleistung in der postmodernen Ökonomie.
Das Schlagwort von der Informationsgesellschaft (Lyon, 1988; Vester,
1986c) wird oft als Synonym für die postmoderne Gesellschaft verwendet. Der Zugang zu und die Kontrolle über Informationen wird in
der Informationsgesellschaft zum Schlüssel für die Produktivität.
Folglich lassen sich mit der Kommodifizierung und Kommerzialisierung von Information Geschäfte machen. Immer mehr Unternehmen
handeln mit Gütern, die sie selber niemals wirklich besitzen und schon
gar nicht selber herstellen. Die Wachstumsbranche Information ist
eine exemplarische Konkretisierung des postmodernen Leitmotivs
Verlust der Referenz. Auf den Märkten, wo vorrangig mit Information
gehandelt wird — hierzu zählen die Finanzmärkte und Terminbörsen
—, ist die Referenzebene die Information selbst. Mit einem anderen

der postmodernen Leitmotive ausgedrückt: die Informationen sind *intertextuell*. Das beschleunigte Umschlagtempo von Information in den interkontinental vernetzten Börsen zieht dann auch Konsequenzen in Sozialstruktur, Kultur und in der urbanen Organisation nach sich, die mit den Schlagworten *gentrification* und *yuppification* benannt worden sind (siehe Whimster, 1992).

Die postmoderne Wirtschaft ist nicht wie die moderne durch den Gegensatz von Arbeit und Kapital geprägt, ein Gegensatz, der im wohlfahrtsstaatlichen Korporatismus weitgehend pazifiziert worden ist. Gegenüber der modernen Industriegesellschaft mit ihrer Fixierung auf Arbeit und Kapital erlangen Information und Konsum entscheidende Bedeutung. Aber auch Arbeit und Kapital sind in der Postmoderne keine homogenen, blockartig sich gegenüberstehenden Größen. Arbeit und Kapital zerfallen in funktionale Fragmente, die dann zu neuen Rekombinationen oder *Pastiche*gebilden zusammengesetzt werden. Es handelt sich um Kombinationen, die nach der eindimensionalen Logik der Moderne unvorstellbar erscheinen. Als Folge davon präsentiert sich auch das alte Entfremdungsproblem in neuem Lichte. Von Ent-Entfremdung („disalienation") ist die Rede (Crook et al., 1992, S. 167ff.); und sogar deutsche Industriesoziologen, für die Entfremdung und Dequalifizierung lange im Mittelpunkt kritischer Aufmerksamkeit standen, bekommen den Blick frei für neuartige Erscheinungen der Requalifizierung und Reprofessionalisierung (Kern & Schumann, 1984).

Ein weiteres Beispiel für Pastichebildung in der postmodernen Wirtschaft ist auch der beobachtbare Trend zur *Selbstbeschäftigung*. Die moderne Tendenz zur Konzentrierung von Arbeit und Kapital in Form von Großunternehmen wird in der Postmoderne ergänzt durch *Dezentrierung*. Mit Hilfe industrieller Großkomplexe oder auch unabhängig von ihnen entstehen innovative Miniunternehmen. Oft ist ein spezielles Expertenwissen und eine bestimmte Zusammensetzung von (meist geringem) Kapital, (intensiver) Arbeit und einer originellen Verarbeitung von Information das Erfolgsgeheimnis solcher Organisationen. Nicht zufällig ist ein hervorstechender Bereich, in dem sich so etwas abgespielt hat, die Computer- und vor allem die Softwarebranche. Aus diesem Bereich — oder konkreter aus dem Silicon Valley — kommen dann ja auch die symptomatischen und schon zur Legende gewordenen Beispiele. Aber auch in einer ganz anderen Branche, die hinsichtlich ihrer gesamtwirtschaftlichen Bedeutung zwar nicht vergleichbar, dafür aber umso sinnlicher ist, finden sich ähnliche Modelle, und zwar in der Weinwirtschaft. Nach der Massenproduktion, die nur noch aufgrund skandalöser Agrarsubventionen rentabel ist, sind in der Weinwirtschaft innovative Betriebe entstanden, in denen Kapital und Selbstbeschäftigung mit hochprofessionellem Know-how kombiniert werden. Gemeinsam ist den so unterschiedlichen Branchen Weinwirtschaft und Computersoftware allerdings auch, daß die unternehmerischen Initiativen nicht selten von finanzstarken Multikonzernen unterstützt werden oder die Betriebe aufgekauft werden, wenn sie sich als erfolgreich erwiesen haben.

5.4 Rollen- und identitätstheoretische Konsequenzen der Postindustrialisierung

In diesem Kapitel wurden einige strukturelle Entwicklungstendenzen der postmodernen Ökonomie beschrieben. Abschließend ist die Frage zu behandeln, was diese Transformationsprozesse für die Beschäftigten bedeuten, welche Anforderungen und Möglichkeiten sich für sie ergeben. Die Veränderungen der Wirtschaft tangieren nur eine Minderheit der Bevölkerung direkt. In der Bundesrepublik sind im Jahr 1990 gerade 43,1% der Bevölkerung erwerbstätig gewesen. (55,9% der männlichen Bevölkerung waren erwerbstätig und 31,0% der weiblichen [S.JB. BRD, 1992, S. 109].) Gleichwohl ist der indirekte Einfluß der postmodernen Transformation der Wirtschaft auf die Bevölkerung höher, da nicht nur die aktuell Erwerbstätigen betroffen sind, sondern auch die Personen, die noch in der Ausbildung sind, sowie letztlich jedermann und jede Frau in der Rolle des Konsumenten. Die postmoderne Transformation der Wirtschaft verändert die Lebenswelt der Menschen. Diesen Veränderungen versuchen Jerald Hage und Charles H. Powers (1992) nachzuspüren. Hage und Powers analysieren, welchen einschneidenden Einfluß das Wissen und die Technologie in der postindustriellen Gesellschaft auf die sozialen Beziehungen und auf die Beschaffenheit des sozialen Selbst haben. Die Quintessenz ihrer Analysen geht dahin, daß die postindustrielle Wirtschaft mit ihren komplexeren, flexibleren und dezentraleren Strukturen und Funktionen von den Menschen auch ein flexibleres und komplexeres Selbst verlangt. Hage und Powers arbeiten mit dem theoretischen Instrumentarium der Rollentheorie. Gegenüber der etwas altmodisch gewordenen und stagnierenden Rollentheorie klassischer Prägung stellen die Ausführungen von Hage und Powers eine theoretisch inno-

vative und anregende Fortführung dar, die vor allem auch dem veränderten gesellschaftlichen Kontext am Ende des 20. Jahrhunderts
gerecht zu werden versucht.

Hage und Powers führen aus, daß sich die soziale Organisation der
Gesellschaft vor allem aufgrund der Wissens- und Technologieent-
wicklung und aufgrund gestiegener Bildungsniveaus und Forschungs-
ausgaben maßgeblich verändert habe. Diese Veränderung manifestiere
sich in der, wie sie es nennen, „rapiden Dekonstruktion" der industriellen Organisation sowie der herkömmlichen Familie. Aus der
Sicht der Autoren bestehen aber die kritischsten Veränderungen in der
Dekonstruktion sozialer Rollen und Rollensätze (Hage & Powers,
1992, S. 205-7). Hochgradig routinisierte und nur wenige Fähig- und
Fertigkeiten voraussetzende Rollenmuster seien im Verschwinden
begriffen, aus der Zerschlagung herkömmlicher Rollenmuster gingen
komplexere Rekombinationen hervor. Hage und Powers wenden sich
gegen die Vorstellung, daß unterschiedliche Rollenanforderungen in
einer sozialen Identität zusammengefaßt werden müßten. Sie verab-
schieden die Vorstellung eines zentralen Selbst und entwickeln statt
dessen den Gedanken, daß der Bereich des Selbst, den man als Kern-
bereich ansehen könnte, immer komplexer wird. In der postindustriellen Gesellschaft müssen die Menschen ein flexibleres Selbst entwik-
keln, das in unterschiedlichen Situationen mit diversen Identitäten zu
operieren vermag (ähnlich auch schon Zurcher, 1977; Vester, 1984).

Über die Beschaffenheit des Selbst in der postindustriellen Gesellschaft stellen Hage und Powers (1992, S. 83) folgende Behauptungen
auf: (1) Die postindustriellen Menschen verwenden mehr Anstren-
gungen auf die Konstruktion als auf die Präsentation des Selbst. (2)
Postindustrielle Menschen bewegen sich fort von einem einzigen
Kernselbst hin zu komplexeren Identitätskonstellationen. (3) Damit
wird auch die Selbstbeurteilung weniger abhängig von einer spezifischen Sphäre, und in Folge davon wird die Selbsteinschätzung weniger problematisch. (4) Da die sozialen Identitäten permanent redefi-
niert und rekombiniert werden, wird auch die Selbsteinschätzung, die
auf der Beurteilung durch andere beruht, weniger bedeutend; diese
wird ersetzt von dem Gefühl, daß man sich in einer dynamischen
gesellschaftlichen Umwelt zu bewähren vermag, und von der Flexibilität bei der Bewältigung von Problemen.

Nach Hage und Powers ist also nicht Gehorsamkeit die erste Bür-
gerpflicht des postindustriellen oder postmodernen Menschen. Auch
die instrumentelle Rationalität der Moderne, wie sie etwa von Marx

oder Weber den gesellschaftlichen Transformationsprozessen ihrer Zeit entnommen wurde, ist nicht die Richtlinie in der Postmoderne. Weder die Perfektionierung der Arbeitsteilung noch die bürokratische Rationalität, nicht der Homo oeconomicus und schon gar nicht der Homo bureaucratus sind passende Orientierungen und Leitbilder für die Postmoderne. Diese zweckrationalistischen Menschenbilder waren in der sozialen Organisation der Familie schon immer am falschen Ort, taugen aber auch in der postmodernen Arbeits- und Wirtschaftswelt nicht mehr als Rollen- und Selbstmodelle. Die postindustrielle Organisation hat eine andere Funktionalität als die industrielle Organisation der Moderne. Die dynamischeren und flexibleren, pasticheartigen und dezentrierten, kulturalisierten, aber auch ambivalenten Organisationsformen der Postmoderne erfordern andere Menschen und Lebensweisen und tragen andererseits dazu bei, eben diese hervorzubringen.

Das vorgetragene Argument ist funktionalistisch, doch sollte es nicht so verstanden werden, als ergäbe sich aus dem funktionalen Zusammenhang sogleich automatisch die optimale Funktionserfüllung. Die postmoderne Dynamik, die sich eben gerade auch im Bereich der Wirtschaft manifestiert, erhöht auch die Wahrscheinlichkeit des Scheiterns und Versagens, produziert sozusagen auch eine Menge Ausschuß oder Entropie. Die zur Postmoderne passenden Identitäten und Rollen müssen erst noch gefunden werden, und das Risiko ist groß, daß sie schon überholt sind, wenn man sie gefunden hat. Dieses *cultural* oder *social lag* ist im institutionellen Bereich Familie vielleicht noch klaffender und wird dort schmerzlicher erlebt als in der Organisation der Wirtschaft. In der Ökonomie ist die Generationsdauer von Produktfamilien meistens kürzer als die zwanzig bis dreißig Jahre, die man für eine biologische Generation ansetzen muß. Doch in beiden institutionellen Bereichen besteht das Risiko, daß soziale Formen und Rollenmuster entstehen, die längerfristig nicht überlebensfähig sind. „One sign of the coming post-industrial society is the appearance and subsequent failure of many new social forms. Another sign is to be found in a widespread pattern of role failures" (Hage & Powers, 1992, S. 213).

Die Moderne war immer auf Optimierung und Maximierung aus. Das gilt für die Gestaltung der privaten, familialen Lebenswelt wie für die Organisation der Arbeitswelt. Die optimale Problemlösung, die sich alternativlos aufdrängt, den „one best way", das wollte die Moderne erreichen. Die Wissenschaften, auch die Sozialwissenschaften, haben sich bei dieser Suche immer gern beteiligt. Die Suche nach der Rationalität schlug dann allzu oft in irrationale Resultate um, wenn man einmal meinte, den „one best way" gefunden zu haben. Vielleicht ist es ein Merkmal der Postmoderne, daß auch immer mehr Möglichkeiten des Scheiterns entstehen, daß die Wahrscheinlichkeit, die optimale Problemlösung zu verfehlen, immer größer wird und die Chancen für große Würfe und geniale Treffer kleiner werden.

6 Familiale Formen und Beziehungen in der Postmoderne

Soziologie, Kultur- und Sozialanthropologie sind es gewohnt, Familie als einen, wenn nicht den primären Bereich sozialer Organisation zu thematisieren. Ausführungen über die moderne und — davon abgegrenzt — die traditionale Familie gehören zum festen Bestandteil soziologischer Lehrbücher, und Teile dieses soziologischen Wissens zählen zum Grundbestand des Alltagswissens. Die Soziologen haben sich vor allem dafür interessiert, was mit Familien- und Verwandtschaftssystemen geschieht, wenn Kapitalismus und Industrialisierung auf das primäre Zusammmenleben der Menschen einwirken. Die industrielle Revolution und der Kapitalismus — so die vereinfachte Standardthese — haben die sogenannte traditionale Familie verändert. Im Zuge der Moderne, die durch Industrialisierung, Kapitalismus und Urbanisierung geprägt ist, entsteht nach der Vorstellung der Soziologen auch die moderne Familie. Wenn nun aber die Moderne sich verändert und Konturen einer Postmoderne annimmt, dann ist zu fragen, ob die moderne Familie von postmodernen Familienformen abgelöst wird. Dabei deutet die Formulierung der Frage bereits an, daß auch im Bereich Familie das Bild der Postmoderne durch Pluralismus gekennzeichnet sein dürfte. Gleichgültig, ob man nun die gegenwärtigen Veränderungen der Familie bzw. familialer Formen und Beziehungen als postmodern bezeichnet oder mit einem anderen Begriff belegt — daß sich in diesem wichtigen institutionellen Bereich gravierende Veränderungen oder gar dramatische Umbrüche vollziehen, das kann man kaum abstreiten. Und was sich konkret verändert, in welchen Bahnen diese Veränderungen verlaufen und welche Auswirkungen das wieder auf andere Bereiche der Gesellschaft und auf die Individuen haben mag, das versucht dieses Kapitel zu zeigen.

Umbrüche sind immer beunruhigend, Veränderungen bringen Streß mit sich. Gerade im institutionellen Bereich Familie, wo offenbar der Wunsch nach Dauer größer ist als in anderen Institutionen, werden Veränderungen besonders streßhaft erlebt. Manche Aufregung, aber auch einige der Veränderungen familialer Formen scheinen sich in zyklischen Rhythmen zu vollziehen. Zumindest für die Situation in den USA, scheint es gravierende Ähnlichkeiten zu geben zwischen dem ausgehenden 20. Jahrhundert und dem letzten Viertel des 19.

Jahrhunderts. Damals wie heute ergaben sich aus dem rapiden sozialen und ökonomischen Wandel ernsthafte Probleme, auf die das politische System keine Antwort zu finden vermochte. Von einigen Beobachtern der Spätzeit des Viktorianismus wurde die Zeit vor hundert Jahren als ein Zeitalter der Nervosität (Gay, 1987, S. 331-354) bezeichnet. Der Konsum von Alkohol und Drogen, vor allem Kokain, stieg damals ebenso an wie eine Fitneß- und Gesundheitswelle, Meditation und Spiritualismus (Skolnick (1991, S. 180f.). Diese Phänomene werden auch in Diagnosen heutiger Gegenwart genannt, und damals wie heute gab es die Rede von Krise und Zusammenbruch der Familie.

6.1 Historischer Rückblick auf die moderne Familie

Bevor der gegenwärtige Zustand der Familie diagnostiziert wird, sei ein kurzer Rückblick auf den Übergang von der traditionalen zur modernen Familie geworfen. Wie sehen nach Meinung der Soziologen die idealtypisch traditionale und die idealtypisch moderne Familie aus? Die Unterschiede werden gerne in Gegensätzen ausgedrückt. Die moderne Familie besteht vor allem aus der Kernfamilie, weitere Verwandtschaftsbeziehungen spielen eine untergeordnete Rolle. Der eigentliche Kern ist das Ehepaar, das in monogamer Beziehung lebt. Zwischen den Ehepartnern gibt es eine Arbeitsteilung. Der Mann ist der alleinige Brotverdiener, die Frau kümmert sich um den Haushalt und die Kinder. Dem entspricht die instrumentelle und auf die Öffentlichkeit bezogene Orientierung des Mannes und die mehr auf den emotionalen und privaten Bereich spezialisierte Zuständigkeit der Frau. Damit ist die moderne Kernfamilie so etwas wie ein Puffer zwischen der Gesellschaft und dem Individuum. Sie ist eine Schutzzone gegenüber dem rauheren Klima, wie es in der Arbeits- und Wirtschaftswelt vorherrscht; sie ist ein „haven in a heartless world". Die moderne Familie ist damit der modernen Gesamtgesellschaft ideal angepaßt. Denn erstens sorgt sie für die Reproduktion der Gesellschaft, sie versorgt die Gesellschaft mit neuem Humankapital. Zweitens leistet sie die Regeneration des Humankapitals. Da sie drittens — anders als auf weitverzweigter Verwandtschaft beruhende traditionale Familienverbände — nicht umfassende soziale Verpflichtungs- und Loyalitätssysteme aufbaut, stört sie auch nicht das Funktionieren der modernen, auf Arbeitsteilung und Leistung beruhenden Gesellschaft.

Und viertens ist diese soziale Einheit aufgrund ihrer geringen Verwurzelung und Verflechtung auch relativ leicht zu verpflanzen, räumlich und sozial. Das heißt, räumliche Mobilität ist der modernen Kleinfamilie eher zumutbar und fällt ihr leichter als der traditionalen Familie. Der soziale Aufstieg wird nicht durch räumliche Festlegungen und Rangverhältnisse eingeschränkt, wie sie sich aus Abhängigkeiten von größeren Familienverbänden ergeben würden.

Die traditionale oder vorindustrielle Familie wird meistens in Kontrast zur modernen Familie dargestellt, wobei das Kontrastbild mal in hellen, mal in dunklen Farben gemalt wird. Die traditionale Familie ist meistens das, was die moderne Familie nicht ist und umgekehrt. Die traditionale Familie erscheint als umfangreicheres familiales Gefüge, sowohl was die Zahl der Personen wie der Generationen betrifft. Die Arbeitsteilung ist nicht so weit entwickelt wie in der modernen Familie, weder zwischen Mann und Frau, noch zwischen Eltern und Kindern. Überhaupt gibt es Kindheit und Jugend gar nicht in dem Sinne eigenständiger, besonderer Lebensphasen. Kindheit und Jugend mußten in der Moderne sozusagen erst erfunden werden (Ariès, 1977; Roth, 1983; Trotha, 1982). Die Wahlmöglichkeiten in der traditionalen Familie sind gering: Heiratspartner, beruflicher Werdegang und Lebensort entziehen sich weitgehend der Entscheidung des oder der einzelnen; sie sind vorgegeben oder werden für ihn/ sie arrangiert.

Der Übergang von der traditionalen zur modernen Familie ist historisch nicht leicht zu lokalisieren. Man darf da Idealtypus und historische Wirklichkeit nicht verwechseln. In der Realität kommen bekanntlich nie Idealtyen vor, sondern immer Formen, die von der idealtypischen Überhöhung abweichen. So stellt sich dann auch die Unterscheidung traditionale oder vorindustrielle Familie dort und moderne Familie hier als übermäßig vereinfacht heraus. Weder gibt es die sauberen historischen Schnittstellen, an denen die traditionale von der modernen Familie abgelöst wird, noch ist der Geltungsbereich des einen oder des anderen Typus mit den Grenzen nationaler Gesellschaften gleichzusetzen. Oft beeinflußt auch ein Ideal oder eine Ideologie, also eine Vorstellung, wie es sein sollte, die Beschreibung der Realität. So ist der Begriff der modernen Familie von einem viktorianischen Ideal geprägt: die Familie als perfekte Glückseligkeit, Abspaltung des Privaten, Keimzelle der Gesellschaft; oder — wie es der Viktorianer ausdrückt — „my home is my castle". Dieses Ideal ist im wesentlichen eine Sache der englischen und nordamerikanischen

Mittelschichten des 19. Jahrhunderts. Vorläufer fand dieses Ideal schon bei den holländischen Kaufmannsfamilien des 17. Jahrhunderts sowie in den englischen Oberschichten des 18. Jahrhunderts (Skolnick, 1991, S. 23; Stone, 1977).

Der Umbruch von der traditionalen zur modernen Familie hat sich so vollzogen, daß innerhalb einer Gesellschaft und erst recht zwischen den Gesellschaften verschiedene Formen gleichzeitig existieren. So beschreibt etwa Braudel (1989/1990), wie in Frankreich auf dem Lande noch zu Beginn dieses Jahrhunderts sehr traditionale Lebensformen und -weisen anzutreffen waren, gleichsam völlig unberührt von der andernorts, vor allem in Paris, eingezogenen Moderne. Ähnliches wird man für einige ländliche Regionen Deutschlands oder der Vereinigten Staaten bis weit ins 20. Jahrhundert hinein feststellen können, erst recht für die Länder an der Peripherie Europas, von zahlreichen nicht-europäischen Gesellschaften gar nicht zu reden. In Afrika, Asien und Teilen Lateinamerikas trifft man noch heute traditionale *und* moderne Familientypen nebeneinander an, zum Teil in friedlicher Koexistenz. Dort ist es durchaus denkbar, daß ein junger Mann sogar in beiden Familientypen zu Hause ist. Ein Beispiel wäre der Fernfahrer, der in der Großstadt Vorstand einer modernen Kleinfamilie ist, aber in dem Dorf, aus dem er herkommt und in das er immer wieder zurückkehrt, Mitglied in einem traditionalen Familienverband ist. Es ist also durchaus möglich — zumindest im globalen Maßstab —, daß traditionale und moderne Familienformen parallel koexistieren und daß zugleich die moderne Familie schon von postmodernen familialen Strukturen abgelöst wird, die mit der idealtypischen modernen Familie nicht mehr viel gemeinsam haben, in manchen Punkten vielleicht auch an vormoderne Familienformen erinnern.

6.2 Von der modernen Familie zu postmodernen Familienformen

Immer wenn man Veränderungen der familialen Beziehungen und Verhältnisse feststellt — Veränderungen von der traditionalen zur modernen oder von der modernen zur postmodernen Familie —, sollte man zwei Fehler vermeiden, die offensichtlich immer wieder gemacht werden: moralische Panikmache angesichts der Gegenwart und nostalgische Verklärung der Vergangenheit. Familie ist nicht der sichere Hafen angesichts der rauhen Stürme, die draußen in der Gesellschaft toben. Höchstwahrscheinlich ist sie das niemals gewesen. Und schon gar nicht ist die Familie ein unveränderliches Paradies. Die Transformation der Familie ist nichts Neues, nichts Ungewöhnliches. In dem Maße, wie sich Gesellschaft und Kultur insgesamt ändern, verändert sich auch die Familie. Familiale Beziehungen reagieren auf die eine oder andere Weise auf die gesellschaftlichen und kulturellen Transformationen. Der soziale und kulturelle Wandel im Zeichen der Postmoderne wird kaum vor den Toren des Familienheims haltmachen.

Die historische Entwicklung der Familie in den USA hat Arlene Skolnick (1991) nachgezeichnet. Skolnick (1991, S. 11) hebt drei strukturelle Veränderungen hervor, die den gegenwärtigen Umbruch der Institution Familie maßgeblich beeinflußt haben: erstens die Entwicklung in Richtung auf eine postindustrielle Informations- und Dienstleistungswirtschaft; zweitens die demographische Revolution (längere Lebenserwartung, dadurch Veränderungen des Familienlebenszyklus, neue Lebensphasen); und drittens, vielleicht am interessantesten, aber auch am schwierigsten zu belegen, die *psychological gentrification* („which involves an introspective approach to experience, a greater sense of one's own individuality and subjectivity, a concern with self-fulfillment and self-development. This is the change misdiagnosed as narcissism" [Skolnick, 1991, S. 11]).

Die *psychological gentrification*, die neue Sensibilität und Emotionalisierung, die sich in den sechziger und siebziger Jahren feststellen ließ, bringt paradoxerweise neue Belastungen der intimen Beziehungen mit sich. In den späten siebziger Jahren ist eine breite und populäre Literatur entstanden, die narzißtische Tendenzen diagnostizierte (Döpp, 1979; Lasch, 1979). Zum neuen Sozialisationstyp wurde Narziß hochstilisiert, diese auf sich selbst bezogene Figur mit ambivalentem Selbstwertgefühl, sensiblen Antennen, was das eigene Selbst betrifft, und einer asozialen Haltung gegenüber den anderen. Mit dieser Diagnose, die heute schon wieder aus der Mode gekommen ist, setzt sich Skolnick kritisch auseinander und stellt fest, daß es keinen Beweis dafür gebe, daß die Amerikaner eine Nation von Narzißten geworden seien. Narzißmus und *psychological gentrification* ist also nicht das gleiche.

Im Vergleich zu den Narzißmusdiagnosen der späten siebziger Jahre liefert der soziologische Bestseller aus der zweiten Hälfte der achtziger Jahre *Habits of the Heart* von Robert N. Bellah, Richard Madsen, William M. Sullivan, Ann Swidler und Stephen M. Tipton ein differenzierteres und zugleich ambivalenteres Bild. Dort werden zwar auch starke Tendenzen zum Individualismus diagnostiziert, doch diese gehen nicht in Richtung auf eine Selbstzentrierung unter Ausschluß gemeinschaftlicher Assoziationen. Die Familie als primärer Ort von Gemeinschaft habe für die Amerikaner sogar an Bedeutung gewonnen, allerdings sei die Institution Familie zugleich fragiler geworden (Bellah et al., 1986, S. 110). Die entscheidende Veränderung, auf die Bellah et al. hinweisen, besteht darin, daß Ehe und Familie Optionen geworden sind und nicht mehr Notwendigkeiten darstellen. Da die Beziehungen optionalen Charakter haben, werden sie auch affektiver. So vor allem auch die Beziehungen zwischen Enkeln und Großeltern (Wolfe, 1989, S. 59; Kornhaber, 1985; Cherlin & Furstenberg, 1986).

Mit der stärkeren Betonung des optionalen Charakters der Familie kann auch die Toleranz gegenüber solchen familialen Formen zunehmen, die früher als abweichend, krankhaft oder neurotisch angesehen worden wären. Dieses „Früher" bezieht sich nicht auf vormoderne Zeiten, sondern auf die fünfziger Jahre, in denen das, was die Soziologen als moderne Familie beschrieben haben, noch unbezweifelbare Norm darstellte. Auch die sechziger Jahre muß man wohl noch größtenteils dieser Phase der Moderne und der modernen Familie zurechnen. Gegenüber diesen noch modernen Zeiten ist nun in der Postmoderne der Toleranzraum für die familialen Varianten ausgeweitet. Weitere Optionen des Zusammenlebens sind nicht nur möglich geworden, sondern auch legalisiert.

Größere Freiheitsräume haben sich in den sexuellen Verhaltensweisen eröffnet. Sowohl in Nordamerika als auch in Europa ist in den letzten zwanzig bis dreißig Jahren die Akzeptanz für vorehelichen Geschlechtsverkehr und für Ehen ohne Trauschein gestiegen. In den USA gab es Ende der sechziger Jahre etwa 500.000 zusammenlebende unverheiratete Paare, Mitte der 80er Jahre waren es schon über 2 Millionen (Reiss, 1990, S. 90). Während der sogenannten sexuellen Revolution der siebziger Jahre hat sich der Anteil der Frauen, die vorehelichen Geschlechtsverkehr haben, von der 50%-Marke, die schon in der sexuellen Revolution der zwanziger Jahre erreicht worden war, auf 80% erhöht. Die entsprechende Zahl betrug für die Männer schon in den zwanziger Jahren 80% und erhöhte sich dann in den siebziger Jahren auf über 90% (Reiss, 1990, S. 90). In den USA fällt der Wandel besonders deutlich auch in den Einstellungen zur Sexualität aus, was sicher auch mit der historischen Bedeutung von Puritanismus und Bigotterie zu tun hat. Einer landesweiten Studie zufolge akzeptierten 1963 nur 20% der Amerikaner vorehelichen Geschlechtsverkehr, 1975 doch immerhin 70% (Reiss, 1990, S. 91). Im Zuge der „sexuellen Revolution" — über die Angemessenheit dieses Begriffs kann man sicher streiten — hat sich auf jeden Fall das Spektrum akzeptierter sexueller Beziehungen und familialer Formen erweitert. Die Akzeptanz vorehelicher und eheähnlicher Beziehungen ist gestiegen. Und auch außereheliche Beziehungen, die vielleicht gar nicht häufiger, sondern nur weniger heimlich sind als früher, stoßen auf bedingte Toleranz (Lawson, 1988). Auf etwas unsicherem Boden steht hingegen die Toleranz gegenüber Homosexualität, und gerade in diesem Fall mögen abgefragte Einstellungen ein zu vordergründiger Indikator sein. Erstaunlich und erschreckend genug ist der hohe Prozentsatz derer, die sich amerikanischen Umfragen zufolge dahingehend äußerten, daß homosexuelle Beziehungen zwischen zwei Erwachsenen immer falsch seien, ein Prozentsatz der zwischen 1973 (74%) und 1988 (77%) nie unter die 70%-Marke gesunken ist.

Vergleicht man die Verhaltensstandards und moralischen Maßstäbe, die heute für Sexualität gelten, mit denen der fünfziger und frühen sechziger Jahre, also jener Zeit der noch bestehenden Dominanz des modernen Familienmusters, dann kann man insgesamt von einer Tendenz zu mehr Toleranz und zu mehr Pluralismus sprechen — auch wenn in den achtziger Jahren im Zuge von Übersättigung und eines neuen Konservativismus sowie im Zeichen von AIDS einige Schwankungen und Rückschläge zu verzeichnen sind. Auf jeden Fall ist das optionale Spektrum sexuellen Verhaltens und das Feld der möglichen familialen Lebensformen, zwischen denen man/frau wählen kann, größer und auch transparenter geworden. Selbst die Optionen, sich zu trennen oder von vornherein allein zu bleiben, stoßen auf Verständnis. Diese Tendenzen zu mehr Toleranz lassen sich nicht nur in Verhaltensweisen und Meinungen erkennen, sondern haben sich auch in Gesetzesänderungen niedergeschlagen.

Die postmoderne Tendenz, daß sich das Bild der Familie in eine bunte Collage verschiedener Formen verwandelt, läßt sich schlagwortartig mit Akronymen benennen. Von den *dinkies* (double income no kids) ist die Rede; und weshalb sollte man nicht die *GAGLS* (Geschiedene, Alleinlebende, Getrenntlebende, Ledige, Senioren) als neue Zielgruppenkoalition identifizieren? Aber auch in den nüchternen Zahlen der Satistik läßt sich der Pastichecharakter der Familie in der Postmoderne erkennen. Eine Momentaufnahme der personellen Zusammensetzung der deutschen Privathaushalte (*Tabelle 4*) zeigt, daß die klassische Familie — Vater, Mutter und zwei Kinder unter einem Dach — eine vergleichsweise seltene Familienform darstellt (11,8% aller Haushalte).

Tabelle 4: Häufigste Typen deutscher Privathaushalte
früheres Bundesgebiet, 1990
(nach Angaben aus S.JB.BRD, 1992, S. 69)

1 Person	9.849.000
2 Personen ohne Kinder	7.468.000
3 Personen, davon ein Kind	4.161.000
4 Personen, davon 2 Kinder	3.334.000
Privathaushalte insgesamt	28.175.000

In der Bundesrepublik Deutschland hat von 1950 bis 1990 der Anteil der Einpersonenhaushalte an den Haushalten insgesamt immerhin von gut 19% auf satte 35% zugenommen (*Tabelle 5*). Ein gutes Drittel aller Privathaushalte in Deutschland sind also heute Einpersonenhaushalte (35% in den alten Ländern, 28,5% in den neuen). Mehr Einpersonenhaushalte gibt es — prozentual gesehen — nur in Norwegen (40,7% anno 1982) und in Schweden (36,1% im Jahr 1985). Deutlich geringer ist der Anteil der Einpersonenhaushalte in den USA (1989: 24,5%) und in Japan (1990: 21,0%) (S.JB.A, 1992, S. 232). Dieser Entwicklung entsprechend hat natürlich auch die durchschnittliche Personenzahl pro Haushalt abgenommen, die im Jahr 1950 in der Bundesrepublik 2,99 betrug, 1990 in Gesamtdeutschland 2,28 — im früheren Bundesgebiet 2,25 und im Gebiet der ehemaligen DDR 2,40 (S.JB.BRD, 1992, S. 69).

In den Medien ist eine Zeitlang sehr viel vom Trend zum Single-Leben und von der Single-Kultur die Rede gewesen. Damit wurde dann oft ein lockerer und unbeschwerter Lebensstil assoziiert, sozusagen der *swinging single*. Es wäre aber falsch, anzunehmen, daß die Zahl der Einpersonenhaushalte auf bewußt wahrgenommenen Entscheidungen für das Alleinleben und gegen die Familie beruht. Der nächste Fallstrick wäre dann, den Single zum postmodernen Trendsetter schlechthin hochzustilisieren. Es lohnt sich daher, die Einpersonenhaushalte einer genaueren statistischen Betrachtung zu unterziehen (*Tabelle 6*).

Tabelle 5: Entwicklung der Mehr- und Einpersonenhaushalte in der BRD 1950-1990 (früheres Bundesgebiet)
(nach Angaben aus S.JB.BRD, 1992, S. 69)

Jahr	Privathaushalte mit 2 und mehr Personen	1 Person	
1950	13.421.000	3.229.000	(19,39% aller Privathaushalte)
1961	15.450.000	4.010.000	(20,60%)
1970	16.463.000	5.527.000	(25,13%)
1990	18.326.000	9.849.000	(34,95%)

Tabelle 6: Einpersonenhaushalte in der BRD 1990
(früheres Bundesgebiet)
(nach Angaben aus S.JB.BRD, 1992, S. 69)

Insgesamt	Ledig	Verwitwet	Geschieden	Verheiratet, aber getrennt lebend
9.849.000	4.361.000	3.729.000	1.250.000	509.000
100%	44,27%	37,85%	12,69%	5,16%

Drei Viertel der beträchtlichen Zahl alleinlebender Lediger sind unter 45 Jahre alt. Etwas mehr als die Hälfte (2.200.000) aller alleinlebender Lediger befinden sich im Alter zwischen 25 und 45 Jahren, also im besten Heiratsalter. Aus diesen Zahlen läßt sich nichts über die Motive für das Alleinbleiben ableiten. Auf jeden Fall kommt aber klar zum Ausdruck, daß es sich beim Alleinleben um eine Alternative zu jeder familialen Alternative handelt — ob freiwillig oder unfreiwillig, ob endgültig oder schließlich doch in eine andere Lebensform mündend, sei dahingestellt. Daß Heiraten nicht mehr die unbedingte Norm darstellt, wie das für den Idealtypus der modernen (nicht aber für den der vormodernen) Familie Voraussetzung war, darauf deuten allerdings auch andere Indikatoren hin (*Tabelle 7*).

Tabelle 7: Eheschließung und durchschnittliches Heiratsalter in der Bundesrepublik Deutschland 1950-1990
(nach Angaben aus S.JB.BRD, 1992, S. 75-77)

Jahr	Eheschließungen je 1.000 Einwohner		Durchschnittl. Heiratsalter bislang Lediger in Jahren			
	Alte Länder	Neue Länder	Alte Länder		Neue Länder	
			Männer	Frauen	Männer	Frauen
1950	10,7	11,7	28,1	25,4	.....	.....
1960	9,4	9,7	25,9	23,7	23,9	22,5
1970	7,3	7,7	25,6	23,0	24,0	21,9
1980	5,9	8,0	26,1	23,4	23,4	21,3
1988	6,5	8,2	.....	.....	.....	.....
1989	6,4	7,9	28,2	25,7	25,3	23,2
1990	6,6	6,3	28,4	25,9	.....	.....

Betrachtet man die Personen, die schließlich doch die eine oder andere Form der Familie gegründet haben, so zeigt sich auch hier ein bunteres Bild, als dasjenige, das man in den klassischen soziologischen Ausführungen über die Familie in der Moderne geliefert bekommt. *Tabelle 8* vermittelt einen Eindruck von der quantitativen Verteilung diverser Familienformen in Deutschland.

Bemerkenswert ist, daß die Zahl der — gemessen am Ideal der modernen Familie — „rudimentären" Familien mittlerweile beträchtlich ist. Die Zahl der Kinder, die mit nur einem Elternteil zusammenleben, betrug 1990 in Westdeutschland 2.478.000 (15% aller Kinder) bzw. 1.275.000 Kinder im Alter bis 18 Jahre (nach Angaben aus S.JB.BRD, 1992, S. 70). Im steigenden Trend befindet sich die Häufigkeit einer anderen Konkurrenzform zur modernen Familie, die der nichtehelichen Lebensgemeinschaften. Nach Schätzungen auf der Basis von Mikrozensus-Ergebnissen ist deren Zahl in der Bundesrepublik

Deutschland (bzw. früheres Bundesgebiet) von 137.000 im Jahr 1972 auf 963.000 im Jahr 1992 gestiegen (S.JB.BRD, 1992, S. 70). Diese Zahl ist zu relativieren, wenn man sich vergegenwärtigt, daß es nicht nur deutlich mehr in einem Einpersonenhaushalt lebende Frauen (6.126.000) gibt als Frauen, die in nichtehelichen Lebensgemeinschaften leben. Auch die Zahl der alleinstehenden Frauen mit Kindern ist noch deutlich höher als die der Frauen, die in nichtehelichen Lebensgemeinschaften leben (S.JB.BRD, 1992, S. 70).

Tabelle 8: Familientypen in der Bundesrepublik Deutschland 1990
(früheres Bundesgebiet)
(nach Angaben aus S.JB.BRD, 1992, S. 70)

Familien insgesamt	17.124.000
Ehepaare ohne Kind(er)	6.525.000
Ehepaare mit Kind(ern)	8.778.000
davon mit 1 Kind	4.147.000
" 2 Kindern	3.400.000
" 3 Kindern	934.000
" 4 und mehr Kindern	297.000
Alleinstehende Männer mit Kind(ern)	291.000
Alleinstehende Frauen mit Kind(ern)	1.532.000
— davon ledige	256.000

Worauf deutet nun das bunte Familienbild hin? Auf die Auflösung der Familie? Wohl kaum. Was aber ersichtlich wird, ist ein anderes Bild als das der modernen Familie. Die Institution Familie ist postmodernisiert; das heißt zunächst einmal, es besteht ein echter Pluralismus der Formen. Und zweitens ist dieser Pluralismus nicht das Resultat der Ausdifferenzierung aufgrund eines durchgängigen Differenzierungsprinzips. Spricht man von der Familie in der Postmoderne, dann erweist sich der Begriff *Pastiche*, eines der Leitmotive der Postmoderne, als hilfreich zur Erfassung der Phänomene, und zugleich gewinnt der Begriff an Konkretion und Anschaulichkeit. Das Bild der Institution Familie ist in der Postmoderne collagenhaft geworden, ist ein Pastiche. Und die Individuen, die sich in ihrem Lebenslauf für

Formen des Zusammenlebens mit oder ohne Trauschein, für oder gegen Kinder oder für das Alleinbleiben entscheiden, basteln sich im Laufe ihres Lebens ihr eigenes Pastiche zusammen. Der Pastichecharakter von familialen Lebensformen und von Biographien wird noch verstärkt, bzw. die individuellen Möglichkeiten werden erweitert, erstens durch den Anstieg der Lebenserwartung und zweitens indem die Lebenseinschnitte, an denen man sich für die eine oder andere Alternative entscheidet, altersmäßig und gesellschaftlich weniger starr fixiert sind.

Wenn man die Familie heute beschreiben will, ist die Standardfamilie der Moderne wohl nur noch eine blasse Erinnerung, die man nostalgisch verklären kann oder eben als Kontrastfolie heranziehen mag. Die Abhebungen von dieser Kontrastfolie, die Abweichungen vom Idealtypus der modernen Familie, sind inzwischen so signifikant geworden, daß man wohl erkennen muß, daß wir im Vergleich zur Moderne in einer anderen Zeit mit anderen typischen Familienformen leben. Diese Andersartigkeit ist so gravierend, daß man ihr mit dem Begriff ‚postmodern‘ einigermaßen gerecht wird.

Welche Ursachen und Implikationen hat nun die Postmodernisierung der Familie? Konservative Kulturkritiker sehen die Ursachen für das familiale Pastiche in übertriebenem Freiheitsdrang, ungezügeltem Individualismus und Verantwortungslosigkeit einer wohlstandsverwöhnten Gesellschaft. Trotz einem existierendem Spannungsverhältnis von Individualismus und Gemeinschaftlichkeit muß man in dem postmodernen pasticheartigen und auch ambivalenten Pluralismus des Familialen weder die Auflösung familialer Bindung sehen noch die Ausbreitung von Narzißmus und Egoismus. Das postmoderne familiale Spektrum offeriert durchaus auch Chancen. Bellah et al. (1986) sehen in der von ihnen diagnostizierten toleranteren Atmosphäre auch ein Potential für feinfühligere, aufrichtigere, intensivere und liebesbetontere Beziehungen. Wenn solche Beziehungen ermöglicht werden, ist das eine Errungenschaft, auf die eine Gesellschaft stolz sein kann. Doch impliziert diese Situation auch Ambivalenz: Die gesellschaftliche Errungenschaft droht unterminiert zu werden, da die ihr zugrundeliegende tolerante Atmosphäre zugleich auch die Beziehungen zerbrechlich und verletzlich macht. So kommen Bellah et al. (1986, S. 110) zu dem Schluß, daß die Familie heute weniger in der Lage sei, die Individuen sicher in eine stabile soziale Ordnung einzubinden, während die Chancen der Familie, aufrichtige Gefühle und faire Beziehungen zu gestatten, gewachsen seien.

Die *Ambivalenz* sozialer Beziehungen ist damit besonders drastisch. Soziale Beziehungen weisen immer eine gewisse Ambivalenz (Mehrdeutigkeit, Sinnoffenheit, Unsicherheit) auf. Aber in der Postmoderne spielen Ambivalenz und Polyvalenz eine noch größere und aktivere Rolle. Das heißt, Ambivalenz und Polyvalenz stellen nicht einen abweichenden, defizitären Zustand dar, sondern sind das, womit man normalerweise rechnen muß. In der Institution Familie zeigt sich Polyvalenz in der Weise, daß das Spektrum der Optionen und die Wahlfreiheit größer geworden sind und damit auch die Glücks- und Authentizitätserwartungen steigen, andererseits aber — nicht zuletzt auch als Folge gestiegener Erwartungen — die Erfüllung der Erwartungen und Verheißungen ungewisser ist. Den einfachsten Indikator, auf den man zurückgreifen kann, um diese prekäre Situation der Familie statistisch zu erfassen, stellen Ehescheidungszahlen dar. Ehescheidung ist allerdings nur ein Indikator unter anderen; andere Indikatoren wären diverse Formen von Gewalt in Ehe und Familie. Der Indikator Ehescheidung hat den Vorteil, daß er leicht objektivierbar und verfügbar ist (*Tabellen 9* und *10*).

Tabelle 9: Ehescheidungen in der Bundesrepublik Deutschland je 1.000 bestehende Ehen
(nach Angaben aus S.JB.BRD, 1992, S. 84)

Früheres Bundesgebiet		Ehemalige DDR bzw. neue Länder
1950	6,75	10,90
1960	3,57	......
1970	5,09	6,39
1980	6,13	10,66
1985	8,61	12,51
1989	8,46	12,28
1990	8,10	7,90 (vorläufiges Ergebnis)

Tabelle 10: Ehescheidungen im internationalen Vergleich
je 10.000 Einwohner (nach Angaben aus S.JB.A., 1992, S. 226)

	1960	1970	1980	1989
USA	21,8	34,5	52,2	46,5
Kuba	4,0	28,9	25,3	35,6
UdSSR	13,0	26,2	35,0	34,0
DDR	14,2	16,1	26,8	30,1
Finnland	8,2	13,1	19,8	29,3
Großbritannien und				
Nordirland	5,0	11,0	29,0	29,0
BRD	8,8	12,6	15,6	20,4
Frankreich	6,6	7,9	15,0	19,0
Japan	7,4	9,4	12,1	12,9
Israel	10,4	8,2	11,4	1988: 12,5
Taiwan	4,4	3,7	7,6	12,5
Griechenland	3,0	4,0	6,9	6,0
Italien	.....	1971: 3,0	2,1	5,0

Eine Komponente in der Problematik von postmodernen Beziehungen und eine — neben anderen — mögliche soziologische Erklärung für hohe Scheidungszahlen kann in der mangelnden Verfügbarkeit von brauchbaren Rollenmustern gesehen werden. In der klassischen Rollentheorie stellt ja das Rollenkonzept so etwas wie ein sicherndes Bindeglied zwischen den Personen und den gesellschaftlichen Institutionen dar. Nun kann von einer ambivalenten, vielleicht sogar paradoxen Situation der Familie in der Postmoderne gesprochen werden. Mit der neuen Sensibilität und Subjektivität, der *psychological gentrification*, entsteht folgendes Paradoxon: Zunehmende Innenschau, der Wunsch nach oder sogar schon die Verpflichtung zur Selbstentwicklung machen es zunehmend unmöglich, sich auf erlebte oder erlebbare Rollenvorbilder zu beziehen; je subjektiver und innerlicher das Selbst hergestellt wird, desto weniger erscheinen von außen kommende Rollenangebote brauchbar.

6.3 Ambivalenzen postmoderner Beziehungen und Identitäten

In der typisch modernen Familie gab es noch relativ klare Rollen und Drehbücher für das Drama der Lebensgestaltung. Bis weit in die Moderne waren noch patriarchalisch-autoritäre Rollenmuster für Ehemänner und Väter sowie korrespondierende Verhaltens- und Persönlichkeitsmodelle für Ehefrauen und Mütter selbstverständlich. In Deutschland hat sich dieses patriarchalisch-autoritäre Muster aufgrund der besonderen ideologischen und politischen Entwicklung sogar besonders lange halten können. Sogar die Aufbaugeneration im Nachkriegsdeutschland konnte sich noch an den Rollenbildern der Väter orientieren; sie hatte ja selbst noch ihre Kindheit und Jugend in der hochgradig autoritären Gesellschaft Zwischenkriegsdeutschlands verbracht. Die Orientierung an den Vätern war also für diese Generation der im ersten Jahrzehnt nach dem Ersten Weltkrieg Geborenen durchaus möglich. (Noch heute beziehen sich ja führende Vertreter der politischen Elite, die in den dreißiger Jahren geboren sind, auf die Großväter.) Die Generation, die nach dem Zweiten Weltkrieg das moderne Deutschland aufgebaut hat, konnte sich noch auf die von den Vätern und Großvätern vorexerzierten Rollenmodelle beziehen. Politisch mochten sich die Väter und Großväter zwar kompromittiert haben, doch die auf einer tieferen Ebene als der politischen wirksamen Modelle und Standards waren noch nicht revolutioniert. Und diese Rollenmodelle und Verhaltensstandards waren die der modernen Familie, nicht die der traditionalen. Erst die folgende Generation sollte dann das Aufbegehren gegen die Väter üben. Die Generation, die Ende der sechziger Jahre erwachsen wurde, konnte mit den Rollenmodellen der Väter nichts mehr anfangen. Folglich wurde von dieser Generation die moderne Familie in Frage gestellt und wurden alternative Formen des Zusammenlebens ausprobiert.

Kurioserweise suchten damals viele der sogenannten Achtundsechziger, die doch den Aufstand gegen die Väter und alles Autoritäre probten, ideologische Zuflucht ausgerechnet bei höchst autoritären Autoritäten, bei historischen wie Marx, Engels und Lenin oder bei den zeitgenössischen Helden Castro, Che Guevara, Mao Tse Tung und Ho Tchi Minh. Natürlich erwiesen sich diese legendären Vorbilder schon bald als unbrauchbare Identitäts- und Rollenmodelle. Das war allerdings ein ziemlich kurzes Intermezzo, während dessen sich eine Generation gegen die Autorität der Väter auflehnte und zugleich unter die ideologischen Fittiche von lebenden Legenden in der Ferne

145

oder von Urgroßvätern in der Geschichte schlüpfte. Nach diesen Exzessen, in denen man alles als politisch deklarierte und in denen man großzügig über den Widerspruch zwischen der Auflehung gegen die väterlichen Autoritäten und dem eigenen, oft höchst autoritären und dogmatischen Reden und Handeln leicht hinwegsah, trat man dann alsbald den Rückzug in die Innerlichkeit an. Nach der politischen Außenorientierung kam die therapeutische Innenerfahrung. Nach Gesellschaftsveränderung die Bewußtseinsveränderung.

Wenn nun in der neueren Umbruchphase der Familie die *psychological gentrification* eine Rolle spielt, dann geschieht das vor dem Hintergrund unsicher und ambivalent gewordener Rollenmodelle. Es entsteht das Dilemma, daß man einerseits psychologisch sensibler ist und sich auf der Suche nach dem eigenen Selbst bzw. dessen Verwirklichung befindet, daß andererseits aber die Vorgaben, Stützen und Modelle für die Gestaltung dieser Reise zum Selbst immer wackliger, brüchiger, wenn nicht völlig unbrauchbar geworden sind. Man kann sogar von einer doppelten Paradoxie sprechen: Nicht nur das In-sich-Hineinhorchen, um sich selbst zu finden, und die Leere, die einem bei diesem Lauschversuch entgegenschallt, stellen ein unglückliches Mißverhältnis dar. Mit diesem Mißverhältnis könnte man sich vielleicht noch arrangieren. Aber zugleich verlangen die immer komplexeren Verflechtungen der postmodernen Welt, ihre Globalisierung, und die Tatsache, daß man in der postmodernen Informationsgesellschaft potentiell allem und jedem ausgesetzt ist, auch ein komplexes und flexibles Selbst.

Komplexer, flexibler, pasticheartiger und ambivalenter gestalten sich die postmodernen familialen Verhältnisse auch insofern, als sich das für die Identität so wichtige Merkmal des Geschlechts (im Sinne von *gender* im Englischen, also der kulturellen Definition und Formung von männlicher und weiblicher Identität) als Orientierungsmaßstab verändert hat. Auf die historische und soziokulturelle Variabilität der Bedeutung der geschlechtlichen Zuordnung hat nicht zuletzt die feministische Forschung hingewiesen. Wenn man den Gedanken der sozialen und kulturellen Definition des Geschlechts konsequent zu Ende denkt, dann heißt das, daß es keine Geschlechtsidentität gibt, die jenseits kultureller Konstruktions- und Ausdrucksweisen als natürliche männliche oder weibliche Wesenhaftigkeit existiert. Die Geschlechtsidentität wird vielmehr performativ, d.h. im und durch das Verhalten konstituiert (Butler, 1990, S. 25; Benhabib, 1992, S. 214f.). In der Kultur der Postmoderne ist es nun in zwischengeschlechtlichen Beziehungen weder möglich, sich auf eine Natur jenseits von Kultur zu stützen, noch auf eine klare und eindeutige kulturelle Definition von Mann- oder Frausein zu beziehen. Die soziale Bedeutung von Mann und Frau, männlich und weiblich muß in zwischengeschlechtlichen Beziehungen erst ausgehandelt werden. Da das Bild von Mann und Frau immer weniger stereotyp wird, im Extremfall sogar ein androgynes Pastiche sein kann, sind auch die verhaltensweisenden Rollenbilder ambivalenter als das bei der Rollenverteilung der modernen Familie noch der Fall war.

Damit nehmen auch die Beziehungen zwischen Männern und Frauen pasticheartigen und polyvalenten Charakter an. In ihnen kommt es zur Mixtur verschiedener, teilweise widersprechender kultureller Vorbilder, sozialer Normen, Rollenprofile und -anforderungen. Bei der Initiierung von Beziehungen spielt zwar noch immer der Mythos der romantischen Liebe eine wichtige Rolle (Branden, 1988; Dion & Dion, 1988; Heiss, 1992; Hendrick & Hendrick, 1992; Lystra, 1989) — ein kulturelles Muster, das in der Moderne kultiviert worden ist, vielleicht als Kompensation für die Modernisierung. Liebe wird in einer säkularisierten Welt eine „Nachreligion" (Beck & Beck-Gernsheim, 1990, S. 231ff.), die im Zuge massenhaft vorhandener Glückserwartungen, Individualitätsansprüchen und Stilisierungen der Individuen nur um so trivialer zu werden droht. Aus dem kulturellen Leitbild und der individuellen Utopie, die der Mythos der Liebe verheißt, lassen sich nur schwer Verhaltensregeln ableiten, es fehlt das Anschlußprogramm für die Gestaltung der auf Liebesromantik beruhenden Beziehung. Angesichts der Polyvalenz möglicher Orientierungen erwächst das Erfordernis, an der Beziehung (und am Selbst) permanent zu arbeiten. Zugleich ist diese Investition in die Beziehungsarbeit ein Vorschußkredit, dem keine Sicherheiten und nur wenige Verbindlichkeiten gegenüberstehen. Die Rädchen des Uhrwerks Beziehung müssen geölt werden, ohne daß man weiß, wie lange die Mechanik des Uhrwerks funktionieren wird und welche Stunde der Liebe schlägt. Die Unsicherheit der geschlechtsbezogenen Rollenbilder wird auf längere Sicht durch die postmodernen Familienformen noch größer. Die zunehmende Verbreitung der vom Modell der modernen Familie abweichenden Familienformen (alleinerziehende Elternteile; Familien, in denen beide Elternteile zu Hause wenig präsent sind) führt dazu, daß Kindern und Jungendlichen nicht nur die Möglichkeit zu Kontakten mit beiden Elternteilen eingeschränkt wird, sondern ihnen auch konkrete Rollenmodelle fehlen (vgl. Furstenberg 1990;

Hettlage, 1992, S. 179-193). Als Folge hiervon werden die Rollenmuster und Selbstbilder pasticheartig aus Angeboten der *Peer Culture*
(Corsaro & Eder, 1990) und *Popkultur* zusammengesetzt. Vor dem
Hintergrund steigender Zahlen alleinerziehender Mütter könnte das
vor allem für die Söhne und Männer von morgen ein Problem werden. Fehlende Rollenmuster stellen ihrerseits einen Faktor dar, der zu
der Ambivalenz von Ehen und Familien beiträgt.

Für die postmodernen Ehe- oder Beziehungspartner, die ihre Bezie-
hungsmuster und -spielregeln sowie die sich darauf gründenden Identitäten erst aushandeln, ergibt sich ein Dilemma, das natürlich mit der
Vernetzung der Institution Familie mit anderen Institutionen zu tun
hat. Die postmodernen Familien oder Paare, die sich um egalitäre
Normen und Verhaltensmuster sowie um eine gerechtere Verteilung
von Rollen und Pflichten bemühen, sehen sich in folgender Situation:
Für die berufstätigen Frauen ergibt sich ein *overload* unklarer Rollen-
erwartungen. Wie soll frau es schaffen, liebende Ehefrau, verständnis-
volle Freundin, stimulierende Geliebte, perfekte Mutter, umsichtig bei
der Organisation des Haushalts und erfolgreich im Beruf zu sein?
Wollte frau das alles schaffen, müßte der Tag nicht 24, sondern 48
Stunden haben (Hochschild, 1989/1990). Die Paare geraten in ein
Dilemma: Die Frauen sehen sich doppelt belastet; nach der Berufs-
arbeit müssen sie zu Hause noch eine „zweite Schicht" (Hochschild,
1989/1990) einlegen. Die Männer hingegen, die im Haushalt und für
die Kinder viel mehr tun als ihre Väter oder als andere Männer, sind
ebenfalls stärker belastet. Zugleich werden ihre zusätzlichen Leistungen von ihren Frauen bzw. von frau nicht ausreichend honoriert. Das
heißt, sie leisten mehr, können immer weniger die Annehmlichkeiten
genießen, die für Männer früherer Generationen selbstverständlich
waren, und sie haben das Gefühl, nicht genügend honoriert zu werden. Die Rollen, die für die Männer gelten, werden zahlreicher und
in sich weniger eindeutig. Die positiven Sanktionen werden weniger
erwartbar. Das Selbstbild, das mit den Geschlechterrollen zusammen-
hängt, wird ambivalent. Dazu kommt noch, daß sich das Bewußtsein
der Männer nicht auf eine aktive kulturelle Bewegung stützen kann,
wie das den Frauen im Zuge der Frauenbewegung möglich ist. Das
spiegelt sich auch darin wider, daß es keine den *Women Studies* bzw.
der Frauenforschung vergleichbare Männerforschung gibt (Goldscheider & Waite, 1991, S. 206). Mit den eindeutigen Rollen gehen auch
die klaren Vorstellungen verloren, wie man sich fühlen soll und wie

man mit seinen Gefühlen umgeht. Die Gefühlswelt wird damit immer polyvalenter und komplexer.

Die moderne Welt ist natürlich auch schon komplex gewesen. Doch der moderne Mensch konnte das phänomenale Chaos der Welt noch von vergleichsweise sicheren Operationsbasen aus zu bewältigen versuchen. Die Rollen der Arbeitswelt waren noch nicht so verflüssigt, in der Sozialisation wurden noch relativ eindeutige Werte und Normen vermittelt, und vor allem war die Familie der Moderne noch eine relativ wohlgeordnete Welt. Es gab eben die moderne Standardfamilie, die zwar oft idealisiert wurde und rauhen Realitäten ausgesetzt war, die aber so etwas wie einen letzten Zufluchtsort, „a haven in a heartless world", zumindest als Utopie versprach. Damit scheint es nun in der Postmoderne auch vorbei. Es gibt nicht mehr die Standardfamilie. Utopische Glücksverheißungen sind nicht mehr auf die moderne Standardfamilie gerichtet. Mann, Frau, zwei oder drei Kinder, vielleicht ein Hund, und nach Möglichkeit ein eigenes Haus im Grünen; Mann arbeitet, Frau sorgt für Heim, Kinder und den Gatten — diese moderne Standardidylle ist in der Postmoderne eine Rarität. Erwartungen und Ansprüche auf das private Familienglück richten sich an unterschiedliche Familienformen bzw. müssen sich dort zu realisieren versuchen. Ob die Abkehr von der modernen Standardfamilie freiwillig oder unfreiwillig erfolgt, sei dahingestellt. Doch es mehren sich die Anzeichen, daß immer mehr Menschen sich solche familialen Formen und Beziehungen als zufriedenstellend, wenn nicht glücklichmachend vorstellen können, die vor dreißig Jahren noch bestenfalls als fauler Kompromiß angesehen worden wären.

Der pasticheartige Charakter postmoderner Familien zeigt sich noch in zwei weiteren Tendenzen. Die Erwähnung multikultureller Familien-Pastiches ist angesichts der Gefahr zunehmender Ausländerfeindlichkeit besonders wichtig. Ehe- und Familienpastiches gibt es durch kulturelle Mischehen. In der (früheren) Bundesrepublik Deutschland haben 1990 immerhin 9,6% aller Eheschließungen Deutsche mit Partnern anderer Nationalität zusammengebracht, bei einem Ausländeranteil der Bevölkerung in Deutschland von 8,2% (S.JB.BRD, 1992, S. 71, 75). Pasticheartig ist die Familie in der Postmoderne noch in einem weiteren Sinne. Die familialen Karrieren, also die Gestaltung des Lebenslaufes, die privaten Drehbücher, die Einschnitte, an denen man etwas ändert, sind vielfältiger und flexibler geworden. Hinsichtlich der Möglichkeiten, in der einen oder anderen Familienform zu leben, wird es immer unklarer, was überhaupt als normal anzusehen ist. Historisch betrachtet mag sich hier eine eher zyklische als lineare Entwicklung vollzogen haben. Die Moderne hatte die Familien und den Familienzyklus standardisiert. Das Aufbrechen dieser Standards in der Postmoderne erinnert an vor- und frühmoderne Formen.

Vor 1900 durchliefen in den USA nur 40% der weiblichen Bevölkerung den „normalen" Lebenszyklus, d.h. die sukzessiven Phasen Verlassen des Elternhauses, Heirat, Großziehen der Kinder, Leben mit dem Ehepartner bis zur Trennung durch den Tod (durchschnittlich im Alter der Frau von 50 Jahren). Die übrigen Mädchen und Frauen, also ca. 60% der weiblichen Bevölkerung, kamen entweder nie ins heiratsfähige Alter, blieben ledig oder starben, bevor sie Kinder bekamen oder bevor die Kinder groß waren; oder sie waren schon Witwen, bevor sie das Alter von 50 Jahren erreicht hatten (Skolnick, 1991, S. 166; Uhlenberg, 1980). Abweichungen von der Normalität waren also gar nicht unnormal. Ähnliches geschieht dann wieder in der Postmoderne, natürlich mit dem gegenüber der Vormoderne wichtigen Unterschied, daß diese Abweichungen nicht durch biologische und soziale Tatbestände erzwungen werden, sondern in verstärktem Maße durch individuelle Entscheidung zustandekommen.

In dem pasticheartigen Charakter der postmodernen Familie sollte man keineswegs nur einen anti-institutionellen Individualismus am Werke sehen. Dieser Individualismus ist keineswegs gegen die Gesellschaft und ihre Institutionen gerichtet, wie konservative Kulturkritiker oft unterstellen. Im Gegenteil, man kann in den im Vergleich zur modernen Nuklearfamilie fragmentarischen Familienbild, in der Kernspaltung des Kraftwerks Familie, sogar eine Transformation der Familie sehen, die auf Veränderungen des ökonomischen Systems reagiert und für die Entwicklung der Wirtschaft von Nutzen ist. Auch in der Postmoderne ist die Familie Produktions- und Reproduktionseinheit. Die zunehmende Bereitstellung der Arbeitskraft von Frauen — nicht nur im privaten Haushalt, sondern auch auf den Erwerbsarbeitsmärkten — geht nicht allein auf Emanzipations- und Selbstverwirklichungswünsche zurück. Viele Frauen sind nicht zuletzt aus ökonomischer Notwendigkeit auf die Einbeziehung in die Arbeitsmärkte angewiesen; alleinstehende Frauen allemal, aber auch Ehefrauen, deren Einkommen zum Haushaltsgesamteinkommen und damit zur Sicherung eines bestimmten Lebensstandards beiträgt. Auch die Wirtschaft ist auf dieses Arbeitskräftepotential angewiesen. Würden die Frauen zu Hause bleiben, wäre die Wirtschaft gleich doppelt getroffen. Erstens würde ein wichtiges Arbeitskräftepotential fehlen, das sich mittlerweile nicht nur aus wenig qualifizierten Arbeitnehmerinnen zusammensetzt, sondern auch aus hochgradig qualifizierten, spezialisierten und professionalisierten Kräften. Zweitens würde aber auch durch den Einkommensausfall in den privaten Haushalten die Nachfrage nach Konsumgütern und Dienstleistungen zurückgehen. So gesehen ist übrigens auch die Fragmentierung der Familien und der Haushalte in kleinere Einheiten für die Wirtschaft ein Segen. Wenn sich die Zahl der Privathaushalte infolge der Entwicklung hin zu den GAGLS erhöht, dann wirkt sich das auch belebend auf die Nachfrage nach Konsumgütern und Haushaltsartikeln aus; dann braucht man mehr Autos, Fernseher, Videorekorder, Radios, Waschmaschinen, Küchengeräte, Staubsauger etc.

Die Familie ist Produktions- und Reproduktionseinheit, Ort der Regeneration und des Konsums. In der Postmoderne ist die Familie weniger denn je ein Ort der privaten Abgeschiedenheit. Als soziale Einheit ist die Familie mit anderen Institutionen der Gesellschaft vernetzt. Die Transformationen, die die Familie in der Postmoderne erfährt, tangieren daher auch andere Institutionen. Andererseits bleiben die postmodernen Veränderungen dieser Institutionen nicht ohne Konsequenz für die Familie. Die Transformation der Familie läßt sich nicht allein aus veränderten Werthaltungen und Präferenzen der Individuen erklären, sondern ist im inter-institutionellen Kontext zu sehen. Die Verbindungen zwischen gesellschaftlichen Institutionen, z.B. zwischen Familie und Wirtschaft, unterliegen langfristigen Wandlungsprozessen. Diese nur auf eine Konzeption von Moderne zu beziehen, die zudem idealtypisch überzeichnet und historisch wenig differenziert ist, wäre eine theoretische wie empirische Engführung.

Den Menschen in der Postmoderne stellt sich die ambivalente Situation, zwischen den inter-institutionellen Verflechtungen und den Geweben der Individualisierung, mit all ihren Fallstricken und Auffangnetzen, pasticheartige Beziehungen und Identitäten — „Patchwork-Identitäten" (Keupp, 1992, S. 176) — zu entwickeln. Dieser Drahtseilakt kann mit Bravour kultiviert werden, beinhaltet aber auch Absturzrisiken. Doch die postmoderne Kultur und Gesellschaft ist nicht bodenlos, sie hat sogar doppelte Böden und elastische Sicherheitsnetze. Vielleicht symbolisiert der Bungee-Springer, der das kalkulierte Risiko sucht und sich am elastischen Gummiband befestigt in die Tiefe stürzt, einen Zug nervenkitzelnder Flucht- und Suchbewegungen der Postmoderne.

7 Postmoderne Architektur und Urbanität

Der Diskurs über die Postmoderne sollte sich nicht in einer abgehobenen philosophischen Diskussion erschöpfen. Bodenhaftung ist gefragt, und diese kann durch den Blick auf postmoderne Architektur und Urbanität hergestellt werden. Architektur errichtet zwar manchmal auch Luftschlösser, doch die Realisierung von architektonischen Plänen bleibt notwendigerweise dem Boden verhaftet. Architektur und ihre Folgen sind immer konkret und sinnlich erfahrbar. Die Architektur stellt auch einen Bereich dar, in dem schon früh — beginnend in den sechziger Jahren — von der Postmoderne die Rede war. Für viele ist ja Postmoderne gleichbedeutend mit Architektur, was — wie dieses Buch zu zeigen versucht — natürlich falsch ist. Auf jeden Fall aber ist die Architektur ein wichtiger und vor allem anschaulicher Objektbereich, anhand dessen Merkmale des Postmodernen herausgearbeitet werden können. Im folgenden wird es nicht allein um die Architektur im engeren Sinne gehen, also nicht nur um postmoderne Bauwerke. Darüber hinaus sollen räumliche, zeitliche und soziale Kontexte der postmodernen Bauwerke thematisiert werden, genauer, die postmoderne urbane Umwelt. Die Debatte über die postmoderne Stadt, Stadtlandschaft oder Urbanität hat den Vorteil, daß sie realitätsnah ist, daß man die Argumente sozusagen veranschaulichen kann. Nicht erst in der Postmoderne hat die Stadt die Soziologen und Sozialhistoriker interessiert, eben weil sie ein Brennpunkt sozialer Beziehungen ist, einen Ort der Verräumlichung sozialer Prozesse darstellt. Die Stadt ist Brennpunkt von Sozialität und Raum, von Wissen und Macht (vgl. Soja, 1989, S. 235). Folglich ist zu erwarten, daß Formen und Prozesse, die für die Postmoderne typisch sind, sich auch in diesem Fokus — wie durch ein Brennglas betrachtet — erkennen lassen. Doch ehe die postmoderne Urbanität im Mittelpunkt steht, ist zu klären, was unter postmoderner Architektur zu verstehen ist (vgl. McLeod, 1985).

7.1 Von der modernen zur postmodernen Architektur

Ähnlich wie in anderen Bereichen, wo sich Postmodernität zeigt, ist es auch bei der postmodernen Architektur klarer und einfacher festzuhalten, was sie nicht ist, nicht sein will und wogegen sie sich richtet. Die negative, abgrenzende Definition fällt allemal leichter als die positive Bestimmung. Postmoderne Architektur ist zum Teil eine Negation der modernen Architektur. Sie hat einen antimodernistischen Zug, das heißt aber auch, daß sie ohne die moderne Architektur — und vor allem deren Auswüchse — nicht zu verstehen ist und wohl auch nicht entstanden wäre. Und so kann man auch hier wieder — wie beim Verhältnis Moderne und Postmoderne insgesamt — streiten, inwiefern sich die Postmodernität als echte Negation der Modernität präsentiert oder ob sie in gewisser Weise nicht auch manches Moderne, wenn auch stark modifiziert, fortführt. Einmal mehr stellt sich die scholastische Frage, ob Postmodernität die Antithese zur Modernität ist oder ob Postmodernität schon eine Synthese von Modernität und Antimodernität darstellt.

Betrachten wir zunächst die „These", also die moderne Architektur, die natürlich nicht eine einfache Aussage darstellt, sondern ein Paradigma im Sinne von Thomas S. Kuhn (1962), d.h. ein Muster von Fragestellungen, Sichtweisen, Methoden, Problemlösungen sowie eine Gruppe von Menschen, die an der Ausarbeitung dieses Musters arbeiten. Die moderne Architektur wurde propagiert und repräsentiert von Ludwig Mies van der Rohe, Walter Gropius, Le Corbusier, Hannes Meyer, Ludwig Hilberseimer und dann vor allem von großen amerikanischen Architekturbüros. Diese modernen Architekten hatten ein Paradigma entworfen mit einer weltanschaulich-ideologischen Programmatik. Die Form des modernen Bauwerks sollte der Funktion folgen, das heißt, für Fassadenkunst, Ornament, Schmuck und Schnörkel war kein Platz. Moderne Architektur sollte rational sein im Sinne nicht nur formaler Klarheit und Transparenz, sondern auch im Sinne ökonomischer und sozialer Zweckmäßigkeit. Nicht schmuckvoll und repräsentativ, sondern an Zwecken wie Arbeiten, Wohnen und Erholen sollten die Bauwerke orientiert sein und schließlich sollten sie auch wirtschaftlich, d.h. vor allem bezahlbar sein.

Der Modernismus vertrat die Vorstellung, daß diese Rationalität zusammen mit technischer Innovationsfreude eine kosmopolitische Ästhetik hervorbrächte, die zugleich eine soziale Lösung sein sollte, eine Antwort auf soziale Probleme. Diese Vorstellung ist eine universalistische Meta-Narration. Das Pathos des Modernismus, das in der rhetorischen Beschwörung von Rationalismus, Funktionalismus, Universalismus und Eindeutigkeit besteht, wird in Äußerungen der modernen Architekten deutlich. Le Corbusier (1927) schwärmt von den „großen, ursprünglichen Formen", die „bestimmt und ohne alle Vieldeutigkeit" sein sollen (zitiert nach Venturi, 1988, S. 81). Und der berühmte amerikanische Architekt Frank Lloyd Wright schrieb: „Visionen einer Einfachheit, so tief und universell, traten vor mein Auge, und eine solche Harmonie des Bauens enthüllt sich mir..., daß daraufhin Denken und Kultur der modernen Welt sich würden ändern, vertiefen müssen. Dies war meine Überzeugung" (zitiert nach Venturi, 1988, S. 81).

In der Tat sollte sich die gebaute Welt ändern, doch die Visionen der tiefen, universellen Einfachheit realisierten sich in Form von Vereinheitlichung und Stupidität. In der Praxis hat das modernistische Programm zur Massenproduktion geführt mit ästhetisch wie auch sozial fragwürdigen Resultaten. In den modernen Schuhkartonbauten und Wohnsilos kann man die Verirrung des modernen Paradigmas sehen, aber genaugenommen handelt es sich gar nicht so sehr um Verirrungen als um die konsequente Erfüllung des Programms. Denn wenn funktionale und ökonomische Rationalität die Leitideen darstellen, wenn zweckmäßig und kostengünstig produziert bzw. gebaut werden soll, dann muß das zwangsläufig in Massenproduktion münden. Die moderne Architektur, die von ihren frühen Vertretern (z.B. den Bauhaus-Architekten) einmal als avantgardistisches Programm konzipiert worden war, wurde schließlich nach dem Vorbild des Fordismus hergestelltes Massenprodukt, wurde 08/15-Ware. So gerieten dann etwa ab den frühen sechziger Jahren der Funktionalismus und technisch-ökonomische Determinismus einerseits und das Bedürfnis der Architektur und Architekten, Neues zu schafffen, das Bauen auch mit Ausdruck zu versehen, andererseits in Konflikt miteinander. Auf den Konflikt folgte die Gegenbewegung.

In Robert Venturis 1966 zuerst veröffentlichtem Manifest *Complexity and Contradiction in Architecture* kommt die Gegenbewegung zum Ausdruck. Venturi macht sich dort stark für eine reichhaltige, vielfältige, komplexe, auch mehrdeutige Architektur (McLeod, 1985, S. 29). Venturi grenzt sich dort allerdings auch gegen die — wie er es nennt — Flucht ins Pittoreske und in die Ornamentalik ab. Deutlicher noch ist die Kritik an der modernen Architektur, wie sie Charles Jencks (1980/1988) geübt hat. Er wirft dem Modernismus vor, elitär

gewesen zu sein. Darüber kann man streiten, da ja die modernistischen Architekten Universalisierung und damit auch Popularisierung
ihrer Architektur intendierten und da sie auf teure Kostbarkeiten
verzichteten. Gleichwohl kann man der modernen Architektur den
Vorwurf kaum ersparen, daß sie die breite Bevölkerung, für die da
gebaut werden sollte, mißachtete. Die modernistischen Architekten
bauten an den tatsächlichen ästhetischen und sozialen Bedürfnissen
vorbei. Demgegenüber fordert Jencks (1988, S. 92) vom Architekten,
„verschiedene Geschmackskulturen an(zu)sprechen, indem er verschiedene Kodes anwendet". Damit wird der Architekt zum Eklek-
tiker, was aber nicht negativ zu bewerten ist.

Schon in den sechziger Jahren wird das Unbehagen an der bebauten
bzw. verbauten Umwelt auch als Kritik an der modernen Großstadt,
an ihrer Architektur und sozialen Organisation artikuliert. In den USA
findet die Kritik an den einförmigen Hochhäusern der großen Unternehmen und an einfallslosen Projekten des öffenlichen Wohnungsbaus
Resonanz. Das Buch der Journalistin Jane Jacobs (1961) *The Death
and Life of Great American Cities* wird zum Bestseller (McLeod,
1985, S. 29). Auch in Deutschland wird ab Ende der sechziger Jahre
das von Alexander Mitscherlich geprägte Wort von der „Unwirtlich-
keit unserer Städte" populär. Die öffentlichen Bauten und die von der
öffentlichen Hand finanzierten Projekte des sozialen Wohnungsbaus
haben keine befriedigende Lösung sozialer Probleme erreichen können. Paradoxerweise schaffen die modernen Wohnbauten mehr soziale
Probleme, als sie zu lösen vermochten. Die Ghettos des sozialen
Wohnungsbaus produzieren Langeweile, Frust, führen zu sozialer
Anomie, werden Opfer des Vandalismus, den sie selbst hervorbringen
oder begünstigen. Die Dachterrassen der Hochhäuser sind nicht das
Paradies zwischen Himmel und Erde, sondern werden zur bevorzug-
ten Plattform, von der sich Selbstmörder in die Tiefe stürzen. Die
modernen Wohnhochhäuser symbolisieren weniger den sozialen und
ökonomischen Aufstieg, sondern vielmehr Abstieg, Niedergang und
Absturz. Zum symbolischen Einsturz der Moderne und Beginn der
Postmoderne wurde daher auch die Sprengung eines modernen Wohn-
hauskomplexes in St. Louis. In den Worten von Jencks (1984, S. 9):
„Modern architecture died in St. Louis, Missouri on July 15, 1972 at
3.32 pm."

Es wäre ungerecht, allein den modernen Architekten die Schuld für
die sozialen Pathologien der Moderne in die Schuhe zu schieben. Die
Ausbreitung schlechter moderner Architektur war schließlich auch von

ökonomischen Notwendigkeiten begleitet. In der Nachkriegszeit stellte sich das Erfordernis, möglichst rasch und kostengünstig zu bauen; nicht nur in Deutschland, wo zerstörte Städte wieder aufgebaut werden mußten, auch in Großbritannien und Frankreich, wo durch den Krieg ein Nachholbedarf produziert worden war, und auch in den USA, wo es keine kriegsbedingten Zerstörungen gab, sondern rapides und extensives Wachstum der Wirtschaft während und nach dem Krieg. An der Diffusion und Trivialisierung der modernen Architektur haben nicht nur die Architekten und die Wirtschaft mitgewirkt, sondern auch die Stadt- und Verkehrsplaner, die Politik und die öffentlichen Hände. Die modernistische Ideologie des Funktionalismus kam dieser konzertierten Aktion nur allzu bequem entgegen.

Der Niedergang des Modernismus bereitete den Boden für den postmodernen Aufbruch. Die Wende von der modernen zur postmodernen Architektur hat erstens ideologische oder programmatische, kulturelle und ästhetische Gründe und zweitens ökonomische und soziale Hintergründe. Betrachten wir zuerst die kulturell-ästhetische Seite! Die postmodernen Architekten haben sich aus der ästhetischen Ideologie ihrer modernen Vorgänger gelöst und kritisieren das moderne Paradigma. Verzierung, Ornament, die Lust am schönen Schein, alles das, was der Modernismus verbannt hatte, ist wieder erlaubt und wird gepflegt. Während die modernen Architekten die Funktion in den Mittelpunkt stellen, fragen die postmodernen nach Sinn und Bedeutung. Sinn und Bedeutung erschöpfen sich nicht in der Funktion. Das kommt in Aussagen postmoderner Architekten zum Ausdruck. So z.B. Robert Venturi (1977b, S. 16; zitiert nach McLeod, 1985, S. 26): „As an architect, I try to be guided not by habit but by a conscious sense of the past. ... I am for richness of meaning rather than clarity of meaning, for the implicit function as well as the explicit function." Oder Robert Stern (1980, S. 86; zitiert nach McLeod 1985, S. 26): „Traditional post-modernism recognizes both the discursive and expressive meaning of formal language. It recognizes the language of form as communicating sign as well as infra-referential symbol: that is to say, it deals with both physical and associational experience, with the work of art as an act of 'presentation' and 'representation.' It rejects the idea of a single style in favor of a view that acknowledges the existence of many styles...each with its own meanings...."

Die postmoderne Architektur will also diskursiv und kommunikativ sein. Sie sucht sozusagen das Gespräch mit dem Betrachter oder Konsumenten, will ihn am Diskurs beteiligen. Die funktionalistische

Architektur des Modernismus läßt keinen offenen Diskurs zu, sondern zielt auf Eindeutigkeit und Beseitigung des angeblich Funktionslosen, das als unnötig oder überflüssig angesehen wird. Demgegenüber möchte die postmoderne Architektur Überfluß produzieren: Überfluß an Formen und Farben, Überfluß an historischen Anspielungen. Kommunikation und Diskurse, die diesen Namen verdienen, haben immer einen Sinnüberschuß, fließen über vor lauter Sinn, der eben auch mehrsinnig, polyvalent ist. Ein Diskurs, in dem Ambivalenz nicht zugelassen ist, ist meistens langweilig. Ambivalenz und Polyvalenz sind interessanter, beredter, vielsagender. Mit dem Begriff ‚Doppelcodierung‘, den Jencks zum Leitziel der postmodernen Architektur erklärt, wird diese Zwei- und Mehrdeutigkeit des Diskurses zum Programm der Architektur. Postmoderne Architektur will Sprechakt und sprechender Akt sein, ist Sprache nicht nur im Sinne von Grammatik und Syntax, sondern auch im semantischen und pragmatischen Sinne. Die postmoderne Architektur stellt einen Schritt vom Funktionalismus und Formalismus der Moderne zu einer Semantik dar, bei der die Relation von Bezeichnendem und Bezeichnetem nicht vorab festgeschrieben ist, sondern in einem dynamischen und polyvalenten Prozeß fortgeschrieben wird.

Um diese Polyvalenz herzustellen, bedienen sich die postmodernen Bauwerke der Strategien, die man mit dem postmodernen Schlüsselbegriff Intertextualität benennen kann. Der postmoderne Eklektizismus ist nicht ein wahlloses Durcheinander von Stilelementen, sondern ein Gewebe, eine Textur, in der verschiedene Darstellungsarten und Sichtweisen bzw. Lesarten intertextuell aufeinander bezogen werden. Die Elemente der Intertextualität konstituieren einen Dialog untereinander und lassen den Dialog mit dem Betrachter zu. Das heißt die Rhetorik der postmodernen Bauwerke ist nicht — wie die der faschistischen Architektur — erschlagend und doktrinär-autoritär.

Der Historismus der Postmoderne ist nicht bloße Fassadenmalerei und Täuschung, sondern Pluralismus und Kommunikation. Es kommt zu Collagen und Pastichegebilden nicht nur verschiedener Bauelemente (Glas, Stahl, Holz, Backsteine, Ziegel), sondern auch heterogener Sinnelemente sowie unterschiedlicher Gebrauchszwecke und Aneignungsweisen. Statt geradlinigem Funktionalismus oder plattem Monumentalismus präferiert die Postmoderne einen verspielten Hedonismus. Statt Monofunktionalismus und Ausgrenzung von unterschiedlichen Funktionen wird die Vermittlung von so verschiedenen Funktionen wie Arbeit, Erholung, Konsum und Amüsement angestrebt.

Das postmoderne Bauwerk bezieht sich auf Geschichtliches und erzählt Geschichten. Postmoderne Architektur spielt auf Vergangenes an, wobei die besseren Werke nicht einfach imitieren, sondern durch Verfremdung ironische und überraschende Effekte erzielen. Postmoderne Architektur liefert Geschichten im dreifachen Sinne: Erzählung, Historie und ein Übereinander von Sinnschichten. Damit ist postmoderne Architektur eben nicht oberflächlich, wie ihr oft vorgeworfen wird. Sie ist auch alles andere als indifferent gegenüber der Geschichte und ist auch nicht jenseits von Historie, wie der „unglückliche Gleichklang von Posthistoire und Postmoderne" (Schwarz, 1988, S. 271) leicht unterstellen läßt.

Postmoderne Architektur ist von Vertretern des Modernismus mit Vehemenz kritisiert worden. Häufig ist diese Kritik aber polemisch und in der Sache undifferenziert. In dieser Architekturkritik wird Postmodernität einmal mehr zu einem ideologischen Feindbild vereinfacht. Der Vielfalt postmoderner Bauwerke wird diese Kritik nicht gerecht. Habermas, der große Apologet der Moderne und des Modernismus, verkennt die Komplexität der postmodernen Architektur. Zwar ist auch Habermas keineswegs blind für die Häßlichkeiten der modernen Nachkriegsarchitektur, und er stellt die Frage: „Enthüllt sich in den Scheußlichkeiten das wahre Gesicht der Moderne — oder sind es Verfälschungen ihres wahren Geistes?" (Habermas, 1988, S. 111). Der rhetorische Charakter der Fragestellung ist offensichtlich. Darüber hinaus ist bemerkenswert, daß Habermas von einem „wahren Geist der Moderne" spricht. Dagegen wäre zu fragen, worin denn dieser „wahre Geist" besteht und wohin er denn ausgewandert ist, wenn man ihn in den real existierenden Bauwerken der Moderne nicht mehr antrifft. Woher weiß man überhaupt, daß dieser Geist so wahr, gut und schön ist, wenn seine Manifestationen so häßlich und scheußlich sind?

In der postmodernen Architektur, die sich vom modernistischen Bekenntnis zur Einheit von Form und Funktion entfernt, vermag Habermas nur Kulissenmalerei und eine Fluchtbewegung zu erkennen. Vor allem in den neohistoristischen und nostalgischen Spielarten des Bauens sieht er eine „Rückkehr zum Eklektizismus des vergangenen Jahrhunderts". Dabei handle es sich um einen untauglichen Kompensationsversuch, der sich dem politischen Neokonservatismus unterordne, insofern als hier „Probleme, die auf einer anderen Ebene liegen, in Stilfragen umdefiniert und damit dem öffentlichen Bewußtsein (entzogen)" werden (Habermas, 1988, S. 119). Leider benennt

Habermas „die Probleme auf der anderen Ebene" selbst nicht — oder allenfalls so vage wie mit der immer irgendwie zutreffenden Formel von der Kolonialisierung der Lebenswelt. Unplausibel ist auch, wieso der Neohistorismus irgendwelche Probleme dem öffentlichen Bewußtsein entzieht und was mit diesem öffentlichen Bewußtsein gemeint ist. Immerhin hat das als neohistoristisch und neokonservativ verurteilte Bauen öffentliche Diskussionen initiiert und Sinn und Unsinn von Architektur thematisiert. Damit ist es doch diskursiver und kommunikativer als die gelungenen Werke der modernen Architektur, in denen angeblich Form und Funktion versöhnt sein sollen. Die konkreten Beispiele für dieses Gelingen benennt Habermas jedoch nicht. Sein Bezugspunkt ist weniger das konkrete zu besichtigende Exemplar als der abstrakte philosophische Gedanke. Das wird deutlich, wenn Habermas (1988, S. 120) schreibt: „In der modernen Architektur hat sich, in einem glücklichen Augenblick, der ästhetische Eigensinn des Konstruktivismus mit der Zweckgebundenheit eines strengen Funktionalismus getroffen und zwanglos verbunden. Nur von solchen Augenblicken leben Traditionen."

Warum sollte man aber einer Tradition, die nur in seltenen Momenten zu gelingen scheint, um jeden Preis anhängen und zum unbedingten Maßstab für andere ästhetische Möglichkeiten erklären? Eine gerechte Beurteilung oder auch nur das Verständnis dieser anderen Möglichkeiten wird somit von Anfang an verbaut. Der Vergleich von moderner und postmoderner Architektur (bzw. allgemein von modernen und postmodernen Objekten) wird so verzerrt. Man sollte nicht postmodernen Kitsch mit modernen Meisterwerken vergleichen. Solch ein Vergleich hinkt und macht die Abwertung der Postmoderne leicht. Vergleicht man hingegen die modernen Meisterwerke mit den gelungenen postmodernen Werken, die schlechten Werke der Moderne mit den schwachen der Postmoderne, dann schneidet die Postmoderne wohl kaum schlechter ab als die Moderne.

Die simple Gegenüberstellung von authentischer Moderne hier und eklektizistischer Postmoderne dort wird der Vielfalt postmoderner Bauten nicht gerecht. Das von Phillip Johnson gebaute New Yorker AT & T Building mit seinem charakteristischen an Chippendale-Möbel erinnernden Dach repräsentiert eine postmoderne Hochhausarchitektur, die von Robert Kriers kleinteiligen Formaten des Berliner Wohnkomplexes Ritterstraße ebenso enfernt ist wie von Ricardo Bofills an Schlösser und Burgen erinnernden Projekten des sozialen Wohnungsbaus in Frankreich. Wie die Bauten Bofills spielt auch James Stirlings

Neue Staatsgalerie in Stuttgart mit historischen Zitaten, ebenso Charles Moores collagenartige Piazza d'Italia in New Orleans, und gleichwohl sind die Unterschiede zwischen diesen Beispielen postmoderner Architektur beträchtlich.

Anders als der Modernismus, der einen kosmopolitischen Einheitsstil favorisierte, ist der Postmodernismus kaum um die Entwicklung des einen und einheitlichen Stils bemüht. Entsprechend führt jede eindimensionale Unterscheidung von moderner und postmoderner Architektur in ideologische Spiegelfechterei. Eine mehrdimensionale Unterscheidung von moderner und postmoderner Architektur, wie sie Heinrich Klotz ausarbeitet, wird beiden Architekturen hingegen gerechter. Klotz (1988, S. 108) ckarakterisiert die moderne und postmoderne Architektur durch folgende Begriffspaare, wobei jeweils der erste Terminus für modern und der zweite für postmodern steht: Internationalismus — Regionalismus; geometrische Abstraktion — fiktionale Darstellung; Funktion — Fiktion; Symbolgehalt der Maschine und der Konstruktion — Vielfalt von Bedeutungen, narrative Gestaltung; Technik-Utopie — Poesie; Perfektion der Apparate — Improvisation, Spontaneität; Gegenwart (Befreiung von der Geschichte) — Erinnerung; Autonomie, Heroismus — Relativität (historisch, regional, topographisch); allgemeine Geltung (Universalismus) — antastbare Individualität der besonderen Lösung, Kompromißfähigkeit, Anerkennung einer vorgegebenen Umwelt.

Klotzs mehrdimensionale Unterscheidung macht es schwierig, postmoderne Architektur so einfach zu erledigen, wie das die Verfechter des Modernismus versuchen. Die vermeintlich kritische Attitüde, postmoderne Architektur als Ausdruck eines falschen, unkritischen, entfremdeten Bewußtseins zu verurteilen, unterstellt einen bewußtseins-(ver)bildenden Einfluß der gebauten Umwelt auf die Menschen, statt ihn nachzuweisen. Kritische Verdammungen der Postmoderne wie etwa die Klaus-Jürgen Bruders (1993, S. 147) — „die ‚postmoderne' Architektur enteignet den öffentlichen Raum, indem sie ihn besetzt" — sind pauschal und entziehen sich wie im allgemeinen als Tatsachenbehauptungen verkleidete Geschmacksurteile der empirischen Überprüfung. Der postmodernen Architektur rundherum einen entpolitisierenden Einfluß zu attestieren ist undifferenziert. Das dabei favorisierte Gegenbild eines öffentlichen Raumes, in dem Öffentlichkeit und Privatheit, architektonische Form und politische Partizipation miteinander versöhnt sind, ist eine Fiktion, die wohl weder mit der Moderne noch mit sonstigen historischen Konstellationen viel gemeinsam hat.

7.2 Postmoderne Stadtentwicklung

Wenn man sich für den Zusammenhang von postmoderner Architektur und Gesellschaft interessiert, genügt es nicht, sich allein auf die postmodernen Einzelwerke zu konzentrieren. Postmoderne Bauten sind in Kontexten plaziert, in den umfassenderen Kontexten postmoderner Gesellschaft und Kultur sowie im konkreten Kontext der Stadtlandschaft und ihrer postmodernen Veränderung. Postmoderne Architektur ist oft Teil der räumlichen und sozialen Reorganisation und Revitalisierung der Städte. Revitalisierungsprozesse ereignen sich vor allem dort, wo das Konzept der modernen Stadt und die korrespondierenden sozialen Prozesse urbane Tristesse und den Exodus des Urbanen hervorgebracht haben. Die konzentrisch angelegte Entwicklung der modernen Städte hat zur Entkernung und Verwahrlosung der Innenstädte geführt und zu ausufernden, gesichtslosen Vorstädten. Diese Entwicklung ist in den nordamerikanischen Städten in den sechziger und siebziger Jahren besonders deutlich und drastisch zu beobachten gewesen. Diese Entwicklung ist Teil eines umfassenderen soziokulturellen und ökonomischen Transformationsprozesses. Kosten und Verkehrsbedingungen ließen es vorteilhafter erscheinen, Arbeitsplätze aus den Innenstädten nach draußen in die urbanen Randzonen zu verlagern. Als Konsequenz flossen Einnahmen und Investitionen von den Innenstädten in die Umlandgemeinden. Die Downtown-Gebäude waren dem Zerfall überlassen. Ganz so drastisch wie vielerorts in den USA ist die Entwicklung in den europäischen Städten zwar nicht verlaufen, doch es gibt Parallelen.

Wenn innerstädtische Bereiche erst einmal weit genug heruntergekommen sind, dann fällt auch der Immobilienpreis. Ab einem bestimmten Punkt dieser Entwicklung wird es dann aber wieder interessant, in die Innenstädte zu investieren. Wenn von der öffentlichen Hand zusätzlich unterstützende Programme aufgelegt werden, dann kehrt sich der Prozeß des innerstädtischen Niedergangs um, wird reversibel. Die Flächen, die als Objekte der Revitalisierung interessant werden, sind häufig die alten, außer Betrieb gesetzten Industriegelände und Hafenanlagen, die in der Phase der Hochmoderne und Hochindustrialisierung eine Schlüsselstellung, wirtschaftlich und symbolisch, innegehabt hatten. Aufgegebene Hafenareale haben natürlich einen besonderen Reiz, da hier mit den Elementen Land, Wasser und Himmel gespielt werden kann. Am Wasser gelegene Standorte haben potentiell hohen Freizeitwert. Beispiele für die Revitalisierung wassernaher Areale sind in den USA zu besichtigen in Baltimore (Harbor Place), New York (South Street Seaport), Boston (Faneuil Hall), San Francisco (Fisherman's Wharf mit Ghirardelli Square), San Antonio (Riverwalk). In Europa hat vor allem London mit den ehemaligen Docklands etwas Vergleichbares zu bieten. Auch Barcelona hat im Vorfeld der Olympischen Spiele heruntergekommene Areale am Meer aufgeräumt und in Marinas, Promenaden und Strände umfunktioniert.

Was an den reorganisierten Standorten entsteht, sind nicht mehr die auf Differenzierung von Funktionen und Lebensbereichen basierenden urbanen Formen der Moderne, sondern Formen, in denen einige der postmodernen Leitmotive visualisiert sind. Die postmodernen Stadtlandschaften sind Pastichegebilde von Wohnen und Konsumieren, Arbeit und Freizeit, Unterhaltung und Animation, Kommerz und Kultur. Elemente der sogenannten profanen Kultur, inklusive Kinos, Restaurants, Boutiquen, Fitness Centers, werden in Kontakt gebracht mit den Tempeln der „hohen Kultur" wie Museen, Bibliotheken, Konzertsälen und Theatern. Kongreßzentren bzw. die dort stattfindenden internationalen Kongresse führen Arbeit und Tourismus zusammen, fördern die Begegnung von Menschen aus verschiedenen Teilen des Landes oder sogar der Welt, und sie bringen hochqualifizierte Wissenskulturen in Kontakt mit der Credit Card Culture. Um die Revitalisierung zu beschleunigen — und den Rückfluß des investierten Kapitals —, werden diese postmodernen urbanen Stadtlandschaften auch gleich als touristische Attraktionen konzipiert und kommerzialisiert. Dazu gehört dann auch, daß an diesen postmodernen Orten immer etwas los sein muß; auf dem Programm steht das permanente Festival, das andauernde Spektakel, das kalkulierte Vergnügen, der organisierte Karneval. Ob zuerst das Folk Festival der Einheimischen da war und dann die Touristen kamen, oder ob es sich umgekehrt verhält, ist im nachhinein oft nicht mehr ersichtlich. Gerne wird Historisches zur Schau gestellt und konsumiert (vgl. Delaney, 1992; Hetherington, 1992; Urry, 1990, S. 104-134.). Die Präsentation des Vergangenen erfolgt nicht auf museal-distanzierte Art, sondern in rhetorischer, theatralischer Weise. Die Kultur preist sich selbst zum Konsum an, ist *promotional culture* (Wernick, 1991). Das heißt, die Authentizität der Geschichte des Ortes und der dort stattfindenden Ereignisse ist arrangiert, ist *staged authenticity* (MacCannell, 1973; Cohen, 1988; Vester, 1993). Das heißt jedoch nicht, daß dadurch Geschichte ausgelöscht wird, wie dies Bruder (1993, S. 148) der postmodernen Architektur mit ihrem Rückgriff auf die Vergangenheit vorwirft. Geschichte wird durch die Postmoderne nicht ausgelöscht, sondern anders arrangiert. Die arrangierten Szenen und Ereignisse der Postmoderne werden keineswegs mit weniger Vergnügen konsumiert als die vermeintlich authentischen der Moderne und schon gar nicht von weniger Konsumenten. Von Baltimores Harbor Place wird sogar behauptet, mehr Besucher anzuziehen als Disneyland (Harvey, 1989, S. 90). Viele der Attraktionen postmoderner Urbanität sind *dreamscapes* (Zukin, 1992a), d.h. Traumlandschaften, Räume der Phantasie und Architektur gewordene Träume. Die Beispiele reichen von Fast-food-Lokalen, die wie Würstchen aussehen, und Restaurants, die polynesische Hütten imitieren, bis zum Hurst Castle und zu Disney World (Zukin, 1991a).

Die urbane Entwicklung in der Postmoderne verläuft in Richtung Dienstleistungsstadt. Anders als die mittelalterliche Stadt mit ihren charakteristischen Handwerksbetrieben und anders als die moderne Stadt mit ihren industriellen Kernen ist die postmoderne Stadt vor allem ein Finanz-, Informations-, Kultur-, Tourismus-, Kongreß- und Konsumzentrum. Diese Funktionen bilden zusammen eine eigene und eigenartige Kultur, ein kulturalisiertes Pastiche. Im Vergleich zur modernen setzt die postmoderne Stadt stärker auf Kultur, vor allem im Sinne einer hedonistischen, d.h. genußfähigen und -fertigen Kultur. Die postmoderne Stadtlandschaft ist ein urbanes Arrangement der Bedürfnisbefriedigung und S(t)imulation von Bedürfnissen (vgl. Luke, 1989, S. 116). Die Konsumtempel der Postmoderne haben zwar Vorläufer in den Warenhäusern der Moderne (vgl. Lipp, 1991), stellen diese aber an Glanz und Perfektionierung der Traumerzeugung in den Schatten. Die postmodernen Einkaufsparadiese sind nicht auf die Funktionen des schnellen Ein- und Verkaufs reduziert, sondern möchten auch Erlebnisse und Gefühle vermitteln. Sie wollen Gewinn und Genuß, die Bezirke des Zweckmäßigen und des Zwecklos-Schönen zusammenführen. So wie die Shopping Malls und Theme Parks für die Postmoderne typische Fusionsstätten von Privatheit und Öffentlichkeit darstellen, so setzt postmoderne Urbanität insgesamt auf die Fusion von Kultur und Konsum. Die Postmodernisierung der Stadtlandschaft macht deutlich, daß Städte — wie im übrigen auch Menschen und Gesellschaften — nicht nur über ökonomisches Kapital verfügen und mit diesem handeln, sondern auch „kulturelles Kapital" (Bourdieu, 1983) zum Einsatz bringen.

Die Kulturalisierungstendenz der postmodernen Stadt, ihr kulturelles Selbstbewußtsein (Featherstone, 1991, S. 99), ist visuell und räumlich nachvollziehbar. Die globalen Zentren New York, London,

Tokio, Paris haben Produktionsbetriebe verloren und dafür Büroflächen, Kulturzentren und Shopping Malls hinzugewonnen. Postmoderne Städte erhalten Rang und Bedeutung von einer anderen ökonomischen Basis als derjenigen, die für die Städte der Moderne typisch war. In der Moderne gingen Industrialisierung und Urbanisierung auch räumlich zusammen, wie der wirtschaftliche und demographische Aufschwung der Industriestädte in Großbritannien, im Ruhrgebiet oder im Osten der USA zeigte. Der Niedergang dieser Städte in der zweiten Hälfte des 20. Jahrhunderts ging dann einher mit der Umstrukturierung der Industriebetriebe und -anlagen, von denen die Städte einst ihre Impulse erfahren hatten. Diejenigen Städte, denen es gelingt, den Niedergang der industriellen Produktionsstätten durch einen Aufschwung postindustrieller Organisationen zu kompensieren, liefern dann auch Anschauungsmaterial für die Postmodernisierung der Stadtlandschaft.

Die postmoderne Stadtentwicklung operiert mit kulturellem Kapital. Natürlich hängen kulturelles und ökonomisches Kapital zusammen, sind zum Teil auch konvertibel. Das wird in der Postmodernisierung der Stadtlandschaft besonders deutlich. Die Kulturalisierung der Stadt in der Postmoderne ist nicht ästhetischer Selbstzweck, sondern auch eine Zukunftsinvestition. Die Errichtung der Kultur-, Kongreß- und Servicezentren geht einher mit der Bereitstellung von Büroräumen. Die Produktion von Büroraum hat z.B. in London, aber auch in anderen Metropolen im Laufe der achtziger Jahren boomartige Ausmaße angenommen. In London ist diese Entwicklung stark verflochten mit der Bedeutung der City als Finanzzentrum, die durch Deregulierung, Liberalisierung und Innovationen auf den Finanzmärkten noch gesteigert wurde. In Abhängigkeit vom Big Bang der Börseninnovation und dem Büroboom sind neue, postmodern geprägte Stadtlandschaften entstanden (z. B. die *Docklands*). Natürlich ist diese Entwicklung krisenanfällig. Die Werte, die durch eine Börsenhausse geschaffen werden, sind sozusagen referenzlos und simulativ. Das heißt, sie können beim nächsten Crash auch wieder dahinschmilzen wie Schnee in der Sonne. Da die internationalen Finanz- und Dienstleistungszentren außerdem stark miteinander konkurrieren, ist nicht nur das dort gehandelte ökonomische Kapital sehr volatil, sondern auch das soziale und kulturelle. So ist dann in den Städten, die im Wettbewerb um Firmen, Kultur und Kommerz stehen und in denen mit Büroraum geklotzt wurde, mittlerweile die Sorge darüber gewachsen, wer die teuren Büroflächen eigentlich nutzen soll. Wie die Firmen in die Büros zu holen und wie die Menschen dorthin zu bringen sind, wird zum Problem. Bei den ungeklärten Fragen, wo diese Menschen wohnen sollen, von wo sie mit welchen Transportmitteln in die City gebracht werden sollen, und wer das plant, finanziert und durchführt, stößt die Euphorie für das freie Spiel des Marktes an Grenzen, sind die privaten Investoren überfordert, und ist die öffentliche Hand wieder gefragt.

Postmoderne Architektur ist nicht gleichmäßig über den Globus verbreitet. Die Postmodernisierung der Städte ist aber kein lokal begrenztes Phänomen. Die Entwicklung der postmodernen Dienstleistungsgesellschaft findet in globalen Zusammenhägen statt. Ein hervorstechendes Merkmal des globalen Prozesses der Postmodernisierung von Städten und Räumen besteht darin, daß Kultur und Ökonomie, kulturelles Kapital und ökonomisches Kapital interessante Verbindungen eingehen, die sich dann auch räumlich und visuell ausdrücken. Die Entwicklung der postmodernen Stadtlandschaft ist Bestandteil einer transnationalen *Enterprise Culture*, bei der die postmodernen Dienstleistungssektoren und Märkte, insbesondere die Finanzmärkte, Informations- und Kulturbörsen, eine wichtige Rolle spielen und — um es in einem der postmodernen Schlüsselbegriffe auszudrükken — ein intertextuelles Gewebe herstellen. In diesem transnationalen, räumlich-sozialen, materiellen und symbolischen Feld, in dem konventionelle Grenzen zwischen Kultur und Ökonomie transzendiert werden, werden auch Simulation, Hyperrealität und der Verlust von Referenz und Repräsentation sinnfällig. Die Visualisierung dieser Leitmotive der Postmoderne wird in der postmodernen Architektur mit Witz und Farbe vorgetragen. So wie sich die postmodernen Glaspaläste gegenseitig spiegeln, so beziehen sich die Bilder und Zeichen postmoderner Kulissen aufeinander. Nicht die Bezeichnung durch die Zeichen steht im Vordergrund, sondern die Lust am Zeichenhaften. Die Zeichen feiern einen Karneval, für den Disneyland und Las Vegas urbane Modelle sind. *Learning from Las Vegas* lautet der Buchtitel und Ratschlag Robert Venturis (1977a). Las Vegas mit seinen überdimensionalen Schildern aus buntem Neonlicht, seinen schrillen Farben und Gesten, seinen gebauten Träumen, ist ein Ort, an dem fiktionale Welten und die Welt des harten Geschäfts fusionieren, zu einem Super-Pastiche verwoben sind, von dem die Architekten der Postmoderne sich inspirieren lassen können (vgl. Fontana & Preston, 1990).

Die Spielfelder postmoderner Urbanität machen allerdings auch die Ambivalenz der Postmoderne deutlich. Las Vegas ist eine artifizielle

Landschaft mitten in der Wüste Nevadas. Las Vegas ist auf Spielgeld und Sand gebaut. Trotzdem sind die dort gemachten Gewinne und Verluste auch andernorts von Bedeutung, und die in Las Vegas geschlossenen Ehen sind nicht nur in Nevada gültig. Las Vegas ist künstlich und höchst real zugleich, Las Vegas ist ein Muster an Hyperrealität. Las Vegas und anderen postmodernen Lokalitäten sind der Zug des Hyperrealen und die Rhetorik des Simulativen zueigen. So wie die postmoderne Architektur im Vergleich zur modernen Architektur spielerischer, leichter ist, immer etwas an Luftschlösser denken läßt, auf Scheinhaftigkeit von Formen und Vergänglichkeit von Sinngebilden aufmerksam macht, so transportiert auch die postmoderne Stadtlandschaft einen sozusagen augenzwinkernden Gestus, d.h., sie nimmt es mit dem, was sie sagt, nicht ganz so ernst.

Die negative oder problematische Seite postmoderner Ambivalenz ist dann oft das, was als „anomie of affluence" bezeichnet wurde und einen Geist grenzenloser Tätigkeit, unbehindert von normativen Einschränkungen, meint, der letztlich aber Vertrauen unterminiert und Unsicherheiten steigert, so daß schließlich auch dem Funktionieren der Marktwirtschaft die Grundlagen entzogen werden (Stanley, 1992, S. 168). Die Beziehungen zwischen der Globalisierung der Finanzmärkte, der urbanen Restrukturierung und dem postmodernen Bauen resultieren in einer entfesselten, aber auch störungsanfälligen Dynamik sozialer Entwicklung. Die neoliberale Befreiung ökonomischer Aktivität von staatlicher Reglementierung, aber auch die Joint Ventures von Staat und Wirtschaft, öffentlicher und privater Hand (Squires, 1989; Zukin, 1992b, S. 196) prägen nicht nur die Ökonomie der Postmoderne, sondern gestalten auch die postmoderne Urbanität. Neuer Wohlstand und neue Armut sind die Seiten ein und derselben Medaille. Diese Ambivalenz des Sowohl-als-auch findet sich in einem Paar von Tendenzen postmoderner Urbanität wieder: *Gentrification* und *Slumification*. Unter *Gentrification* versteht man die Revitalisierung der Innenstädte und stillgelegter Hafenanlagen durch noble Büros und Apartments, den Einzug statusbewußter und wohlhabender Bevölkerungsgruppen (vgl. Smith & Williams, 1986; Zukin, 1987). Die *Swinging Singles* und *DINKS* symbolisieren die Fusion von ökonomischem, kulturellem und sozialem Kapital. Doch Gentrification setzt voraus, daß bestimmte urbane und industrielle Zonen erst einmal einen Abstieg erfahren haben, um dann zum Objekt der Immobilienspekulation zu werden. Der Gentrification geht die Slumification voraus. Leider beseitigt die Gentrification die Slums nur vor Ort. Die Slumification wird letzlich nicht beseitigt, sondern lediglich verlagert. Die Städte, die sich postmodernisieren und in denen postmodernistische Revitalisierungsprojekte durchgezogen werden, bekommen insgesamt einen Pastichecharakter. Anders als die moderne Stadt, die den sozialen Raum rationalisieren und die sozialen Probleme lösen wollte — was in der Realität natürlich nie gelungen ist —, führt die Stadt der Postmoderne das Unmögliche zusammen; nicht weil sie es unbedingt so will, sondern weil es sich kaum vermeiden läßt.

In der postmodernen Stadtlandschaft stoßen die vermeintlichen Gegensätze aufeinander. Doch welche Städte sind postmodern par excellence? Eine mögliche Kandidatin könnte Los Angeles sein. Los Angeles läßt schon seit langem herkömmliche Vorstellungen, was eine Stadt ist, unbrauchbar erscheinen. „For at least fifty years, Los Angeles has been defying conventional categorical descriptions of the urban, of what is city and what is suburb, of what can be identified as community or neighbourhood, of what copresence means in the elastic urban context. It has in effect been deconstructing the urban into a confusing collage of signs which advertise what are often little more than imaginary communities and outlandish representations of urban locality" (Soja, 1989, S. 245). In Los Angeles kommt alles zusammen, wie Soja feststellt, zeigen sich der Pluralismus und die Polyvalenz der Postmoderne.

Tatsächlich kam im April 1992 wenn nicht alles, so doch einiges in Los Angeles zusammen. Der Traum harmonischer Multikulturalität wurde mit den harten Realitäten interethnischer Konflikte konfrontiert. Wenn Los Angeles postmodern ist, dann zeigt sich, daß die Postmoderne nicht das Paradies auf Erden ist. Die postmoderne Stadtlandschaft und das ihr entsprechende soziale Gefüge präsentieren wohl kaum die räumlich-soziale Formation, die alle Probleme der modernen Stadt löst. Verkehrsprobleme, Kriminalität, Prostitution, Umweltprobleme — das alles sind schon Probleme der modernen Stadtentwicklung gewesen (was nicht heißt, daß es diese Probleme in der Vormoderne überhaupt nicht gegeben hätte). Hinzu kommen die chronischen Finanznöte der Städte und mancherorts ein soziales Klima, das von Obdachlosigkeit, Drogenproblemen und der AIDS-Epidemie stark beeinflußt wird, so in New York, Los Angeles, San Francisco oder Miami, aber auch in Paris, Madrid, Zürich oder Berlin.

In der Postmoderne könnte man klüger sein als in der Moderne, denn man weiß um die intimen Zusammenänge zwischen Modernisierung und der Erzeugung bestimmter Probleme, die im Kollaps moderner Urbanität enden. Doch sind diese Probleme nicht zu lösen, indem man ein paar Stadtviertel postmodernisiert und mit postmodernistischer Architektur zu einer Vergnügungslandschaft umbaut. Bislang fehlen die postmodernen Gesamtkonzepte für die Gestaltung der Urbanität. Infolge berechtigter Skepsis gegenüber Planungskonzepten administrativer Provenienz und Provinzialität besteht in der Postmoderne die Tendenz, nicht das große Projekt der modernen Stadt auszuschreiben, sondern ein Pastiche aus kleinen, aber feinen Projekten hier und da zu stimulieren. Die postmoderne Stadtlandschaft ist daher auch kein einheitliches, homogenes Gebilde, sondern ein Pastiche, in dem Kulturalisierung und Dezentrierung, Intertextualität der Zeichen und Ambivalenz der Bedeutungen beheimatet sind.

Es ist schwer zu sagen, welche heute existierende Stadt die postmoderne Stadt par excellence ist. Womöglich gibt es die gar nicht. Aber hat es jemals die moderne Stadt par excellence gegeben, und welche Stadt wäre das gewesen? New York, Brasilia, Sydney, Tokio? Oder Amsterdam, London, Paris, Berlin? Wenn man in alten Städten wie etwa Rom archäologische Grabungen vornimmt, kann man auf verschiedene Sedimentationsschichten stoßen. In der sozialen Realität der Städte sind die historischen Schichten aber immer vermischt. So lassen sich eher die Merkmale von Prozessen der Postmodernisierung benennen, als daß sich feste Grenzen zwischen moderner und postmoderner Urbanität ziehen ließen. Die Postmodernisierung der Stadt spiegelt sich in einer Schlußfolgerung wider, wie sie Boyne und Rattansi (1990b, S. 23) ziehen: „Confronted with an analytical spectrum for the postmodern city which runs from Los Angeleno 'Autopia' through a conspicuously self-dramatising Berlin and on to sites of simultaneous production, consumption and cultural otherness in Japan, leading finally to the violently disjointed language wars of Beirut, our 'postmodernist' conclusion is that one would search in vain for an urban sociological metanarrative, or any metanarrative, that would collect without remainder the phenomena under analysis." Es gibt also keine soziologische Meta-Erzählung postmoderner Urbanität. Den von Boyne und Rattansi genannten Beispielen sollte man noch die *fun cities* und *tourist sites* hinzufügen, Orte wie Orlando, St. Petersburg (Florida), Las Vegas oder die Costa del Sol. Diese Beispiele machen deutlich, daß die Urbanität der Postmoderne nicht mit den Verwaltungsgrenzen herkömmlicher Städte zusammenfällt, wie ja auch die postmoderne Architektur nicht allein eine Innenstadtarchitektur ist, sondern sich auch in Ferienanlagen, Vergnügungs-, Einkaufs- und

Industrieparks draußen vor den Toren der Städte finden läßt. Damit ist der urbane Raum der Postmoderne nicht identisch mit dem Raum der herkömmlichen Stadt. Der urbane Raum in der Postmoderne transformiert sich.

Die Transformation des sozialen Raumes in der Postmoderne ist durch eine Reihe von charakteristischen Entwicklungen geprägt, die vor den Grenzen der Städte sowie der Nationalstaaten nicht halt machen. Diese seien noch einmal knapp benannt und illustriert (vgl. Cooke, 1988; Soja, 1989; Zukin, 1988).

1. Globalisierung des Lokalen, Lokalisierung des Globalen. Durch die Informationstechnologie bekommen auch Ereignisse von nur lokaler Bedeutung weltweite Aufmerksamkeit. So ist jedes Erdbeben in Kalifornien ein Weltmedienereignis. Andererseits werden globale Zusammenhänge noch am entlegensten Ort erfahren (z.B. das Ozonloch), während wiederum andere Ereigniskonstellationen lokal und global zugleich sind (z.B. die Reaktorkatastrophe von Tschernobyl).

2. Entdeckung der Region. Es kommt zu einer Renaissance regionaler Bezüge. Beim Versuch, Identität herzustellen und zu erfahren, wenden sich die Menschen von den nationalstaatlichen und transnationalen Sozialgebilden ab und den konkreten regionalen Räumen zu. Bei diesem Suchprozeß wird Regionalität auch zum Teil erst konstruiert. Die Regionen sind nicht unmittelbar und natürlich gegeben, sondern müssen oft erst erfunden und symbolisch artikuliert werden. Im ökonomischen und kulturellen Wettbewerb der Industrie- und Kulturstandorte wird es für die Regionen wichtig, eigene Profile (Leistungsprofile und symbolische Profile) zu entwickeln. Die Region gibt sich ein Gesicht. Regionalismus, verbunden mit Kulturalisierung, wird auch als touristisches Konzept und Angebot belebt.

3. Peripheralisierung des Zentrums, Zentralisierung der Peripherie. Während die Zentren des Weltsystems ihre Brückenköpfe und Filialen in der Peripherie errichten, inkorporieren bestimmte Weltstädte die Dritte Welt. Die „Dritte Welt" zieht in die urbanen Räume der „Ersten Welt" und der „Neuen Welt" ein. Beispielsweise hat Los Angeles im Laufe der letzten 20 Jahre ca. 2 Millionen Menschen von Ländern der Dritten Welt angezogen (Soja, 1989, S. 215).

4. Transnationalisierung von Kontrolle. Politische Weltereignisse werden — wenn überhaupt — nicht von einem Zentrum aus gesteuert, sondern werden von einem transnationalen Netzwerk von Steuerungsstellen kontrolliert. Ob es sich um den Golfkrieg handelt oder die Bürgerkriege in Bosnien und Somalia, es gibt nicht die eine lokalisierbare Instanz, die das Geschehen kontrolliert. Die Einflüsse auf das politische Geschehen vor Ort gehen von einer Reihe transnationaler Kontrollpunkte aus, denen allerdings allzu leicht die Kontrolle, im Sinne effektiver Beherrschung, entgleitet. Ähnliche Entwicklungen vollziehen sich in der Wirtschaft. Das Kapital wird immer mobiler, die Kapitalzusammensetzung immer multi- und transnationaler. Das unternehmerische Engagement sprengt die nationalen Grenzen. Das läßt sich wiederum anhand des Beispiels Los Angeles illustrieren. In Downtown L.A. befindet sich mehr als die Hälfte der großen Immobilien im Besitz von ausländischen Gesellschaften oder von ausländischen Partnergesellschaften, vor allem japanischen und kanadischen. 90% der neuen Hochhäuser sollen von ausländischem Kapital finanziert sein.

5. Das Wechselspiel von Destrukturierung/Deindustrialisierung und Restrukturierung/Reindustrialisierung. Dieser Prozeß ist durch eine rapide Zyklik bestimmt. Überlebte Industr1ereviere weichen neuen High-Tech-Industrieparks. Gebiete, die einst die klassischen Regionen der Industrialisierung waren, werden zu Rostschüsseln deklariert und zugunsten der durch saubere Dienstleistungsökonomie und Freizeitwirtschaft geprägten Sonnengürtel aufgegeben. Dabei entstehen neue Typen von „Industrien" wie z.B. der Tourismus oder die auf die Bedürfnisse wohlhabender Pensionisten spezialisierte Gesundheits- und Freizeitindustrie.

6. Die Simulierung von Räumen. Die Räume der Postmoderne sind weniger Resultat natürlicher geographischer Grenzen als vielmehr das Ergebnis fiktionaler Markierungen und symbolischer Aufladung von Räumen. Ökonomische und militärische Strategien schaffen abstrakt-symbolische Räume wie den „pazifischen Raum" oder das von SDI beschirmte Territorium.

7. Fusion von Räumen und Funktionen. Die immer perfekter durchgestylten Erlebnisräume postmoderner Urbanität bringen unterschiedliche Funktionen zusammen; Arbeit, Freizeit, Konsum und Kultur finden unter einem Dach statt. Shopping Malls, Vergnügungslandschaften und Theme Parks oder auch luxuriöse, gegen unerwünschte Besucher abgeschottete Wohnkomplexe stellen Pastiches aus Funktionen und Formen dar, die nach der Differenzierungslogik der Moderne als undenkbar oder geschmacklos angesehen worden wären.

8. Neue Kopplungen und Erfahrungen von Zeit, Raum und Kultur. Durch das globale Netz der Medien, der Unterhaltungskultur und des Tourismus werden den Menschen neue Erfahrungen und Erlebnisräume erschlossen. Phänomene wie Kulturtourismus und Entwicklungsländerreisen — bei aller nicht zu unterschlagenden Problematik — eröffnen immerhin die Möglichkeit, Einblicke in fremde Kulturen, Alltagswelten, Raum- und Zeiterfahrungen zu bekommen. Diese Einblicke mögen begrenzt und verzerrt sein, doch immerhin bergen sie ein Potential von Erfahrungen, die in der Moderne nur wenigen privilegierten Menschen vorbehalten waren.

Angesichts der Veränderungen der Erfahrungs- und Lebensräume in der Postmoderne, der Konstruktionen postmoderner Architektur und Urbanität drängt sich die Frage auf, was es für die Menschen heißt, in postmodernen Räumen zu leben. Kann man in ihnen heimisch werden? Läßt die Karnevalisierung des urbanen Raumes in der Postmoderne noch ein Gefühl von Heimat zu, die Verschränkung von persönlicher, sozialer und lokaler Identität? Auf jeden Fall wird diese Verschränkung immer weniger unmittelbar gegeben sein, das Gefühl von Authentizität verflüchtigt sich, bzw. Authentizität wird selber zu einer hergestellten, inszenierten Qualität. An die Stelle unproblematischer Identität tritt eine „theatralische" Logik der Identifizierung (Shields, 1992b, S. 16). Das Ergebnis dieser Identifizierung ist kein heroisches Individuum im Zentrum des Geschehens, sondern ein dezentriertes Pastiche aus rhetorischen Figuren. Die soziale Identität in der Postmoderne ist nicht lokal fixiert, sondern in rastloser Bewegung. Anders als in der Moderne, in der die Vorstufen dieser Entwicklung als Ausdruck der Entfremdung und Entwurzelung beklagt wurden, während andererseits der flanierende Dandy zu einem elitären Typus der modernen Welt städtischer Boulevards und Passagen stilisiert wurde, wird die gebaute Umwelt in der Postmoderne zu einer künstlichen Landschaft, in der man sich als Voyager spielerisch bewegt oder die man als Voyeur mit Blicken durchstreift. Postmoderne Urbanität und postmoderne Architektur bilden eine Landschaft, die angeblickt werden will, Blicke provoziert, An- und Aussichten eröffnet. Postmoderne Architektur und Urbanität sind optisch promiskuitiv. Anschauen muß nicht unbedingt zum Mitgestalten verleiten. Anblicken und Teilnehmen sind zweierlei. In der politischen Kultur der Moderne stellte Partizipation einen zentralen Wert dar, der freilich in der Realität nicht immer verwirklicht wurde und dem die realen Formen moderner Architektur und Stadtlandschaft auch allzu oft krass entgegenstanden. Es bleibt abzuwarten, inwiefern das postmoderne räumliche

Ambiente der Partizipation mehr Entfaltungsraum läßt und ob dieser dann auch genutzt werden kann.

8 Politik in der Postmoderne

Die Moderne war ein Zeitalter und ein kulturelles Muster, in dem Politik groß geschrieben wurde. Die Moderne ist vielleicht *das* Zeitalter der Politik, *die* politische Ära schlechthin. Seit der Aufklärung hatte sich die Moderne bemüht, Politik aus der Willkür traditionaler Herrscher zu lösen und in den Dienst der Vernunft zu stellen. Politik sollte vernünftigen Zielen dienen, ihre Gestaltung und Durchführung sollte rationalen Verfahrensregeln gehorchen. Ein flüchtiger Blick auf die reale Geschichte macht allerdings deutlich, daß der tatsächliche Fluß der politischen Ereignisse und Entscheidungen nur selten diesen Erwartungen gerecht zu werden vermochte. An der Nahtstelle zwischen Moderne und Postmoderne erscheinen bestimmte Errungenschaften der Politik der Moderne als selbstverständlich und gefährdet zugleich. Die Dialektik von politischer Herrschaft und der Überprüfung ihrer Legitimation, von politischem Machtanspruch und der Pervertierung von Macht, von Kontrolle der politischen Herrschaft und dem Außerkontrollegeraten politischer Prozesse, hat die Moderne durchzogen und wirkt auch in der Postmoderne weiter. Mit der Abenddämmerung der Moderne ist Politik noch lange nicht an ihr Ende gekommen. Die Postmoderne ist kein postpolitisches Zeitalter. Aber die Politik hat sich im Übergang von der Moderne zur Postmoderne gewandelt. Die Akteure, Gegenstände — die *Issues* — und die Formen der Politik in der Postmoderne sind von denen in der Moderne unterschieden.

8.1 Politik, Information und Ignoranz

Politik hat mit Macht zu tun, und Wissen ist Macht. Doch das Verhältnis von Wissen und Macht, von Wissenschaft und Politik ist in der Postmoderne paradox. Als Resultat der funktionalen Differenzierung haben das wissenschaftliche und das politische System ihre eigenen Probleme, ihre eigenen Sprachen oder Codes ausgeformt. Andererseits verschränken und durchdringen sich aber auch Wissen und Macht. Es kommt zur Pastichebildung auch hier, bis hin zur Korrumpierbarkeit der Wissenschaft und der Flucht der Politik in eine Pseudo-Verwissenschaftlichung.

In gewissem Sinne klaffen Wissen und Politik in der Postmoderne weiter auseinander als in der Moderne, als sich beide — zumindest in der modernistischen Ideologie — dem Aufklärungs-, Emanzipations- oder Wohlfahrtsprojekt verschrieben hatten. Nach der Vorstellung des Modernismus kontrollieren die Wissenschaften die natürliche und die soziale Umwelt, während die Politik versucht, Machtverteilungen und Interessen zu kontrollieren und zu koordinieren. Damit hätten sie sich beide zusammen einer kontrollierenden und Orientierung verschaffenden Vernunft verschrieben; die Wissenschaft eher der reinen Vernunft, die Politik der praktischen. In der Moderne gab es die Fiktion eines Zentrums, von dem aus Kontrolle ausgeübt werden konnte. Im Mittelpunkt dieses Zentrums standen einerseits die Akademie der Wissenschaften, andererseits die Regierungszentrale. Die Politik sollte sich von den Wissenschaften beraten lassen, sich sogar über sich selbst aufklären.

Leider haben diese modernistischen Narrationen und Fiktionen die Komplexität der Systeme Politik und Wissenschaft unterschätzt. Diese sind nicht einheitliche und geschlossene Blöcke, sondern sind in sich hochgradig fragmentiert, voller gegensätzlicher Interessen und Fraktionen. In der Postmoderne werden auch die Zuordnungen von Wissenschaft und Wissen einerseits sowie von Politik und Macht andererseits fragwürdig. Die Postmoderne ist eine Informationsgesellschaft, doch dieses Schlagwort repräsentiert nicht die Lösungen der Probleme der Postmoderne, sondern steht für postmoderne Problemlagen (Leiss, 1989; Lyon, 1988; Vester, 1986c). Die Informationsgesellschaft ist zugleich auch eine Kultur der Ignoranz. Inmitten der Informationsgesellschaft pflegt die Politik einen „Diskurs der Vergeßlichkeit" (Woodiwiss, 1983, S. 106ff.). „Soziale Amnesie" (Jacoby, 1977) und Ignoranz, die Strategien des Verkennens, Verleugnens und Nichtwissenwollens müssen nicht Resultat bösen Willens sein, sondern mögen einen Systemeffekt darstellen oder in der Logik der Postmoderne begründet sein.

Die Zusammenhänge, derer die Politik gewahr werden und über die sie gegebenenfalls entscheiden muß, werden komplexer und komplizierter. Im Prinzip kann man über diese Zusammenhänge Informationen einholen. An Information besteht prinzipiell kein Mangel, wohl aber an den Kriterien, *welche* Informationen relevant sind. In der postmodernen Informationsgesellschaft ist nicht so sehr der Mangel an Information das Problem; vielmehr wird Information selbst zum Problem. Zu einem Sachverhalt keine Information zu haben, ist nicht das vordringliche Problem des Wissens in der Postmoderne. Das Wissensproblem hat sich auf eine Meta-Ebene verschoben: auf die Ebene, wo zu entscheiden ist, welche Informationen relevant sind und wie die Qualität der Information zu beurteilen ist. Postmoderne Informationspolitik muß sich mit den Fragen auseinandersetzen, wann welche Informationen von welcher Güte wohin transportiert werden sollen; desweiteren, wer welchen Zugang zu welcher Information erhält und welche Informationen wie geschützt werden können.

Das Spektrum der potentiellen Aufgaben und Strategien des Informationsmanagements ist komplexer geworden und reflekiert damit die gestiegene Komplexität der Welt. Um diese noch kontrollieren zu können, bedürfte es einer differenzierten Palette von Managementfähigkeiten und -fertigkeiten. Die modernistische Vorstellung, daß irgendeine Instanz diese Aufgaben des Informationsmanagement und der Informationspolitik bündeln und die Durchführung dieser Aufgaben kontrollieren könnte, ist in der Postmoderne völlig unrealistisch. Produktion und Verteilung von Information sind in der Postmoderne zunehmend dezentralisiert. Für Anhänger modernistischer Planungs- und Steuerungsvisionen mag das eine chaotische Vorstellung sein, doch hat die Dezentralisierung der Information auch den Vorteil, daß die Realisierung Orwellscher Befürchtungen unwahrscheinlich erscheint.

In der Postmoderne entspricht die politische Wirklichkeit weder der Vorstellung von einem rational und weise gesteuerten politischen System noch der Orwellschen Horrorvision des Big Brother. Die Systeme, die der Big-Brother-Variante am nächsten kamen, die Systeme des real existierenden Sozialismus, scheiterten schließlich an ihrer Unfähigkeit, Kontrolle und Motivation, Steuerung und Effektivität zusammenzubringen. Nach dem Offenbarungseid des Kommunismus ist ein politisches Vakuum entstanden. Das politische Vakuum droht in soziales Chaos umzuschlagen. Damit wird im übrigen einmal mehr die bittere Erfahrung bestätigt, die man schon in Ländern der Dritten Welt machen mußte: daß die Übertragung bestimmter, isolierter Prinzipien der Modernisierung auf soziale Systeme mit anders gelagerten Ausgangs- und Randbedingungen eine Reihe heikler und kaum mehr kontrollierbarer Probleme mit sich bringt. In Osteuropa wird für die Auffüllung des politischen Vakuums ein naiver Glaube an die Eigendynamik des Marktes bemüht, die unsichtbare Hand des Marktes soll das Chaos regulieren. Doch Märkte haben nun einmal nur im Zusammenspiel mit bestimmten institutionellen Grundbedingungen die von ihnen erwarteten segensreichen Folgen. Aber nicht nur in Osteuropa und in der Dritten Welt greifen die einfachen Lösungsansätze modernistischer Ideologien nicht mehr. Auch in den funktionierenden Demokratien des Westens ist die politische Realität komplexer, als die von Aufklärung und Rationalität bestimmten modernistischen Politikkonzepte unterstellen.

8.2 Simulation und Hyperrealität der Politik

Zu großen Teilen ist die politische Wirklichkeit der Postmoderne eine *Hyperrealität*. Die Politik ist eine Mischung aus tödlicher Wirklichkeit und simulativer Evozierung und Bewältigung von Pseudorealitäten. *Pseudoereignisse* und *Pseudopolitik* werden in einem Politikspektakel beschworen, für das die Logik der Medien entscheidender ist als die Logik der Ereignisse. Nicht die politischen Manifeste alten Stils, sondern die mediengerechten Botschaften prägen den politischen Diskurs und die politischen Talkshows. Politik in der Postmoderne ist immer auch und zugleich Medienpolitik. Politik muß mediengerecht und publikumswirksam dargestellt werden. Die Formate des Mediums gestalten damit auch die Inhalte der Politik.

Politik wird zu einer selbstreferentiellen und intertextuellen Veranstaltung. Statements werden geäußert mit dem Ziel, eine Diskussion ins Rollen zu bringen. Der Sinn vieler politischer Äußerungen scheint nur noch in ihrem Dementi zu bestehen. Autoreferentiell und simulativ ist die Politik auch durch das Schielen auf Politikbarometer und Meinungsumfragen, deren meinungsbildende Stichworte sie selbst vorgeben. Die Umfragen konstituieren die Probleme, die Probleme bauschen sich auf im Sinne der *self-fulfilling prophecy*. Politik und andere Formen der Unterhaltung und des Medienkonsums gleichen sich einander an. Der politische Kandidat wird zum konsumierbaren Produkt, die Wahl zum Geschmackstest (Luke, 1989, S. 145). Die Politik entwirft ein Bild der Realität, das nicht unbedingt die objektive Welt ist, sondern auch ein Traumgebilde sein kann, das irgendwann einmal wie eine Seifenblase zerplatzt. Wenn der Politiker seinen Wählern eine bestimmte Vorstellungswelt nahebringen kann, hat er gute Chancen, gewählt zu werden. Seine Chancen sind größer, wenn er diejenige Version anbietet, die gefällt, die die Leute hören und sehen wollen. Das war so im Falle der Wahl Ronald Reagans 1980 und vor allem 1984. „The televised reality of Reagan's spectacular texts were treated as reality by both the news media and the voting public. In turn, Reagan's campaign stood by its telerealistic productions as the reality of 1984 in America. The voters chose to coproduce Reagan's products of prosperous hope in their imaginations rather than purchase Mondale's package of crisis-ridden gloom in the spectacular political market" (Luke, 1989, S. 146). Ähnlich war es auch bei der Bundestagswahl 1990, als sich die Mehrheit der Bundesbürger für Helmut Kohls Realität eines wiedervereinten und blühenden Deutschlands entschied. Krisenankündigungen und Kostenvoranschläge wollten die Wähler nicht zur Kenntnis nehmen.

Zunehmend nimmt die Politik rhetorische Züge an. Die rhetorische Geste der Politik(er) ist mediengerecht. Das „Image", der „Stil", das „Feeling" und der „Look" des Politikers werden (wahl)entscheidend. Der Politiker poliert und kulturalisiert seine Gesten. Da er sich um vielfältige Bezugs- bzw. Wählergruppen bemühen muß, wird sein Charisma pasticheartig (vgl. Luke, 1989, S. 138), machomäßig für die LKW-Fahrer unter den Wählern, sensibel und sexy für die Wählerinnen, dynamisch und kontaktfreudig für die Manager, chic für die Yuppies, nachdenklich für die Intellektuellen etc. In dem Maße, wie Politiker Medienstars sind (Vester, 1984, S. 289-308), müssen sie es sich auch gefallen lassen, Zielobjekte des investigativen Journalismus zu werden. Das Privatleben wird zum Objekt öffentlichen Interesses. Private Affären, ob real oder fingiert, werden zum Stolperstein, wobei sich die Presse in Deutschland vergleichsweise vornehm zurückhält, was die Ausleuchtung von Schlafzimmeraffären anbelangt; anders in den USA, wo 1987 Gary Hart, aussichtsreicher Kandidat der Demokraten für die Präsidentschaftswahlen, das politische Rennen wegen einer außerehelichen Beziehung aufgeben mußte. Im Wahlkampf wird die Qualität politischer Programme nicht anhand solcher Kriterien wie Konsistenz, Realisierbarkeit, mögliche Folgen des Programms beurteilt, sondern anhand des Charakters des Kandidaten. So versuchte im Wahlkampf 1992 der amtierende US-Präsident George Bush, seinen Herausforderer und schließlich Nachfolger Bill Clinton durch die Infragestellung von Clintons Charaktereigenschaften zu schlagen. In der Postmoderne wird es für den Politiker immer wichtiger, sich einen passenden Charakter zuzulegen, und zwar mit allen Mitteln und Strategien, die Promotion, Marketing und Medien bereithalten. Eine der Folgen davon ist, daß viele Pseudoereignisse die politische Bühne besetzen, während Ereignisse mit todernsten Folgen von der Politik ignoriert werden.

Ian I. Mitroff und Warren Bennis (1989) sprechen nicht nur von einzelnen Pseudoereignissen, sondern gleich von der *Unreality Industry*. Herzstücke der Unwirklichkeitsindustrie sind das Fernsehen und die dort stattfindende Vermischung von Nachricht und Unterhaltung. Mitroff und Bennis (1989, S. 11f.) machen auf einige Charakteristika von Nachrichtensendungen aufmerksam: chices High-tech-Studio; schöne, gefällige Gesichter der Präsentatoren; ein spielerisch-leichter Konversationston zwischen den Mitgliedern des Nachrichtenteams, scheinbar spontan; nur oberflächliche Informationen (Zahlen), keine Fragen nach dem Warum; das „Anzoomen" der Orte des Geschehens; flotte graphische Elemente stellen Übergänge zwischen den Segmenten her; provokative, anregende Headlines, welche die folgenden Segmente annoncieren; Vermischung des Reizenden und Witzigen mit dem Halbernsten, vor allem in den morgendlichen Nachrichtenprogrammen; konstantes Einstreuen des Bizarren, Albernen und potentiell Welterschütternden sowie die Präsentation berühmter und illustrer Gäste.

Mitroff und Bennis (1989, S. 18) sprechen vom „McBraining of the American mind". Das *fast food* für das Bewußtsein besteht aus Simulationen mit einigen typischen Merkmalen (Mitroff & Bennis, 1989, S. 19), für die sich mühelos Beispiele finden lassen. (1) Alles im Fernsehen ist auf die Bühne gebrachte Simulation (*staged simulation*) einer früheren Realität. Was wir im Fernsehen beobachten, ist nicht „the real thing", sondern eine inszenierte Version davon. Beispiele hierfür sind im Sport Wrestling-Kämpfe, in der Politik die sogenannten Bäder der Politiker in der Menge oder die „Elefantenrunden" vor Fernsehpublikum, in denen die Parteiführer miteinander „ringen". (2) Jede Simulation kann wiederum jede andere Simulation simulieren und von ihr simuliert werden. So könnte man von den zahlreichen politischen Gipfeltreffen sagen, daß sie immer wieder neue Kopien vorheriger Simulationen von bedeutsamen Ereignissen darstellen. (3) Je größer die Zahl der Simulationszyklen — d.h. die Zahl der Simulationen, die eine Simulation simuliert — desto besser. So kommen etwa Ereignisse wie Wahlkampfveranstaltungen, Demonstrationen und Lichterketten meistens in Serien vor oder in sich wiederholenden Zyklen. (4) Jeder Simulationszyklus verringert die Realität der ursprünglichen Sache, die simuliert wird; umgekehrt vergrößert jeder Zyklus den Unwirklichkeitsgehalt der gesamten Präsentation.

Die unscharf werdende Grenze zwischen Realität und Irrealität, die Fusion von Nachricht und Unterhaltung, ist vom modernistischen

Standpunkt aus betrachtet eine Horrorvorstellung, denn Politik sollte im Projekt der Moderne verwirklichte Aufklärung sein. In der Postmoderne erscheint Politik nicht als Umsetzung von Vernunft, sondern bestenfalls als Spektakel oder Unterhaltungsprogramm, das aber in Konkurrenz mit anderen Unterhaltungsprogrammen einen schweren Stand hat. Politik und Medien sind einerseits aufeinander angewiesen und andererseits Konkurrenten im Kampf um Wählerstimmen und Einschaltquoten. Die Macht der Medien und der Politik beruht auf der Menge der Aufmerksamkeit, die sie auf die von ihnen gesponsorten oder inszenierten Ereignisse ziehen können. Nach dieser Ereignis- und Aufmerksamkeitslogik schafft sich die Politik auch ihre Probleme selbst.

Im politischen Diskurs werden Probleme konstruiert. Probleme sind nicht einfach gegeben, sondern sie werden definiert. Probleme dienen dazu, den Diskurs auf bestimmte „legitime" Themen zu konzentrieren, Energien und Loyalitäten zu binden. Umgekehrt definieren dann die Probleme bestimmte Gruppen als Experten, bestimmte politische Strategien als legitim. Wie Murray Edelman (1988, S. 14ff.) zeigt, bringen soziale Probleme auch Vorteile mit sich, vor allem für die Gruppen, die im politischen Diskurs die Definitionsmacht über die Probleme ausüben. Oft ist es auch gar nicht so, daß für die Probleme Lösungen gesucht werden; vielmehr werden für die Probleme Gründe und Rechtfertigungen geliefert. Die Konzentration auf bestimmte Probleme hat den Vorteil, daß man andere, vielleicht schwierigere in den Hintergrund drängen kann. Die zeitliche und kausale Sequenz von Problem und Lösung ist mitunter umgekehrt: die Probleme werden konstruiert, um bestimmte Lösungen zu rechtfertigen. Lösungen sind oft nur Scheinlösungen, d.h., große Gesten und Sprachschablonen werden als Lösungen präsentiert. Mitunter besteht an der Lösung auch gar kein Interesse, da durch die Fortschreibung der Probleme eine bestimmte Politik ein Betätigungsfeld beackern kann, auf dem sie dann graduelle Erfolge vorzuweisen vermag. Probleme werden auch benutzt, um Autorität herzustellen oder zu stabilisieren (Edelman, 1988, S. 17-29).

Wissen ist Macht, doch Macht kann auch ignorant sein. Zwar wird in der Postmoderne Verwissenschaftlichung weiter vorangetrieben. Doch welche Macht hat die Wissenschaft bei der Gestaltung der Politik? Datenbänke sind reichlich verfügbar und die Analyseinstrumente werden verfeinert. Und trotzdem oder paradoxerweise werden weder die politischen Prozesse kontrollierbarer noch wird die Welt insgesamt sicherer. „Perhaps it is ironic that in the last decades of the twentieth century, the abilities of individuals to connect to world politics and cope with its complexity have reached new heights while their sense of control over the complexity has fallen to new lows" (Rosenau, 1990, S. 335).

8.3 Kontrollverluste und Neuorientierungen

In der Postmoderne ist das Gefühl, alles im Griff zu haben, die Dinge zu kontrollieren, weitgehend abhanden gekommen. Politisches Handeln scheint nur noch den Kontrollverlust kaschieren zu können, auf jeden Fall sind die Kontrolloptionen der politischen Akteure bescheiden geworden. Die mit dieser Bescheidenheit verbundene Entheroisierung trifft natürlich vor allem den Staat. Nach der Expansion des Staates in der Moderne scheint sich in der Postmoderne der Staat auf sich selbst zurückzuziehen. Verstaatlichungen werden rückgängig gemacht, der Staat wird aus politischen Tätigkeitsbereichen zurückgedrängt (vgl. Crook et al., 1992, S. 79-105). In den Visionen und Fiktionen der Moderne konzentrierte sich politische Macht zusehends in den Händen — oder Klauen — der Nationalstaaten. Für Hegel kommt im Staat die Vernunft zu sich selbst. Doch das Vertrauen in den Staat als Hort von Vernunft und Voraussicht ist in der Postmoderne kräftig erschüttert. Die staatstragenden und -verkörpernden Autoritäten — individuelle Führer genauso wie politische Parteien — verwalten noch Macht, doch sie haben große Legitimationsprobleme. Von der Legitimationskrise ist seit den späten sechziger und frühen siebziger Jahren die Rede, also wieder seit der Zeit, da sich in verschiedenen kulturellen und gesellschaftlichen Bereichen postmoderne Entwicklungen anbahnen. Der Staat und seine Repräsentanten repräsentieren nicht mehr Vernunft und Weisheit, was allerdings zu jeder Zeit mehr Glaube als Wirklichkeit war. Auch hier ist also das postmoderne Leitmotiv des Verlustes von Referenz und Repräsentation festzustellen. Der Staat und seine Repräsentanten weisen in der Postmoderne Tendenzen intertextueller Selbstbezüglichkeit auf. Immer weniger sind sie in der Lage, die manifesten und latenten Orientierungsbedürfnisse der Bürger zu befriedigen. Wie reagieren daraufhin die Bürger? Ihre Loyalität wird pragmatischer und flexibler, ihre Haltung schwankt zwischen Kritik, Zynismus und Ironie.

James Rosenau (1990, S. 335) beobachtet eine Verlagerung in der Orientierung der Menschen: (1) Von bedenkenloser Gefolgschaft zur kritischen Befragung der Autoritäten; (2) von traditionellen Legitimitätskriterien zu performativen Kriterien der Legitimität — d.h., Legitimität ist weder fraglos gegeben noch aus Prinzipien ableitbar, sondern muß sich in Leistungen beweisen; (3) weg von Loyalitäten, die auf Nationalstaaten gerichtet waren, hin zu Loyalitäten mit variablen Bezugspunkten; (4) von entfernten Orten der Kontrolle zu nahen Kontrollpunkten.

Eine wichtige weitere Tendenz in den Reaktionen des politischen Publikums ist im Hang zur Bildung von Untergruppen zu sehen („*subgroupism*"; Rosenau, 1993). Das Feld politischer Akteure wird fragmentarischer. Zwar sind auch schon im Laufe der Moderne die Gesellschaften und ihre Politiken immer komlexer geworden; auch die Zahl der Kollektive, die an politischen Prozessen teilnehmen, mag gestiegen sein. Der moderne korporatistische Staat und die staatstragenden Parteien und Verbände haben allerdings versucht, diesem Differenzierungsprozeß (Differenzierung der Akteure) durch Zentrierung der politischen Kräfte und Loyalitäten sowie durch Zentralisierung der politischen Institutionen entgegenzuwirken. Doch diese Zentrierungs- und Zentralisierungstendenzen stoßen an Grenzen. Was sie erreichen, ist ein Konsens, der höchst kompromißhaft ist und in dem sich keine der partikularen Interessen mehr wiederzuerkennen vermag. Der Staat bietet nur noch eine Art dünnes Zeltdach, unter dem man sich nicht heimisch fühlt. Zugleich ist dieses Zeltdach nicht dicht und wasserfest, es vermag keine Sicherheit vor den Stürmen draußen zu gewähren, und schon gar nicht ist es imstande, Behaglichkeit zu vermitteln. Der Staat erweist sich als unfähig, seine Bürger wirksam gegen externe Gefahren zu schützen, seien diese militärischer oder ökologischer Art. Auch gesellschaftsintern vermag der Staat nicht die Erwartungen seiner Bürger zu befriedigen — ob aufgrund der Unfähigkeit des Staates oder infolge unrealistischer und überzogener Erwartungen der Bürger sei dahingestellt. Und schließlich wird der Staat, der zwar die Wahrung von Menschenrechten garantiert oder garantieren soll, selbst als Gefahr für die privaten Rechte angesehen.

Das alles führt dann dazu, daß sich zentrifugal und dezentrierend soziale Formationen bilden und politische Willensbildungen artikulieren, die quer zu den Tendenzen des modernen Nationalstaates liegen (vgl. Kennedy, 1993, S. 162-167). Ausdruck dieser zentrifugalen

Tendenz ist die Formierung — und Erfindung — von immer mehr nationalen Gruppierungen. Unterhalb des Nationalstaates bilden sich nationale Gruppierungen, entsteht sozusagen eine neue Stammeskultur (*Neotribalismus*). Nach dem klassischen Zeitalter der nationalstaatlichen Bündelung der Ethnien zerfällt der zentralistische Staat in ethnische Gruppierungen, die um die Selbstdefinition als Nation bemüht sind. Nach einer Aufstellung von Gunnar P. Nielsson (1985; zitiert von Rosenau, 1990, S. 406) verteilen sich über die Welt 1.300 solcher Gruppierungen. Von 547 Gruppen, zu denen Datenmaterial vorliegt, sind immerhin 143 Gruppen über ein Gebiet verbreitet, das mehr als einem Staat als Territorium zugerechnet wird. Dezentrierende Tendenzen zeigen sich auch darin, daß in lediglich 27 % von 161 näher untersuchten Staaten die Staatsbevölkerung aus nur einer nationalen Gruppe besteht.

Indessen sind es nicht allein die *Neotribes*, die den modernen Nationalstaat verändern und vielleicht sogar auflösen. Auf der suprastaatlichen Ebene bilden sich Herrschaftsverbände, die den Nationalstaat schwächen. Substaatlich, wenn auch über die Staatsgrenzen transnational operierend, bilden sich soziale Bewegungen neuer Art. Organisationsformen unterhalb der staatlichen Ebene und auch unterhalb der vom Staat kooptierten Verbände und Lobbies stoßen in politische Freiräume vor bzw. schaffen diese erst. Die staatsnahen Funktionen und Strukturen werden ergänzt und überlagert von relativ schwach strukturierten und wenig zentrierten Gruppierungen.

Rosenau (1990, S. 380) bewertet diese Tendenzen positiv, als eine angemessene und verantwortungsvolle Reaktion auf die gestiegene Komplexität von Problemen. Nun darf aber bezweifelt werden, ob politische Gruppierungen, die auf partikulare Interessen spezialisiert sind, tatsächlich die Komplexität von Problemlagen angemessen reflektieren können. Es besteht die Gefahr, daß die Pluralisierung sozialer und politischer Akteure zu weiterer Fragmentierung der Politik führt. Aus den fragmentarischen Bestandteilen politischer Probleme werden dann neue Kombinationen gebildet, die pasticheartigen Charakter haben. Probleme werden nicht im Rahmen kohärenter Theorien oder Ideologien thematisiert, sondern erscheinen in symbolisch und expressiv aufgeladenen Collagen aus Ideologemen.

Dieser fragmentarische und pasticheartige Charakter ist wohl auch das, was die sogenannten *neuen sozialen Bewegungen* mehr und mehr von ihren klassischen Vorläufern (z.B. Arbeiterbewegung, Unabhängigkeitsbewegung) unterscheidet. Die neuen sozialen Bewegungen kommen ohne kohärente Programme aus, und sie haben auch keine eindeutig zurechenbare Trägerschaft, d.h., sie verfügen über keine soziale Verankerung, die im Rahmen alter Klassen- und Schichtungstheorien zu erwarten und zu interpretieren wäre. Sie sind nicht sozialintegriert, sondern weitgehend fragmentiert. Sie haben Ad-hoc-Charakter. Ihre Mobilisierung geschieht nicht mittels Lobbying und strategischen Kalküls, sondern durch emotionale Betroffenheit, moralische Appelle und expressive Symbolik (vgl. Crook et. al., 1992, S. 136-166; Eder, 1983; Giesen, 1993, S. 244ff.; Pakulski, 1993).

Nicht ganz klar ist, wo die Schnittstelle zwischen den klassischen sozialen Bewegungen der Moderne und den neuen sozialen Bewegungen verläuft. Diese Ambivalenz trifft auf die Einschätzung der sozialen und kulturellen Bewegungen der sechziger und siebziger Jahre zu. Die Studentenbewegung und die Frauenbewegung der sechziger Jahre versuchten sich noch an der Erarbeitung kohärenter und rationalistischer Ideologien und Programme. Auch die heroische Figur des Intellektuellen (z.B. Sartre, Dutschke) beanspruchte in diesen Bewegungen noch einen zentralen Platz. Die Intellektuellen dieser Bewegungen haben dann auch kräftig zur verklärenden Geschichtsschreibung der „Kulturrevolution" jener Jahre beigetragen. Die „revolutionäre" Bedeutung der sozialen und kulturellen Bewegung der sechziger und siebziger Jahre sollte man aber nicht überbewerten. Denn die anti-institutionellen Impulse sind in das Funktionieren des Systems integriert worden, haben „das System" nicht revolutioniert, sondern anpassungsfähiger und flexibler gemacht. „The revolutions of the sixties, it now would appear, have turned out to be episodes of weak, negative, but corrective, popular feedback rather than as events of destructive, system-transforming, violent change. 'America,' like everything in media spectacle, was and is an evolving 'product' which can use more expansive and elaborate countercultural codings for its continued economic and political growth" (Luke, 1989, S. 243).

Die neuen sozialen Bewegungen der Postmoderne unterscheiden sich von den Trägern der sogenannten Kulturrevolution der sechziger und siebziger Jahre. Beispiele liefern vielleicht solche Gruppierungen, die sich der Möglichkeiten der postindustriellen Informationstechnologien bedienen (CD-Funker, Teilnehmer an Computernetzwerken und Hacker). Diese Gruppierungen sind locker und dezentral organisiert, sind weniger programmatisch oder ideologisch, dafür mehr spielerisch und karnevalesk. Die Bedeutung der auf Informationsnetzwerken basierenden Gruppen könnte in Zukunft noch wachsen. Auch die diversen Selbsthilfe-, Selbstschutz- und Umweltschutzgruppen mögen eine Spezies neuartiger sozialer Bewegungen sein, die das politische Szenarium der Postmoderne prägen. Diese Gruppen sind Teil einer postmodernen Kulturlandschaft, insofern sie Dienstleistung, Promotion und Rhetorik größer schreiben als die ideologische und soziale Integration in eine große Aufklärungs- und Emanzipationsgeschichte. Diese Gruppierungen artikulieren einerseits Widerstand und sind andererseits doch Teil der postmodernen Kultur, einer Kultur, die von diesen Gruppen produziert und konsumiert wird. Das Moment des „Außerhalb des Systems", des freien Schwebens, das einmal zum Pathos der modernen Intellektuellen gehörte, ist dabei fortgefallen. Entsprechend hat sich auch die Funktion der Intellektuellen in den sozialen Bewegungen gewandelt, bzw. die Figur des Intellektuellen hat sich verändert. Die Intellektuellen haben keinen Kredit im Sinne einer freischwebenden Klasse. Sie sind selber Dienstleistende und Konsumenten, spezialisiert auf Produktion und Konsum kultureller Güter und Leistungen (vgl. Luke, 1989, S. 249ff.; Ross, 1989, S. 209-232).

Die Fragmentierung der politischen Akteure hat zur Konsequenz, daß in der Postmoderne auch die politische Führung immer schwieriger wird. Zwischen den institutionalisierten Interessengruppen und den vorinstitutionellen Gruppierungen Konsens zu erzielen, gleicht der Quadratur des Kreises. Die politische Führung schwankt zwischen Unschlüssigkeit und der Erfindung von Scheinprojekten. Für die amerikanische Außenpolitik ist diese begrenzte Aktions- und Kontrollfähigkeit mehrfach untersucht und belegt worden (Rosenau, 1990; Holsti & Rosenau, 1984, 1988a, 1988b; Rosenau & Holsti, 1983). Für die Europäische Gemeinschaft dürfte diese Diagnose nicht minder zutreffend sein.

Als Reaktion erstens auf die erhöhte Schwierigkeit, Informationen und Entscheidungen in einer politischen Zentralinstanz zu bündeln und zu kontrollieren, und zweitens auf die Informationalisierung und Medialisierung der Politik entsteht ein postmoderner Politikertypus. Richard Rose (1988) spricht vom Präsidenten der USA als einem postmodernen Präsidenten. Der postmoderne Präsident kann nicht länger das internationale System dominieren. Unter John F. Kennedy und noch unter Lyndon B. Johnson war zumindest der Anschein ein anderer. Vielleicht hatte dieser Anschein aber auch schon während Kennedys und Johnsons Regierungszeit folgenden Grund: „America was the champion of the world series of politics and of baseball for the same reason: Not many other countries played." (Rose, 1988, S. 12).

Jimmy Carter jedenfalls, von Rose (1988, S. 26) als erster postmoderner Präsident eingeschätzt, erschien auf dem außenpolitischen Feld als hilfloses Opfer ölproduzierender Staaten und terroristischer Banden (Rose, 1988, S. 3). Die Möglichkeiten des *Oval Office*, die nationalen und internationalen Aufgaben zu bewältigen, reichen nicht mehr aus (Rose, 1988, S. 26f.). Mangelnde Kontrollierbarkeit von Politik ist wohl kein neues Phänomen. Die Weltpolitik — oder auch nur die nationale Politik — zu kontrollieren und zu rationalisieren, das war wohl eine Fiktion der Moderne. Was nun aber in der Postmoderne zu dem Kontrollvakuum neu hinzukommt, ist der Umstand, daß in der Teledemokratie die Fiktion der Kontrolle als Show kultiviert wird und somit fortlebt. Die Kontrollierbarkeit des Weltgeschehens muß in spektakulären Aktionen publikumswirksam und um Wähler werbend demonstriert werden. Ronald Reagans hoch hinaus, nämlich in den Weltraum, zielende SDI-Träume sind Beispiel für das hyperreale und medienwirksame Politspektakel, ebenso wie die von ihm verantworteten Blitzangriffe auf Libyen und Grenada. Doch das Weltherrschaftstheater gleitet ab in eine Farce des Schmieren- und Hinterhoftheaters. Mittelamerika, Hinterhof der USA, stellt eine bevorzugte Bühne für Grotesken dar (z.B. Contras in Nicaragua, die Affäre Oliver North, der Fall Noriega). George Bushs großes Weltordnungstheater mit dem Erfolgsstück *Desert Storm* war eine großangelegte Inszenierung von Kontrollfähigkeit mit postmodernen Mitteln, aber illusorischen Resultaten. Der Golfkrieg ist womöglich der erste durch und durch postmoderne Krieg gewesen. Sein Beginn zur *Prime Time*, der besten Sendezeit im amerikanischen Fernsehen, seine an der Video-Game-Ästhetik orientierte Präsentation im Fernsehen und sein High-Tech-Charakter haben den Golfkrieg zu einem postmodernen Spektakel werden lassen.

8.4 Szenarien und Herausforderungen

Es wäre gewiß zu wirklichkeitsfremd und wohl auch zu zynisch, wenn man die Politik in der Postmoderne *nur* als ein selbstbezügliches und selbstgenügsames System vorstellen würde. Das Politikspektakel mag Politik inszenieren und simulieren, und sozialwissenschaftliche Theorien des Politischen mögen sich nur noch für den Diskurs über Politik und die Kommunikation politischer Probleme interessieren. Hierbei handelt es sich um Tendenzen, in denen sich das postmoderne Leitmotiv des Verlustes von Referenz und Repräsentation zeigt. Gleichwohl vermögen simulierte Politik und autopoietisches Theoretisieren über Politik bestimmte Realitäten qua Ignoranz nicht einfach abzuschaffen. Auf Dauer können sich Politik und politische Theorie nicht als geschlossene Systeme konzipieren und ihre Umwelten ignorieren. Auch wenn sich Politik eine Zeitlang in hyperreale Welten flüchten mag, letztlich bleibt sie in weltpolitische Konstellationen eingespannt, die die Möglichkeiten der Politik umgrenzen. Die Aufgabe politik- und sozialwissenschaftlicher Analyse sollte es sein, diese Konstellationen zu beschreiben.

Nach Rosenau (1990, S. 445ff.) läßt sich die zukünftige weltpolitische Konstellation, in der die Politik der Postmoderne verankert ist, mit Hilfe von vier verschiedenen Szenarios darstellen. *Restauration des Staatensystems* ist das erste, wenn auch wenig wahrscheinliche Szenario. Dieses Modell beruht auf der Fixierung auf den herkömmlichen Nationenbegriff. Aus der nationalen Fixierung würde sich die Rezentrierung des Staates ergeben, deren Ausdruck unter anderem auch die Tendenz zu Verstaatlichung ist. Zur Zeit spricht nicht allzu viel für dieses Szenario, da der Staat an verschiedenen Fronten ideologisch in der Defensive ist. Nach Crook, Pakulski und Waters (1992, S. 79-105) geht Postmodernisierung mit einem schrumpfenden Staat („the shrinking state") einher.

Ein zweites Szenario stellt die *globale Gesellschaft* dar. Zwar werden in der breiten und aktuellen Debatte über Globalisierung und globale Weltgesellschaft (Albrow & King, 1990; Featherstone, 1990b; Robertson, 1990, 1992) fraglos gegebene, weltweite Interdependenzen benannt, es bleibt aber abzuwarten, inwieweit die sozialen Prozesse, die jenseits des auf den Nationalstaat fixierten Gesellschaftsbegriffs liegen, imstande sind, eine kohärente soziale Formation zu konstituieren, die man als globale Gesellschaft bezeichnen kann. Wichtig ist zu sehen, daß nicht allein der Wunsch nach einer Weltgesellschaft oder das universalistische Einklagen der Menschenrechte zu Globalisierung führen, sondern auch die globalen Gefahren wie Nuklearkatastrophen, Ozonloch, Treibhauseffekt und Krankheiten wie AIDS. Vielleicht sind die Anstöße, die aus dem Katastrophenpotential der Postmoderne erwachsen, die stärksten Schubkräfte für die Globalisierung.

Mit *Pluralismus* bezeichnet Rosenau ein Szenario, dessen Hauptmerkmal in der Multizentralität besteht. Dieses Szenario ist zwischen der globalen Gesellschaft und der Restauration des Staatensystems angesiedelt. Nach diesem Modell ist die Loyalität der Bürger nicht an den Staat gebunden, aber auch nicht an eine große Weltgesellschaft. Es existieren vielmehr komplexe und vielseitige Loyalitätsbeziehungen. Nach diesem Szenario ist allerdings auch nicht ausgeschlossen, daß Staatsführer immer wieder versuchen, Loyalitäten zu bündeln, und zwar mittels ideologischer Simplifizierungen wie „Österreich zuerst", „Deutschland den Deutschen" oder „Buy British/American" etc.

Der gegenwärtigen Weltkonstellation am ähnlichsten ist wohl das Szenario, das Rosenau als *Fortschreibung der Bifurkation* bezeichnet. Demnach existieren „zwei Welten" und ihre Gegensätze fort, nämlich einerseits das Beharren auf den Nationalstaaten als Zentren der Politik und andererseits die Fortführung des weltpolitischen Wandels, der sich multizentrisch organisiert (oder auch disorganisiert) vollzieht. Teil oder Konsequenz dieses Szenarios ist wohl auch eine weitere, gegenwärtig festzustellende Bifurkation, nämlich die zwischen reichen und armen Staaten, d.h. die Tendenz der potenten Industriestaaten, die Interdependenzen untereinander zu verstärken, aber den Rest der Welt von diesem System abzukoppeln und den eigenen Problemen zu überlassen.

Welches Szenario auch immer das wahrscheinlichste ist, in jedem Falle wird die Politik der Postmoderne sich einer Reihe von *Herausforderungen* stellen müssen. Mit folgenden Gruppen von Herausforderungen ist zu rechnen:
1. Die ökologische Herausforderung. In der Postmoderne wird es nicht nur um die schon in früheren historischen Phasen bekannten Ernährungs- und Versorgungsprobleme gehen. Auch Probleme, die die Moderne schon gelöst zu haben schien (die Produktion und Verteilung elementarer Ressourcen wie Wasser und Energie), bekommen in der Postmoderne neue Brisanz. Selbst Krankheiten, die die moderne Medizin schon im Griff zu haben glaubte, erhalten neue Schübe (z.B. Malaria, Cholera, Pocken). Darüber hinaus hat es die Postmoderne mit neuen vitalen Problemen zu tun (z.B. AIDS), und schließlich nehmen Klima-, Verkehrs- und Abfallprobleme neue bislang nicht dagewesene oder wahrgenommene Ausmaße an. Diese Problemlagen stellen eine Herausforderung für die Politik in der Postmoderne dar, auf die im schlimmsten Fall im Zuge ökologischer Kriegsführung reagiert wird (Kriege um Wasser, Kriege durch Brunnenvergiftung). Zu hoffen bleibt, daß die Politik ihre Innovationsfähigkeit aber auch

in der Entwicklung von Konzepten und Strategien unter Beweis stellt, die den ökologischen Herausforderungen friedlich und produktiv begegnen. Solche Hoffnungen sind vielleicht nicht unbegründet, wenn sich zeigt, daß die ökologischen Herausforderungen auch von Politikern, die in verantwortlichen Positionen und Funktionen stehen, aufgegriffen werden. So hat etwa US-Vizepräsident Al Gore (1992) ein Buch vorgelegt, daß eine zukunftsweisende Reaktion auf die ökologische Herausforderung darstellt; es bleibt abzuwarten, inwieweit Gores Konzepte auch in die Realpolitik einfließen werden.

2. Funktionalität und Disfunktionalität von Märkten. Nach dem Zusammenbruch des realen Sozialismus und dem Scheitern von großen Planungsvisionen ist die Hoffnung in das Funktionieren von marktwirtschaftlichen Mechanismen groß. Deregulierungspolitik in einigen westlichen Ländern hat indes gezeigt, daß ideologisches Bekenntnis zum Markt und tatsächliches Funktionieren von Märkten zweierlei sind. Wie die britischen Erfahrungen mit dem Thatcherismus und die amerikanischen mit Reagonomics zeigen, versetzt allein der Glaube an das Funktionieren von Märkten noch keine Berge. Je nach historischer und ideologischer Konstellation schwankt die Politik zwischen Planungseuphorie und Laissez-faire. Gerade bei der Bewältigung der Herausforderungen, die sich der Politik im Zuge der Transformation Osteuropas, der Europäischen Gemeinschaft, des nordamerikanischen Wirtschaftsraumes und der Gestaltung der Nord-Süd-Beziehungen stellen, ist die ideologische Fixierung auf die Polarität von Markt vs. Staat wenig hilfreich. Es gibt auch nicht *den* Markt oder *das* Marktgeschehen, sondern immer nur Märkte, die unter bestimmten historischen Bedingungen und institutionellen Konstellationen mehr oder weniger funktionieren. Diese spezifischen Funktionsbedingungen zu berücksichtigen, ist Voraussetzung für sinnvolle Politik in der Postmoderne.

3. Das Verhältnis von Privatheit und Öffentlichkeit. Die modernistische Konzeption des Liberalismus, die auf einer strikten Trennung von Öffentlichem und Privatem beruhte (und die voraussetzte, daß diese Bereiche zu identifizieren sind), ist in der Postmoderne teilweise aufgelöst. Gerade in der (Show)Politik wird das Private öffentlich, und die Vertreter der Öffentlichkeit meinen, daß sie das Recht haben, alles zu veröffentlichen (vgl. Denzin, 1992, S. 165). Die postmoderne Informationsgesellschaft und Expertenkultur sowie eine voyeuristische Unterhaltungsindustrie lassen die Grenzen zwischen privatem und öffentlichem Bereich immer diffuser erscheinen. Aus den sich verschiebenden Grenzen ergeben sich neue Konfliktfelder. Die politische Kultur der Postmoderne sieht sich mit der Herausforderung konfrontiert, ‚privat' und ‚öffentlich' zu definieren und gegebenenfalls unerwünschte Grenzüberschreitungen zwischen Privatem und Öffentlichem zu sanktionieren. Die Politik der Postmoderne muß die Konzepte privater und öffentlicher Verantwortlichkeit überdenken, wobei sie wohl kaum die Konzepte einer spätfeudalen oder frühbürgerlichen Zivilisation auf die Bedingungen der postmodernen Gesellschaft einfach übertragen kann.

4. Herstellung von Solidarität und „Civic Culture". Eine der großen Herausforderungen für die postmoderne Gesellschaft und Kultur und nicht zuletzt auch für die Politik in der Postmoderne besteht darin, eine tragfähige Zivilisation zu entwickeln, in der Solidarität nicht nur auf die Sympathien im sozialen Mikrobereich, die Verbindlichkeiten des Neotribalismus und die Loyalitäten gegenüber nationalstaatlicher Sozialität beschränkt ist (wobei die Sicherung allein dieser Solidaritätsformen schon prekär genug ist). Solidarität ist gefordert und erforderlich auf der binnengesellschaftlichen Ebene (zwischen Armen und Reichen, Alten und Jungen, Behinderten und Gesunden), auf der Ebene der ethnischen und religiösen Gruppierungen sowie zwischen der „Ersten" und der „Dritten Welt". Die Politik der Postmoderne wird von den Differenzen und Gegensätzen zwischen unterschiedlichen sozialen und kulturellen Gruppierungen herausgefordert. Sie muß zwischen ihnen vermitteln, und das heißt zunächst einmal, Verständnis für Polyvalenz entwickeln. Die Ideologien der Moderne haben allzu gerne Polyvalenz und Ambivalenz zu minimieren versucht, zugunsten einheitlicher, universalistischer und endgültiger „Lösungen". Aber die scheinbar perfekten und rationalen Lösungen des Modernismus vermochten nur selten Solidarität zu fördern, sondern pervertierten allzu leicht in „Endlösungen", die auf Ausgrenzung, Unterwerfung und Vernichtung des Differenten und Ambivalenten beruhten. In der Postmoderne richten sich Hoffnungen auf eine Zivilität, die nicht in abstrakten Prinzipien gründet, sondern die auf dem Pluralismus von Kulturen basiert. Aus nicht-westlicher Sicht geraten Konzeptionen wie globale Weltgesellschaft und *Civic Culture* leicht in den Verdacht, doch wieder nur euro- und amerikanozentrische Ideen zu sein. Gegen den vermeintlichen Kulturkolonialismus formieren sich dann fundamentalistische, anti-westliche Bewegungen (Ahmed, 1992, S. 94-153). Die begriffliche Verwirrung wird perfekt, wenn gar von einem postmodernistischen Fundamentalismus die Rede ist (Rahman,

1984, S. 136), während die europäisch-amerikanische Vorstellung von Postmodernismus doch gerade pluralistisch und strikt anti-fundamentalistisch ist.

Kultur und Kulturalisierung, vestanden nicht nur als Weihrauch, sondern auch als Kitt und Hefe, sind für das postmoderne Selbstverständnis zentral. Ein dezentrierter, d.h. nicht ethnozentrischer Kulturbegriff stellt die Voraussetzung für die Ausbildung von Solidarität dar. Allerdings ist Solidarität nicht durch Begriffe und Appelle zu erwirken. Wenn Solidarität nur auf Gutwilligkeit angewiesen ist, hat sie einen schweren Stand. Vielleicht stehen die Chancen für Solidarität in der Postmoderne deshalb nicht so schlecht, weil die Bedrohungen und Gefährdungen global sind und inter- bzw. transnationale Kooperation erfordern. Solche Kooperation kann wohl nur erfolgreich sein, wenn sie nicht fundamentalistisch ist und sich statt an heiligen Wahrheiten und universalistischen Prinzipien an pragmatistischen Kriterien orientiert. Andererseits ist nicht ausgeschlossen, daß statt nach Kriterien des Pragmatismus und den Leitlinien einer zivilen Solidarität nach dem Sankt-Florians-Prinzip gehandelt wird oder gemäß der Maxime „Das Boot ist voll — rette sich wer kann!".

Die Herausforderungen, die sich in der Postmoderne der Politik stellen und auf die sie Antworten finden muß, machen deutlich, daß die Postmoderne kein Endstadium jenseits der Geschichte ist, weder ein idyllisches Paradies noch die unvermeidliche Apokalypse. Zwischen Apokalypse und Idyll stellt sich die reale Aufgabe, Überleben zu sichern und zu gestalten. Survivaltrainings sind eine beliebte Spielart der postmodernen Freizeitkultur, die Politik in der Postmoderne geschieht vor dem Hintergrund des Survivalismus. Überleben muß trainiert werden, es gibt dazu keine Programme, die sich aus Prinzipien und Theorien stringent ableiten ließen. Die politischen Programme der Moderne zielten immer auf Perfektionismus, auf die Konstruktion und Legitimation der besten aller Welten. Für die Politik in der Postmoderne mag übertragen das gelten, was Monika Maron (1991) in ganz anderem Zusammenhang feststellt: daß eine Frau ab etwa 40 Jahren nur noch das Ziel hat, nicht noch unglücklicher zu werden. So sollte auch eine postmoderne Ethik nicht auf die Erlangung des größten Glücks aller ausgerichtet sein, sondern auf die Vermeidung eines noch größeren Unglücks und auf die Linderung von Leiden. Die Postmoderne mag dabei auf das Beste, was Moderne und Vormoderne zu bieten hatten, zurückgreifen. Die Fortführung der

Moderne wie bisher oder das Zurückgehen in die Prämoderne sind jedoch keine Alternativen für die Politik in der Postmoderne und für die Gestaltung der gegenwärtigen und zukünftigen Weltordnung. „This order will have to be as different from the modern order as was the modern from the medieval order. We cannot go back to a premodern order. A postmodern world must come into being before the modern world destroys itself so thoroughly that little can be done for a long time to come" (Bohm, 1988, S. 59).

9 Postmoderne soziologische Theorie

Im Mittelpunkt dieses abschließenden Kapitels steht die Frage, welche Konsequenzen aus der Postmoderne sich für die Soziologie ergeben, speziell für die soziologische Theorie. Muß sich die Soziologie postmodernisieren? Ob die Soziolgie selber postmodern sein muß, wenn sie die Postmoderne beschreibt, wird kontrovers debattiert (vgl. Bauman, 1992; Crook, Pakulski & Waters, 1992; Featherstone, 1990, 1991; Scherr, 1990). Ähnliche Fragen werden auch in den Nachbarwissenschaften der Soziologie diskutiert (Doherty, Graham & Malek, 1992), speziell etwa in der Psychologie (Kvale, 1992) oder der Anthropologie (Fardon, 1992). Wie sollte soziologische Theorie aussehen angesichts der Veränderungen in Gesellschaft und Kultur, die unter dem Sammelbegriff der Postmoderne zusammengefaßt werden?

9.1 Typen und Defizite soziologischer Theorie

Zur Beantwortung der soeben aufgeworfenen Frage wäre eine Bestandsaufnahme der soziologischen Theorie(n) hilfreich, auf die hier aber verzichtet werden muß. Blickt man auf die gegenwärtige Szenerie der Soziologie in Deutschland, so muß man wohl das konstatieren, was Randall Collins (1986) für die Situation der Soziologie in den USA, wenn auch mit Fragezeichen versehen, festgestellt hat: „sociology in the doldrums" — Soziologie in der Windstille. Dabei kann man kaum ernsthaft bestreiten, daß die amerikanische Soziologie im Vergleich zur deutschen noch erheblich vitaler ist. Das wird gerade auch auf dem Gebiet der soziologischen Theorie deutlich. In den USA findet immerhin ein Diskurs über soziologische Theorie statt, über ihre Leistungen, Defizite und Perspektiven. In Deutschland hat es seit der legendären Habermas-Luhmann-Debatte, die in den siebziger Jahren (ad absurdum) geführt wurde, keinen nennenswerten und produktiven Theoriestreit mehr gegeben. Man kann der deutschen Soziologie den Vorwurf leider nicht ersparen, daß sie Entwicklungen in den Sozialwissenschaften und der soziologischen Theorie im besonderen, wie sie sich andernorts vollziehen, hinterherhinkt. Es ist zu befürchten, daß durch die Wiedervereinigung Deutschlands dieser Hang der deutschen Soziologie zur Selbstgenügsamkeit — oder zum

Provinzialismus — noch verstärkt wird. Zwar ist auch die amerikanische Soziologie stark auf sich selbst bezogen. Gleichwohl kann man erstens feststellen, daß die Rezeption mancher französischer und auch englischer Theorieexporte in den USA früher und stärker betrieben wurde als etwa in Deutschland. Und zweitens kann sich die amerikanische Soziologie dank Masse und Beweglichkeit sowie aufgrund der international relativ geringeren Bedeutung nicht-amerikanischer Soziologien es sich eher leisten, den Blick über den Atlantik zu vernachlässigen.

Überblickt man die Szenerie der soziologischen Theorie in den USA und fragt nach deren Zusammenhängen mit der Postmoderne, dann kann man eines auf jeden Fall sagen: Der Zustand der soziologischen Theorie ist in hohem Maße durch Pluralismus der Ansätze und Orientierungen geprägt. Manchen geht das dann auch zu weit. Bewertungen des Pluralismus als gut oder schlecht hängen zum Teil davon ab, was man sich unter Theorie vorstellt und was man von soziologischer Theorie erwartet. Diese Vorstellungen und Erwartungen wiederum haben damit zu tun, ob man eher modernistischen oder postmodernistischen Weltanschauungen und Wissenschaftsidealen anhängt. Dies sei anhand einer Diskussion über soziologische Theorie illustriert, die in *Perspectives*, dem Mitteilungsblatt der Theoriesektion der *American Sociological Association (ASA)* 1993 geführt wurde. Unter dem provokanten Titel *Sociological Theory: A Case of Multiple Personality Disorder* diagnostiziert Janet Saltzman Chafetz (1993) den Zustand der soziologischen Theorie aus amerikanischer Perspektive (vgl. Adams, 1993; Camic, 1993; Sciulli, 1993; Smith, 1993). Die „multiple personality disorder" führe zu folgenden Defiziten: erstens, die Soziologie versage darin, den Studierenden eine adäquate Ausbildung in soziologischer Theorie zu gewähren. Zweitens gebe es keine kumulative Theorieentwicklung, da für ein und dasselbe, für dieselben Zusammenhänge, immer nur wieder neue Begriffe erfunden oder wiedererfunden würden. Und drittens sei empirische Forschung meistens atheoretisch, werde oft nur künstlich durch eine „theoretical discussion" aufgemöbelt.

Chafetz glaubt, mindestens fünf verschiedene Theorietypen erkennen zu können. Erstens die „talmudische" Exegese längst verstorbener Klassiker, inklusive kleinere Revisionen. Hier werden beispielsweise Fragen gestellt wie „was meinten Marx, Weber, Parsons wirklich?" oder „wie können ihre Ideen so gedeutet und überarbeitet werden, daß sie sich aufeinander — oder auf etwas anderes — beziehen lassen?".

Ein zweiter Theorietypus besteht in der Paraphrasierung zeitgenössischer, meist europäischer, Metatheorien, die unvermeidlich prätentiös, oft unverständlich und typischerweise anti-positivistisch sind. Gemeint sind hier Theorie-Importe wie Kritische Theorie, Hermeneutik, Diskursanalyse, Semiotik, Poststrukturalismus und Postmodernismus. Drittens führt Chafetz einen Theorietypus an, den sie als abstrakte epistemologische und ontologische Nabelschau bezeichnet. Damit meint sie die oft erkenntnistheoretischen Betrachtungen der Relationen zwischen „Mikro" und „Makro", „Agency" und „Structure" oder Erörterungen über „Theorie als Diskurs" oder „Text als Realität". Der vierte Theorietypus besteht in der verfeinernden Entwicklung und gegebenenfalls auch Anwendung von Begriffen oder begrifflichen Systemen. Als fünften Typus nennt Chafetz dann schließlich substantielle Theorie mit Erklärungskraft.

Aus der Art und Weise, wie Chafetz diese fünf Theorietypen bezeichnet und präsentiert, wird bereits ihre Präferenz erkennbar. Theorie im eigentlichen Sinne ist nur der fünfte Typus. Theorie bestehe aus relativ abstrakten und allgemeinen Aussagen, die Sachverhalte in der erfahrbaren Welt erklären sollen. Als solche haben sie einen Wahrheitsgehalt bzw. Wahrheits- und Erklärungsanspruch, der im empirischen Test zu überprüfen ist. Theorie in diesem Sinne ist idealerweise auch kumulativ, d.h., die Übereinstimmung von Daten und Theorie wird immer größer, der Erklärungsgehalt immer stärker. Der vierte Theorietypus, bei dem es um konzeptuelle Entwicklung geht, kann immerhin eine Vorstufe zu dem fünften Typus darstellen. Chafetzs Präferenz für diesen Theorietypus drückt ein Bekenntnis zum positivistischen Wissenschaftsideal aus. Von dort ist es auch nicht mehr weit zu der etwas starren und ausgrenzenden Haltung, die für Positivisten typisch ist. Die drei ersten Theorietypen sind nach diesem Verständnis *nicht* Theorie und tragen auch nichts zur Entwicklung der Sozialwissenschaften bei.

Chafetz überbewertet die Bedeutung des fünften Theorietyps der „substantiellen", erklärenden Theorie. Theorie in diesem Sinne gibt es in der Soziologie in einigen Bindestrichsoziologien, doch ihre Erklärungskraft ist oft nicht sehr weitreichend. Theorien mittlerer Reichweite existieren z.B. in der Kleingruppenforschung, doch oft sind die erklärten Zusammenhänge trivial und auch nur unter bestimmten künstlichen Bedingungen gültig. Insbesondere wird of übersehen, daß bestimmte Erklärungen kulturell und historisch relativ sind. Allerdings kann man Chafetz zustimmen in ihrer Skepsis hinsichtlich der Klassikerexegese sowie der künstlichen Schaffung von Theorieproblemen, indem Begriffe ontologisiert werden. Und natürlich ist auch festzustellen, daß es bestimmte intellektuelle Moden gibt, die man nicht mit Theorie verwechseln sollte. Doch muß es nicht unbedingt so falsch sein, wenn man das macht, was Chafetz die Paraphrasierung („showing the relevance") von Metatheorien nennt. Die Beispiele, die Chafetz aufführt und als überwiegend europäische Importe kennzeichnet, könnten für die Theoriebildung ergiebiger sein, als Chafetz unterstellt. Im Rahmen von Semiotik, Diskursanalyse, Kritischer Theorie, Hermeneutik und sogar von Poststrukturalismus und Postmodernismus sind durchaus auch erklärende und auf Daten bezogene Theorien möglich. Die Postmodernisierung der soziologischen Theorie muß nicht in Unverständlichkeit resultieren, genausowenig wie erkärende Theorien notwendigerweise immer verständlich sind.

In einer postmodernen Soziologie kann es nicht darum gehen, ein unverständliches, hermetisch gegen Kritik und Überprüfung abgeschlossenes Gedankengebäude zu errichten. Vielmehr ist von einer Soziologie der Postmoderne zu erwarten, daß sie sich klar darüber wird, wie ihre Begriffe und Theorien selber von modernen Vorgaben abhängen. Wenn sich moderne Bedingungen postmodernisieren, dann sind möglicherweise auch bestimmte Konzepte der Soziologie nicht mehr auf der Höhe der Zeit. Nun darf man keinen falschen Schluß vom Entdeckungszusammenhang auf den Geltungszusammenhang theoretischer Aussagen machen. Die Arithmetik und Geometrie sind heute nicht weniger gültig als zur Zeit der alten Griechen. Aber neben diesen Zweigen der Mathematik sind eben noch andere Bereiche der Mathematik entstanden, mit denen man bestimmte Phänomene beschreiben kann, die es früher entweder nicht gegeben hat oder die man nicht wahrgenommen hat — vielleicht deshalb nicht wahrgenommen, weil die entsprechenden Konzepte und Theorien noch nicht entwickelt waren. Auch die Newtonsche Mechanik ist nicht falsch geworden, aber sie führt wohl nicht allzu weit, wenn man sich mit Schwarzen Löchern, Quarks, Spiralnebeln und anderen post-Newtonischen Erscheinungen befaßt. Und genauso mag es sich mit manchen Begriffen und Theorien verhalten, mit denen die Soziologie operiert. Es macht z.B. wenig Sinn, den marxistischen Klassenbegriff zu verwenden, wenn die Phänomene sozialer Ungleichheit in einer Gesellschaft sich so darstellen, daß man sie nur unter größten begrifflichen Verrenkungen mit dem Instrumentarium der Klassenanalyse erfassen kann. Ähnlich verhält es sich mit dem Rollenbegriff. Ist es sinnvoll davon auszugehen, daß Menschen Rollen spielen, wenn gar nicht klar ist, welches Stück, nach welchem Drehbuch, mit welchem Team, vor welchem Publikum gespielt wird? Und schließlich könnte sich herausstellen, daß für die Soziologie so zentrale Begriffe wie Individuum und Gesellschaft angemessen sind für die Beschreibung der europäisch-amerikanischen Moderne des 19. und der ersten Hälfte des 20. Jahrhunderts, aber weniger für die Analyse postmoderner Menschen und Beziehungen in so unterschiedlichen sozialen Kontexten wie Disneyland und Bangladesh.

9.2 Postmoderne Orientierungen für die soziologische Theorie

Gibt es nun postmoderne soziologische Theorie und wie sieht diese aus? Oder wie könnte sie aussehen? — Es ist kaum vorstellbar, daß es sich bei der soziologischen Theorie der Postmoderne um eine geschlossene und fundamentalistische Theorie handeln kann. Das wäre schon ein Widerspruch in sich. Postmoderne soziologische Theorie arbeitet ohne Restriktionen und Verbote nach dem Schema „es muß", „es darf nicht" etc. Gesellschaftstheorie und soziologische Theorie kann in der Postmoderne nicht mehr *Grand Theory* sein nach den Vorbildern von Hegel, Marx, Spencer, Freud, Parsons, Homans oder zuletzt Coleman.

Gegen Repräsentation
Die klassischen großen Theorien der Soziologie gingen von dem Selbstverständnis aus, daß sie soziale Wirklichkeit *repräsentieren*, und zwar so, wie sie ist. Mehr oder weniger wurde seit der Aufklärung unterstellt, daß Gesellschaftstheorie die soziale Wirklichkeit und deren womöglich existierende Gesetze entdecken könnte. Durch den richtigen Gebrauch der wissenschaftlichen Methode sollte sich die Realität offenbaren. Postmoderne soziologische Theorie hingegen insistiert, daß Theorie eine Wirklichkeit erst herstellt, sie nicht einfach entdeckt, sondern konstruiert. Postmoderne soziologische Theorie hebt hervor, daß auch Soziologie ein Gefüge von Texten ist (Brown, 1989, 1990) und ebenso die Gesellschaft (Brown, 1987). Die Theorien erzeugen ein intertextuelles Beziehungsnetz. Was sich als soziale Realität darstellt, wie wir soziale Wirklichkeit beschreiben und erklären, das hängt von den verwendeten Begriffen und Rhetoriken ab. Die Begriffe

haben unscharfe Ränder und einen metaphorischen Gehalt (Ricoeur, 1986). Man muß die „poetische" Leistung, die die Metapher bei der Erzeugung einer Welt vollbringt, erkennen und anerkennen. Auch die soziologische Theorie bedient sich der „Poetiken" und „Poesien" (Brown, 1977). Die Soziologie und andere Wissenschaften, einschließlich Naturwissenschaften, bedienen sich bestimmter Rhetoriken, um ein überzeugendes Bild von der Wirklichkeit zu präsentieren (Simons, 1990). Dabei ist die Metapher ein beliebtes Mittel der Überzeugungsarbeit. Sieht man über den Beitrag des Metaphorischen zur Erkenntnis hinweg, wird man Opfer der Metaphern, fällt auf sie herein. Es gilt also zu erkennen, wie Metaphern und andere Strategien der Rhetorik die soziale Realität — oder was die Soziologen im Lichte ihrer Theorien dafür halten — nicht nur beeinflussen, sondern zum Teil sogar hervorbringen. Die postmoderne Soziologie legt den Finger auf die schwache Stelle in unserem Vermögen, die soziale Wirklichkeit zu erkennen, zu beschreiben und zu analysieren. Diese „Schwachstelle" ist der sprachliche, poetische, rhetorische, textuelle Charakter unseres Erkenntnisvermögens. Postmoderne Theorie widmet daher dem Verhältnis von Sprache und Realität besondere Aufmerksamkeit (Lemert, 1992, S. 23f.). Indem sie sich über den sprachlichen, rhetorischen Charakter von Realitätserzeugungen klar wird, nährt sie auch den methodischen Zweifel und entwickelt kritisches Bewußtsein (Baker, 1990).

Statt auf universelle Prinzipien und transzendentale Begründungsversuche setzt die postmoderne Position auf die Dynamik des Differenz-Prinzips. Gemeint ist ein Differenzprinzip, wie es Derrida (1986) vorstellt („la différance"): nicht ein vorab feststehendes Kriterium, nach dem Unterscheidungen vorgenommen werden, sondern die permanente Hervorbringung eines anderen Sinns, einer weiterführenden Bedeutung, weiterführend nicht im Sinne von Fortschritt oder Annäherung an eine unabhängig existierende Wahrheit. Gemeint ist auch nicht Differenz im Sinne von Abgrenzung und Aussonderung, die allzu leicht Bekämpfung und Vernichtung als Konsequenzen beinhalten. Differenz im Derridaschen Sinne, der auch das Bewahren von Andersartigem einschließt, bringt nicht unversöhnliche Gegensätze hervor, sondern führt zur Überlagerung von Unterschieden, ermöglicht Pastiche. Dieses Differenzprinzip, zusammen mit dem Verzicht auf universalistische Prinzipien führt zu einer stärkeren Berücksichtigung des Einzelfalls, zu mehr Tolearnz gegenüber dem Besonderen und Abweichendem. Die universalistischen Theorien der Moderne vernachlässigen den Einzelfall und das Konkrete. Postmoderne Theorie, die auf die „différance" setzt, ist dagegen eher in der Lage, das Besondere nicht einem universellem Gesetz unterzuordnen und zu opfern, sondern als differenzierten, konkreten und lokalen Einzelfall zu begreifen.

Rationalität und Relativismus

Aus Derridas „différance" folgt auch ein *Rationalitätsbegriff*, der sich sehr von anderen Rationalitätsvorstellungen unterscheidet, von der utilitaristischen Konzeption der *Rational Choice Theory* (Coleman, 1990) ebenso wie von der verständigungsorientierten kommunikativen Vernunft (Habermas, 1981). Rationalität kann in der Postmoderne nicht mehr ein einheitliches Prinzip oder gar eine Substanz sein; denn die „différance" läßt unterschiedliche Stimmen und verschiedene Diskurse zu. Kein Diskurs und keine Stimme hat einen privilegierten Standort.

Zur postmodernen Dekonstruktion der großen Erzählung von „der" Rationalität haben die diversen Projekte oder Programme soziologischer Theorie unterschiedlich starke Affinitäten. Weder vom *Neo-Funktionalismus* noch von der *Rational Choice Theory* kann man eine große Liebe für den Postmodernismus erwarten. Affinitäten zum Postmodernismus sind hingegen festzustellen in all jenen Richtungen der soziologischen Theorie, in denen auf die Kontingenz (d.h. die Bedingtheit und die Möglichkeit, auch anders zu sein) und die Ambivalenz der sozialen Wirklichkeit hingewiesen wird, auf die Abhängigkeit der sozialen Wirklichkeit von subjektiven Definitionen, von Diskursrahmen und Ethnomethoden, von kulturellen Codes und historisch kontingenten Prozessen. So ist in den letzten Jahren etwa ein Interesse des *Symbolischen Interaktionismus* an der Thematik der Postmoderne festzustellen (Denzin, 1986, 1992; Shalin, 1991).

Mit der Dekonstruktion des Rationalitätsbegriffs, mit der Auflösung eines wie auch immer privilegierten Standortes, ergibt sich das Problem des *Relativismus*. Wenn alle Stimmen im Diskurs gleichberechtigt sind, auf welche soll man dann hören? Wenn alle Diskurse ihre Berechtigung haben, wie vermag man sich dann für den einen oder den anderen zu entscheiden? Die Verabschiedung modernistischer Rationalitätsbegriffe und fundamentalistischer Sozialtheorien hat relativistische Konsequenzen, doch ist dieser Relativismus nicht gleichzusetzen mit Nihilismus und Amoralität. Den postmodernen Relativismus als „neue ultra-relativistische Orthodoxie" (Norris, 1993,

S. 289) zu bezeichnen, verkennt postmoderne Intentionen. Denn in dem Maße, wie nicht Negation im Mittelpunkt steht, sondern Bekräftigung von Heterogenität und Zustimmung zum Pluralismus, ist der Relativismus vereinbar mit — wenn auch nicht absolutierten — Werten.

Relativismus ist nicht nur ein erkenntnistheoretisches Problem, sondern auch ein praktisches, das zum zeitweiligen Zusammenbruch der Kommunikation führen kann. Kommunikation kann gestört sein oder zusammenbrechen, wenn versucht wird, für einen Standpunkt eine unbedingte Selbstbegründung zu finden, oder wenn Standpunkte sich selbst genügen und zum Schutze der eigenen Selbstgewißheit andere Positionen ignorieren. Im allgemeinen bzw. in der alltäglichen Kommunikation bedarf es gar nicht der fundamentalistischen Selbst- oder Letztbegründungen, um handeln und kommunizieren zu können. Vertreter unterschiedlicher Werte, Standorte und Interessen finden im allgemeinen gemeinsame Nenner und Kompromisse, auch ohne sich über ihre Weltanschauungen und moralischen Standpunkte abschließend zu einigen. Steven Seidman (1992, S. 75) äußert daher die Vermutung, daß das Bemühen von Intellektuellen, Relativismus als Problem anzusehen und für dieses Problem Lösungen anzubieten, eine machtpolitische Strategie darstellen könnte mit dem Ziel, dem Diskurs und der sozialen Rolle der Intellektuellen Gehör und Autorität zu verschaffen. Dieser Verdacht trifft insbesondere den modernen Intellektuellen mit seinem angespannten Verhältnis zum Relativismus, während der postmoderne Intellektuelle die eben skizzierte entspanntere und entproblematisierende Haltung gegenüber dem Relativismus einnimmt (vgl. Bauman, 1987; Vester, 1985).

In der Praxis ist Relativismus beinahe schon ein Scheinproblem, das nicht gelöst werden kann und auch gar nicht gelöst werden muß. Zum Glück ist die Welt nur in seltenen Fällen in der Situation, zwischen universellem Konsens und autoritärer Entscheidung wählen zu müssen. In konkreten und alltäglichen Situationen werden Kommunikationsprobleme und Divergenzen zwischen Standpunkten meistens nicht mit Hilfe eines abstrakten regulativen Prinzips beigelegt, sondern pragmatisch bewältigt, indem man Kompromisse aushandelt. Das ist nicht irrational und relativistisch, sondern Merkmal einer prozeßhaften, konventionalistischen und okkasionellen Rationalität — einer Rationalität, die immer im Werden begriffen ist, auf die man sich einigen muß, und zwar abhängig von und bezogen auf konkrete Bedingungen (vgl. Gurnah & Scott, 1992, S. 173). Meinungsverschie-

denheiten werden nicht qua Begründung von Konsens beigelegt, sondern ad hoc und häufig auch einfach aufgrund opportunistischer Erwä-
gungen. Meinungen ändern sich aufgrund neuer Erfahrungen oder in
Abhängigkeit von Schwankungen des Meinungsklimas oder des emotionalen Klimas. Häufig wird „Konsens" einfach dadurch erzielt, daß
sich Konflikte überleben, eine oder mehrere beteiligte Parteien das
Interesse an der Debatte verlieren. Man verläßt das Konfliktfeld und
wendet sich einem anderen Schauplatz zu.

Um zwischen Praktiken zu wählen, bedarf es nicht eines universellen Konsens, wie ihn Habermas als Grundlage des kommunikativen
Handelns postuliert, und auch nicht der freischwebenden Intellektu-
ellen-Existenz, wie sie Karl Mannheim (1985) als Ausweg aus dem
Relativismus stilisiert hat. In der Moderne hatten sich auch die Sozialwissenschaftler einmal die Rolle und Autorität angemaßt, den Weg
aus dem vermeintlichen Sumpf des Relativismus zu weisen. In dem
Maße aber, wie die Sozialwissenschaftler in dieser Rolle und Funktion
nicht zum Zuge gekommen sind — sei es, weil sie diese nie besetzt
haben, weil sie aus ihr herausgedrängt worden sind oder sich selbst
daraus verabschiedet haben —, trauern sie der Autorität und dem
Prestige dieser Rolle nach und neigen dann auch zu Selbstmitleid oder
Zynismus.

Theorie und Praxis
Seidman (1992, S. 62f.) bemerkt, daß sich soziologische Theorie seit
Mitte der siebziger Jahre, wenn nicht früher, verselbständigt habe und
nur wenig Bodenhaftung mit der empirischen Forschung oder mit
aktuellen öffentlichen Entwicklungen aufweise. Seidmann nennt Jef-
frey Alexander, Anthony Giddens, W.G. Runciman, Jon Elster und
Richard Münch als Repräsentanten dieser Tendenz. Als weitere prominente deutsche Repräsentanten wären wohl Jürgen Habermas,
Niklas Luhmann und, wenn auch weniger prominent, Bernhard Giesen
zu nennen. Gemeinsam ist diesen Theoretikern, daß sie anspruchsvolle
theoretische Gebäude konstruiert haben, die aber dem von Chafetz
(1993) favorisierten Typus erklärender Theorie wohl kaum entsprechen. Wie immer man Wert und Bedeutung der Theorien dieser
Autoren auf der Grundlage ihrer eigenen Prämissen, im Vergleich der
Theorien untereinander oder von metatheoretischen Positionen aus
beurteilen mag, so muß man wohl zugeben, daß empirische Referenz
oder gar praktische Anwendung nicht gerade zu den Stärken dieser
Theorien zählen. Der Diskurs dieser Theorien tendiert zur Abschot-

tung gegenüber empirischen Phänomenen und praktischen Problemen, oft auch gegenüber den konkurrierenden Theorien, favorisiert Selbstreferenz statt Fremdreferenz. Allerdings sind auch die postmodernistischen Sozialtheorien in der Philosophie (z.B. die Lyotards) und ihre Applikationen in der soziologischen Theorie ebenfalls im Begriff, einen elitistischen und marginalen Spezialdiskurs zu führen.

Demgegenüber skizziert Seidman (1992, S. 68f.) eine postmoderne Alternative. Zum einen gelte es, von generellen soziologischen Theorien Abschied zu nehmen. Skepsis sei auch angebracht hinsichtlich vergleichsweise enggefaßten Theorien, etwa Theorien über den Staat, soziale Bewegungen oder Kriminalität. Alle diese theoretischen Bemühungen laufen in die Falle des Ethnozentrismus, der Gebundenheit an die eigene Kultur und der Ignoranz gegenüber fremden Kulturen. Seidman plädiert für eine postmoderne soziologische Theorie, die vor allem narrativ vorgehen und an lokale Kontexte gebunden sein soll; dadurch sollen auch die spezifischen Erfahrungen der „Untersuchungsobjekte" stärkere Berücksichtigung in den Theorien erfahren. „I advocate a change from discipline-centered social inquiry whose reference point is debates in specialty areas to contextualized local narratives that address public conflicts" (Seidman, 1992, S. 49).

Ziel dieser Theoriestrategie, die auf Narrationen sowie deren Kontexte und Konflikte untereinander aufmerksam machen will, ist nicht eine einheitliche und geschlossene Theorie, sondern die Herstellung von Intertextualität zwischen Diskursen, theoretischer wie öffentlich-praktischer Art. Die Möglichkeit, soziologische Theorie zu „übersetzen", in unterschiedlichen historischen und kulturellen Kontexten neu zu lesen und neu zu verwerten, wird damit zum Qualitätsmaßstab der Theorie (Woodiwiss, 1990, S. 8f.). Der Soziologe übernimmt die Rolle des Interpreten, die Bauman (1987) dem postmodernen Intellektuellen zuweist. Die interpretatorische Leistung sollte aber nicht als opportunistische Anpassung mißverstanden werden. Zur Interpretation gehört nämlich auch, auf die Reibungsflächen zwischen Diskursen und auf die Brüche zwischen Theorien aufmerksam zu machen — Brüche nicht nur hinsichtlich logischer Konsistenz der Aussagen, sondern auch im Sinne systematischer Verzerrung, Verkennung und Ignoranz. Praktisch wird die Interpretation von Theorie, wenn sie auch auf Brüche und Verwerfungen in der sozialen Praxis hinweist, auf Paradoxien des Handelns und Felder der Ignoranz in der öffentlichen Wahrnehmung. Postmoderne soziologische Theorie weist auf die Konstruktionen von Glauben und Glaubwürdigkeit, von Vertrauen und Vertrautheit hin, sie arbeitet den fiktionalen Charakter der Geschichten heraus, mit Hilfe derer die Welt aufgebaut und legitimiert wird. Sie macht auf die schwarzen Löcher der Erkenntnis aufmerksam, bzw. auf den Prozeß, durch den Aufmerksamkeit für bestimmte Sachverhalte und Ignoranz gegenüber anderen Problemzusammenhängen hergestellt wird. In diesem Sinne vermag postmoderne Theorie auch praktisch und politisch zu sein; denn, wie Bauman feststellt, der Gegenstand der Politik in der Postmoderne ist vor allem die Re-allokation von Aufmerksamkeit. „Postmodern politics is mostly about the reallocation of attention. Public attention is the most important — coveted and struggled for — among the scarce commodities in the focus of political struggle" (Bauman, 1992a: 200).

Man könnte sagen, daß *Recycling* ein Konzept darstellt, welches das „Re-reading" und „Re-writing" der Theorie mit anderen kulturellen und sozialen Wiederaufbereitungen verbindet. Das Recycling in diesem Sinne ist die ökologisch produktive Weiterführung der Dekonstruktion. Recycling ist gegen Linearität und Verschwendung gerichtet, impliziert eine nicht nur individuelle, sondern auch kollektive und ökologische Rationalität. Recycling-Theorie schließt Essentialismus und Fundamentalismus aus. Es gibt keinen Ur-Stoff, keine ursprüngliche Quelle, sondern immer nur einen an- und abschwellenden Fluß, einen Strom von Ereignissen, Informationen und Sinn. Recycling setzt Knappheit des wiederaufzubereitenden Stoffes voraus. Für die Postmoderne charakteristisch ist die Knappheit der Aufmerksamkeit. In der Informationsflut und kulturellen Pluralität der Postmoderne müssen Strategien der Aufmerksamkeitsgewinnung verfolgt werden, die energie- und informationssparend sind, die Altes wiederaufbereiten und so auch die Investitionen in die Erfindung des Neuen rentabel halten.

9.3 Leitmotive und Konsequenzen für die soziologische Theorie

Eine modernistische Soziologie der Postmoderne wäre wohl ein Anachronismus. Aus dem Geiste der soziologischen Klassiker die Diagnose der Postmoderne ableiten zu wollen, kann nur ein nostalgischer, aber undurchführbarer Versuch sein. Eine modernistische Darstellung der Postmoderne kann nicht mehr Sinn machen als eine Darstellung der Moderne mit vormodernen Mitteln. „The sociology of postmodernization must be a sociology which is itself in transition. ... In a refusal of the stark opposition between a 'postmodern sociology' and a 'sociology of postmodernity', it is critical that a 'sociology of post-modernization' should also be a 'postmodernizing sociology'" (Crook et al., 1992, S. 236f.).

Was muß geschehen, damit sich die Soziologie und die soziologische Theorie im besonderen postmodernisieren? — Postmoderne Soziologie variiert die Leitmotive, deren Kombination — wie in diesem Buch gezeigt — auch in anderen sozialen und kulturellen Bereichen die Signatur der Postmoderne ausmacht. Das läßt sich kurz skizzieren.

1. Postmoderne soziologische Theorie hat *Pastiche*-Charakter. Sie ist kein kohärentes und geschlossenes Theoriegebäude, sondern Dekonstruktion, Differenzbildung mit der Konsequenz neuer Synthesen und Eklektizismen.

2. Es handelt sich dabei um eine *kulturalisierte* Theorie. In der Postmoderne erfährt die Kultursoziologie einen starken Aufschwung, wobei diese nicht viel gemeinsam hat mit der Kultursoziologie, wie sie etwa in den zwanziger Jahren in Deutschland betrieben wurde. Kultur in der Postmoderne ist nicht das Reich des Geistigen, Erhabenen und Eigentlichen, mit dessen Erfindung man sich über die weniger glanzvollen Erscheinungen der profanen Gesellschaft hinwegzutrösten suchte. Postmoderne Kultursoziologie ist weder idealistisch noch ethnozenrisch, sondern interessiert an der Vielfalt kultureller Gehalte und Materialisierungen. Für die Soziologie insgesamt bedeutet Kulturalisierung, daß sich die Soziologie ihre eigene kulturelle Bedingtheit reflexiv vergegenwärtigen muß.

3. Postmoderne soziologische Theorie verleugnet nicht ihren rhetorischen Charakter. *Rhetorik* wird hier nicht als schlechte, wahrheitsverdeckende Theorie verdammt, sondern als Mittel angesehen, Erkenntnisse zu artikulieren und die Teilnehmer an einem Diskurs zu überzeugen. In diesem Diskurs gibt es nicht die eine autoritative Stimme und nicht nur eine Rhetorik, sondern ein Netz von *intertextuellen* Bezügen. Es gehört zu den Qualitätsmerkmalen einer Theorie, wenn sie sich nicht als hermetisch geschlossener Text konzipiert, sondern sich gegenüber anderen Texten und Lektüren öffnet.

4. Aus der Bedeutung der Rhetorik und Intertextualität folgt, daß soziologische Theorie die Wirklichkeit nicht repräsentiert, im Sinne einer widerspiegelnden Beschreibung. Negativ ausgedrückt, kann man sagen, daß postmoderne Theorie durch den *Verlust der Referenz* gekennzeichnet ist. Doch ist dieser Verlust relativ und nicht absolut.

Es folgt daraus keineswegs, daß Theorie überhaupt keinen Bezug zu einer Realität außerhalb ihrer selbst hat. Aus einer postmodernistischen Theoriekonzeption folgt keineswegs, daß soziologische Theorie sich auf einen radikalen Konstruktivismus einschwören muß, dem es nur um die Beschreibung der Konstruktion von Realitäten geht, der Kommunikation über diese oder um Beobachtung von Beobachtungen. Die Sprache der Theorie kann sich auf eine andere Sprache, auf einen anderen Text, auf Verhalten oder auf Natur beziehen, aber diese Bezüge sind nicht repräsentativ, sie können nicht beanspruchen, den Urtext, den endgültigen Text oder die eigentliche Natur darzustellen.
5. Eine weitere Konsequenz ist, daß postmoderne Theorie *dezentriert* ist. Es gibt nicht das beherrschende Paradigma, das im Zentrum der Erkenntnis steht, es gibt keine Vorherrschaft einer Theorierichtung über eine andere. Die Position des Autors einer Theorie, des Sprechers, ist dezentriert.
6. Aus den genannten Punkten folgt die *Entheroisierung* der soziologischen Theorie. Der Traum von der heroischen Soziologie, die meinte, die sozialen Gesetze verkünden und die soziale Welt verändern zu können, ist ausgeträumt. Statt der *Grand Theory* bietet die postmoderne Soziologie lokale Theorien und lokale theoretische Diskurse an. Statt großer heroischer Kritik, die auf Fundamenten oder transzendentalen Konsensbedingungen aufbaut, übt postmoderne Theorie die Ironie, die sich aus dem Widerstreit vieler Stimmen ergibt. Das heroische Subjekt der Aufklärung ist verschwunden, in all seinen Formen. Eine Wahrheit gewinnt nicht deshalb an Überzeugungskraft, nur weil sie mit der heroischen Überlegenheitsgeste eines Sprechers geäußert wird, der von der vermeintlich wahrheitsnahen Position des Intellektuellen, Wissenschaftlers oder Repräsentanten der avantgardistischen Klasse, Partei oder Bewegung aus argumentiert.
7. Da der Diskurs postmoderner Soziologie vielstimmig ist und diese Stimmen nicht-autoritativ sind, erzeugt er unweigerlich *Ambivalenz und Polyvalenz*. Die postmodernen Stimmen sind ambivalent in dem Sinne, daß sie in ihrer Artikulation Selbstdistanzierung mitschwingen lassen. Mehrstimmigkeit und Vieldeutigkeit der postmodernen Soziologie bestärkt die Skepsis gegenüber Vorstellungen und Überzeugungen, die hinsichtlich Wahrheit, Wissen, Macht, Geschichte oder dem Selbst existieren.

Die postmoderne Soziologie muß kein elitärer, abgehobener Diskurs sein, der sich auf reine Theorie beschränkt. Aus der Postmodernisierung soziologischer Theorie ergibt sich eine Version von Vernunft, die — in Umkehrung der drei *Kritiken* und Vernunftkonzeptionen Kants — eine ästhetische, eine moralisch-praktische und eine erkenntnistheoretische Komponente hat. Diesen drei Komponenten entsprechend kann man drei Dimensionen bzw. drei Felder empirischer Probleme und theoretischer Aufgaben unterscheiden, auf denen sich postmoderne Soziologie betätigen kann.

Der *ästhetische* Bereich ist in der Postmoderne durch Pluralisierung und Durchmischung der Formen charakterisiert. Anstatt eines unumstößlichen Geschmackskanons, der Authentizität für sich beanspruchen könnte, wird Authentizität selbst zu einer kultivierten Fiktion. Die Kultur der Postmoderne ist reich an Imitationen und Simulationen. Für die empirisch interessierte Soziologie stellt sich die Aufgabe, die Diffusion und Rezeption von Imitaten in Mode, Lebensstilen, Literatur, Kunst und Kultur zu untersuchen. Ästhetische Stilisierung und die Rhetorik des Styling rücken gegenüber der bloßen Äußerung in den Mittelpunkt. Das Selbst in der Postmoderne läßt sich kaum mehr durch den Begriff Identität passend beschreiben, insofern damit ein Identisch-Sein gemeint ist. Das Selbst stellt allenfalls eine flüchtige und brüchige Identität zwischen soziokulturellen Vorgaben und eigenen Motiven und Aspirationen her. Dabei sind in der Postmoderne die Vorgaben und Vorbilder, derer sich die Individuen bedienen, selber pasticheartig. Die Soziologie müßte sich dafür interessieren, welchen Unterschied es macht, wenn Pikaro-Figuren des postmodernen Romans, der visuellen Medien oder der Musikkulutr Identifikationsfolien darstellen und nicht die Helden des klassischen Bildungsromans.

Im *praktisch-moralischen* Bereich rückt in der Postmoderne das — keineswegs neue, aber wieder neu entdeckte — Problem in den Mittelpunkt, wie eine Gesellschaft es schafft, eine zivilisierte und solidarische zu sein. Solidarität hat sich keineswegs zwangsläufig durch die Differenzierung und funktionale Verflechtung der modernen Gesellschaft hergestellt, wie Durkheim (1902/1992) bei aller Sensibilität für die anomischen Tendenzen der Moderne unterstellte. Am Ausgang der Moderne und in der Postmoderne ist Solidarität ebenso gefährdet wie die auf Gewalteindämmung beruhende Zivilisation, die Elias (1976) in letzlich linearer Weise als grundlegenden Prozeß der Moderne beschrieben hat. Der Optimismus der Modernisten, daß die Entwicklung der modernen Gesellschaft letzlich zu mehr Freiheit, Wohlstand, Demokratie und Gerechtigkeit führen und das entgegengesetzte Tendenzen nur Unfälle auf diesem Weg darstellen würden, hat in der

Postmoderne an Überzeugungskraft verloren. Die Auflösung der er-
zwungenen Einheit in den ehemals kommunistischen Ländern Ost-
europas, der Rückfall in ethnische und religiöse Fehden in der Ex-
UdSSR, im früheren Jugoslawien, in Indien, Äthiopien, Somalia,
Südafrika, aber auch die zunehmende Gewaltbereitschaft gegenüber
Ausländern in Deutschland zeigen, daß aus Pluralität nicht unbedingt
Toleranz und Solidarität folgen.

Im Neotribalismus, der Rückbesinnung auf lokal begrenzte Identitäten und Loyalitäten, ist Solidarität allzu eng begrenzt, der *code of
civility* wird zugunsten lokaler Interessen allzu leichtfertig über Bord
geworfen. Die Soziologie der Postmoderne erscheint angesichts dieser
düsteren Entwicklungen hilflos, doch sie ist nicht hilfloser als die
Soziologie der Moderne. Modernistische Theorien haben über die
Hindernisse des Fortschritts großzügig hinweggesehen, da der große
Lauf der Entwicklung für sie feststand, gleichgültig ob man unter
dieser die unwiderstehliche Verwirklichung einer perfekten liberalen
Verfassung verstand oder die unvermeidliche Realisierung des Sozialismus. Angesichts dieser großen Zukunftspanoramen konnte man
dann auch an den konkreteren Ärgernissen der Praxis vorbeisehen.
Diese Ärgernisse und ihre moralischen Implikationen sind in der
Postmoderne nicht länger unter den Teppich großer Geschichtsvisio-
nen zu kehren. Die Soziologie der Postmoderne ist zwar angesichts
der Grausamkeiten und Unzivilisiertheiten sozialer Entwicklungen
ebenso ohnmächtig wie die Politik. Doch wenigstens macht sie Solidarität zum Thema (Bauman, 1992b) oder fragt, wie die *civil society*
gestärkt werden könnte (Wolfe, 1989). Solidarität ist auch ein Thema
der pragmatistischen Philosophie Rortys (1989), die statt ethischer
Letztbegründungen praktikable Orientierungsmaßstäbe (wie das Vermeiden von Grausamkeit) liefert.

Nachdem der vielleicht letzte modernistische Versuch, wie er von
Rational Choice-Theoretikern unternommen wurde, moralische Probleme dem Utilitarismus des Homo oeconomicus und der Rationalität
des Marktes zu überlassen, wenig überzeugende Resultate geliefert
hat, wächst in der Soziologie und anderen Sozialwissenschaften die
Aufmerksamkeit für die moralische Dimension von Handeln, Institutionen und Gesellschaften (Etzioni, 1988, 1991; Lane, 1991). Anders
als in zahlreichen modernen und vormodernen Moraltheorien, die sich
für tatsächliches, moralisch relevantes Verhalten kaum interessiert
haben und statt dessen moralische Prinzipien deduziert oder morali-
sches Verhalten normativ abverlangt haben, wird in diesen neueren

Beiträgen Moralität weder verordnet, noch wird Vernunft gegen Gefühl ausgespielt. Im Mittelpunkt steht nicht das Festhalten an einem konstruierten Menschenbild, sondern die Frage, wie in konkreten sozialen und historischen Kontexten Moralität zum Problem wird und wie mit diesem Problem umzugehen ist. Die Soziologie der Postmoderne wird sich der Frage stellen müssen, welchen Beitrag sie zur Lösung des Paradoxons zu leisten vermag, das ein Erbe der Moderne darstellt und von Alan Wolfe (1989, S. 256) beschrieben wird: „The paradox of modernity ... is that individuals whose sense of moral commitment in the small-scale world of civil society is being weakened need to develop rules to govern their obligations to strangers and even hypothetical others." Das Funktionieren der postmodernen Gesellschaft wird nicht durch die Logik des Marktes oder die Weisheit des Staates gewährleistet, sondern bleibt — vielleicht stärker denn je — auf die Kultivierung der *civil society* angewiesen. „When ... civil society exists as a sphere alongside the market and the state, it contributes to the more effective working of both of them; when the market and the state exist without civil society, neither can work as promised" (Wolfe, 1989, S. 258).

Für den *erkenntnistheoretischen* Bereich ergibt sich aus dem bisher Gesagten nicht notwendigerweise die Unterordnung, wohl aber die Ausrichtung an der Ästhetik und der moralischen Praxis. Anders als in den meisten modernistischen Theorien zum Verhältnis zwischen Erkenntnis, Praxis und Ästhetik, in denen die Erkenntnis oder die — mehr oder weniger „reine" — theoretische Vernunft eine dominante Rolle spielt, wird in der Postmoderne die theoretische Vernunft auf die Rolle eines gleichberechtigten, aber nicht dominanten Partners der praktischen Vernunft und der ästhetischen Urteilskraft verpflichtet. Ziel der Theorie kann weder die abgehobene Selbstbeobachtung der Theorie sein, noch die Ausarbeitung einer hyperrealen Formelsprache, noch die Entfaltung simulierter Systeme, noch methodologisches Raffinement als l'art pour l'art. Den Ansprüchen der dreifaltigen Vernunft von Erkenntnis, praktischer Moralität und Ästhetik wird sich auch die soziologische Theorie stellen müssen; auf diese Dreifaltigkeit bezogen muß die Soziologie ihre Gütekriterien entwickeln und überprüfen. Theorien und Argumente der Soziologie lassen sich nicht durch Formalismen und logische Ableitungen absichern, sondern müssen verankert sein im Historisch-Konkreten, das immer auch eine praktisch-moralische und eine ästhetisch-affektive Dimension hat (vgl. Gurnah & Scott, 1992, S. 163-197). Von daher ist auch historisch-komparative Soziologie — deren Bandbreite gerade in der Postmoderne zu wachsen scheint (Hall, 1992, S. 165) — eine wichtige Komponente der Soziologie der Postmoderne.

Im Konzert der Diskurse über die Postmoderne ist die Soziologie ein gleichberechtigter Partner, nicht mehr und nicht weniger. Die Postmoderne ist nicht nur ein Gesprächs- und Diskursthema, Postmodernismus ist nicht bloße „intellektuelle Spielerei" (Vester, 1985). Wie die Ausführungen dieses Buches zeigen, sind in verschiedenen gesellschaftlichen und kulturellen Bereichen Entwicklungen festzustellen, die man zu Recht als postmodern bezeichnen kann. Die Soziologie der Postmoderne muß diese Entwicklungen wahrnehmen und zu verstehen versuchen. Dabei steht die Soziologie selbst nicht außerhalb der gesellschaftlichen und kulturellen Veränderungen, sie ist vielmehr Teil derselben. Damit wird der Soziologie zwar einerseits der — realiter wohl nie vorhandene — feste Boden entzogen, von dem sich sichere Erkenntnisse formulieren ließen; doch andererseits vermag die Verunsicherung, die die Postmoderne mit sich bringt, die Soziologie vor der Selbstgefälligkeit und dem Rückzug in die Selbstbeobachtung zu bewahren. Die Verunsicherungen, zu denen die Postmoderne über alle Grenzen der wissenschaftlichen und außerwissenschaftlichen Diskurse hinweg führt, stellen Herausforderungen auch für die Soziologie dar. Diese Herausforderungen sind nicht bloße intellektuelle Sandkastenspiele oder Grabenkämpfe. Die praktisch-moralischen und ästhetisch-affektiven Dimensionen der Postmoderne fordern auch die soziologische Theorie heraus.

Die Soziologie der Postmoderne wird sich an ihre Wurzeln in der Moderne erinnern müssen, doch kann die Soziologie der Moderne nicht das letzte Wort über eine postmoderne Welt gesprochen haben. Wenn es stimmt, daß sich die Soziologie in der Windstille befindet, dann sollten die Stürme, die die Postmoderne entfacht hat, auch für eine frische Brise in der Soziologie gut sein.

Literaturverzeichnis

Adams, Bert. N. (1993) "Creative Disorder: A Response to Chafetz." Perspectives. The Theory Section Newsletter. American Sociological Association 6(3), 1.

Ahmed, Akbar S. (1992) Postmodernism and Islam. Predicament and Promise. London: Routledge.

Albrow, Martin & Elizabeth King (eds.) (1990) Globalization, Knowledge and Society. London: Sage.

Ariès, Philippe (1977) Geschichte der Kindheit. München: Hanser. (L'enfant et la vie familiale sous l'ancien régime. Paris: Plon, 1960)

Baker, Scott (1990) "Reflection, Doubt, and the Place of Rhetoric in Postmodern Social Theory." Sociological Theory 8(2), 232-245.

Barthes, Roland (1982) Die Lust am Text. Frankfurt a.M.: Suhrkamp. (Le Plaisir du Texte. Paris: Seuil)

Baudrillard, Jean (1982) Der symbolische Tausch und der Tod. München: Matthes & Seitz. (L'echange symbolique et la mort. Paris: Gallimard, 1976)

— (1985) Die fatalen Strategien. München: Matthes & Seitz. (Les stratégies fatales. Paris: Grasset & Fasquelle, 1983)

Bauman, Zygmunt (1987) Legislators and Interpreters: On Modernity, Post-Modernity and Intellectuals. Ithaca, N.Y.: Cornell University Press.

— (1992a) Intimations of Postmodernity. London: Routledge.

— (1992b) Moderne und Ambivalenz. Hamburg: Junius. (Modernity and Ambivalence. Cambridge: Polity Press, 1991)

— (1992c) Mortality, Immortality and Other Life Strategies. Cambridge: Polity Press.

Beck, Ulrich (1986) Risikogesellschaft. Auf dem Weg in eine andere Moderne. Frankfurt a.M.: Suhrkamp.

— & Elisabeth Beck-Gernsheim (1990): Das ganz normale Chaos Liebe. Frankfurt a.M.: Suhrkamp.

Bell, Daniel (1971) "The Post-Industrial Society: The Evolution of an Idea." Survey 17.

— (1973) The Coming of Post-Industrial Society. A Venture in Social Forecasting. New York: Basic Books. (Die nachindustrielle Gesellschaft. Frankfurt a.M.: Campus, 1975)

— (1976) The Cultural Contradictions of Capitalism. New York: Basic Books, 1976. (Die Zukunft der westlichen Welt. Kultur und Technologie im Widerstreit. Frankfurt a.M.: Fischer, 1976)

Bellah, Robert N., Richard Madsen, William M. Sullivan, Ann Swidler & Steven M. Tipton (1986) Habits of the Heart. Individualism and Commitment in American Life. New York: Harper & Row. (Zuerst 1985)

Bendix, Reinhard (1978) Kings or People. Power and the Mandate to Rule. Berkeley: University of California Press. (Könige oder Volk. Machtausübung und Herrschaftsmandat. 2 Bde. Frankfurt a.M: Suhrkamp, 1980)

Benhabib, Seyla (1992) Situating the Self. Gender, Community and Postmodernism in Contemporary Ethics. Cambridge: Polity Press.

Beyme, Klaus von (1991) Theorie der Politik im 20. Jahrhundert. Von der Moderne zur Postmoderne. Frankfurt a.M.: Suhrkamp.

Block, Fred (1990) Post-Industrial Possibilities. Berkeley: University of California Press.

Bohm, David (1988) "Postmodern Science and a Postmodern World." In David Ray Griffin (ed.), The Reenchantment of Science. Postmodern Proposals. Albany, N.Y.: State University of New York Press, 57-68.

Boorstin, Daniel J. (1961) The Image: A Guide to Pseudo-Events in America. New York: Harper & Row.

Bourdieu, Pierre (1982) Die feinen Unterschiede. Kritik der gesellschaftlichen Urteilskraft. Frankfurt a.M.: Suhrkamp. (La distinction. Critique social du jugement. Paris: Minuit, 1979)

— (1983) "Ökonomisches Kapital, kulturelles Kapital, soziales Kapital." Soziale Welt. Sonderheft "Soziale Ungleichheiten", hg. von Reinhard Kreckel. Göttingen: Schwartz & Co, 183-198.

Boyne, Roy & Ali Rattansi (eds.) (1990a) Postmodernism and Society. New York: St. Martin's Press.

— (1990b) "The Theory and Politics of Postmodernism: By Way of an Introduction." In Roy Boyne & Ali Rattansi (eds.), Postmodernism and Society. New York: St. Martin's Press, 1-45.

Branden, Nathaniel (1988) "A Vision of Romantic Love." In Robert J. Sternberg & Michael L. Barnes (eds.), The Psychology of Love. New Haven, CT: Yale University Press, 218-231.

Braudel, Fernand (1979a) Civilisation matérielle, économie et capitalisme, XVe-XVIIIe siècle. Les structures du quotidien. Le possible et L'impossible. Paris: Librairie Armand Colin. (Sozialgeschichte des 15.-18. Jahrhunderts. Der Alltag. München: Kindler, 1985. - Sozialgeschichte des 15.-18. Jahrhunderts. Der Handel. München: Kindler, 1986)

— (1979b) Civilisation matérielle, économie et capitalisme, XVe-XVIIIe siècle. Le temps du monde. Paris: Librairie Armand Colin. (Sozialgeschichte des 15.-18. Jahrhunderts. Aufbruch zur Weltwirtschaft. München: Kindler, 1986)

— (1989/1990) Frankreich. 3 Bde. Stuttgart: Klett-Cotta. (L'identité de la France. Paris: Les Éditions Arthaud, 1986)

Brown, Richard Harvey (1977) A Poetic for Sociology. Toward a Logic of Discovery for the Human Sciences. Chicago: University of Chicago Press.

— (1987) Society as Text. Essays on Rhetoric, Reason, and Reality. Chicago: University of Chicago Press.

— (1989) Social Science as Civic Discourse. Essays on the Invention, Legitimation, and Uses of Social Theory. Chicago: University of Chicago Press.

— (1990) "Rhetoric, Textuality, and the Postmodern Turn in Sociological Theory." Sociological Theory 8(2), 188-197.

Bruder, Klaus-Jürgen (1993) Subjektivität und Postmoderne. Der Diskurs der Psychologie. Frankfurt a.M.: Suhrkamp.

Bürger, Peter (1992) Prosa der Moderne. Frankfurt a.M.: Suhrkamp. (Zuerst 1988)

Buß, Eugen & Martina Schöps (1979) "Die gesellschaftliche Entdifferenzierung." Zeitschrift für Soziologie 8: 315-329.

Butler, Judith (1990) Gender Trouble: Feminism and the Subversion of Identity. New York: Routledge.

Calhoun, Craig (1992) "Culture, History, and the Problem of Specificity in Social Theory." In Steven Seidman & David G. Wagner (eds.): Postmodernism and Social Theory. The Debate over General Theory. Cambridge: Blackwell, 244-288.

Calleo, David (1990) "The US in the 1960s: Hegemon in Decline?" In Michael Mann (ed.), The Rise and Decline of the National State. Oxford: Blackwell, 146-171.

Callinicos, Alex (1989) Against Postmodernism. A Marxist Critique. Cambridge: Polity Press.

Calvino, Italo (1983) Wenn ein Reisender in einer Winternacht. München: Hanser. (Se una notte d'inverno un viaggiatore. Torino: Einaudi, 1979)

— (1989) Cosmicomis. München: Hanser. (Cosmicomiche vecchie e nuove. Milano: Garzanti, 1984)

Camic, Charles (1993) "Talmudic Exegesis or Identification with the Agressor?" Perspecitves. The Theory Section Newsletter. American Sociological Association 6(2), 1f.

Chafetz, Janet Saltzman (1993) "Sociological Theory: A Case of Multiple Personality Disorder." Perspecitves. The Theory Section Newsletter. American Sociological Association 6(1), 1f.

Cherlin, Andrew J. & Frank R. Furstenberg, Jr. (1986) The New American Grandparent: A Place in the Family, a Life Apart. New York: Basic Books.

Corsaro, William A. & Donna Eder (1990) "Children's Peer Cultures." Annual Review of Sociology 16, 197-220.

Cohen, Erik (1988). "Authenticity and Commoditization in Tourism." Annals of Tourism Research, 15, 371-386.

Coleman, James (1990) Foundations of Social Theory. Cambridge, MA: Harvard University Press.

Collins, Jim (1989) Uncommon Cultures. Popular Culture and Post-Modernism. New York: Routledge.

Collins, Randall (1986): "Is 1980s Sociology in the Doldrums?" American Journal of Sociology 91(6), 1336-1355.

— (1990) "Market Dynamics as the Engine of Historical Change." Sociological Theory 8(2), 111-135.

Connor, Steven (1989) Postmodernist Culture. An Introduction to Theories of the Contemporary. Oxford: Blackwell.

Cooke, Philip (1988) "Modernity, Postmodernity and the City." Theory, Culture & Society 5, 475-492.

Coughlin, Richard M. (ed.) (1991) Morality, Rationality, and Efficiency. New Perspectives in Socio-Economics. Armonk, N.Y.: Sharpe.

Crook, Stephen, Jan Pakulski & Malcom Waters (1992) Postmodernization. Change in Advanced Society. London: Sage.

Delaney, Jill (1992) "Ritual Space in the Canadian Museum of Civilization: Consuming Canadian Identity." In Rob Shields (ed.), Lifestyle Shopping. London: Routledge, 136-148.

DeLillo, Don (1989) Weißes Rauschen. München: Deutscher Taschenbuch Verlag. (Zuerst: Köln: Kiepenheuer & Witsch, 1987. Orig.: White Noise, 1984)

— (1988) Libra. New York: Viking Penguin. (Sieben Sekunden. Köln: Kiepenheuer & Witsch, 1991)

— (1992) Mao II. London. Vintage.

Denzin, Norman K. (1986) "Postmodern Social Theory." Sociological Theory 4, 194-204.

— (1992) Symbolic Interactionism and Cultural Studies. The Politics of Interpretation. Oxford: Blackwell.

Derrida, Jacques (1986) Positionen. Graz: Böhlau. (Positions. Paris: Minuit, 1972)

Dion, Kenneth L. & Karen K. Dion (1988) "Romantic Love. Individual and Cultural Perspectives." In Robert J. Sternberg & Michael L. Barnes (eds.), The Psychology of Love. New Haven, CT: Yale University Press, 264-289.

Döpp, Hans-Jürgen (1979) "Narziß: Ein neuer Sozialisationstyp?" In Helga Häsing, Herbert Stubenrauch & Thomas Ziehe (Hg.), Narziß. Roßdorf, Darmstadt: Päd. extra buchverlag, S. 19-35.

Doherty, Joe, Elspeth Graham & Mo Malek (eds.), Postmodernism and the Social Sciences. New York: St. Martin's Press.

Duby, Georges (1976) Le temps des cathédrales, l'art et la société, 980-1420. Paris: Gallimard. (Die Zeit der Kathedralen. Kunst und Gesellschaft, 980-1420. 3. Aufl. Frankfurt a.M.: Suhrkamp, 1984)

— (1978) Les trois ordres ou l'imaginaire du féodalisme. Paris: Gallimard. (Die drei Ordnungen. Das Weltbild des Feudalismus. Frankfurt a.M.: Suhrkamp, 1986)

Durkheim, Émile (1992) Über soziale Arbeitsteilung. Studie über die Organisation höherer Gesellschaften. Frankfurt a.M.: Suhrkamp. (De la division du travail social. Étude sur l'organisation des sociétés supérieures. Paris: Alcan, 1902)

— (1984) Die elementaren Formen des religiösen Lebens. 3. Aufl. Frankfurt a.M.: Suhrkamp. (Les formes élémentaires de la vie religieuse. Paris: Alcan, 1912)

Eco, Umberto (1982) Der Name der Rose. München: Hanser. (Il nome della rosa. Milano: Bompiani, 1980)

— (1985) Über Gott und die Welt. München: Hanser.

— (1986) Travels in Hyper-Reality. London: Picador.

— (1989) Das Foucaultsche Pendel. München: Hanser. (Il pendolo di Foucault. Milano: Bompiani, 1988)

Edelman, Murray (1988) Constructing the Political Spectacle. Chicago: University of Chicago Press.

Eder, Klaus (1993) The New Politics of Class. Social Movements and Cultural Dynamics in Advanced Societies. London: Sage.

Eisenstadt, Shmuel N. (Hg.) (1987) Kulturen der Achsenzeit. Ihre Ursprünge und ihre Vielfalt. 2 Bde. Frankfurt a.M.: Suhrkamp.

— (Hg.) (1980) Kulturen der Achsenzeit II. Ihre institutionelle und kulturelle Dynamik. 3 Bde. Frankfurt a.M.: Suhrkamp.

Elias, Norbert (1976). Über den Prozeß der Zivilisation. 2 Bde. Frankfurt a.M.: Suhrkamp.

— (1989) Studien über die Deutschen. Machtkämpfe und Habitusentwicklung im 19. und 20. Jahrhundert. Frankfurt a.M.: Suhrkamp.

Etzioni, Amitai (1968) The Active Society. New York: Free Press. (Dt. Die aktive Gesellschaft. Opladen: Westdeutscher Verlag, 1975)

— (1988) The Moral Dimension. Toward a New Economics. New York: The Free Press.

— (1991) "The Moral Dimension in Policy Analysis." In Richard M. Coughlin (ed.), Morality, Rationality, and Efficiency. New Perspectives in Socio-Economics. Armonk, N.Y.: Sharpe, 375-386.

— & Paul R. Lawrence (eds.) (1991) Socio-Economics. Toward a New Synthesis. Armonk, N.Y.: Sharpe.

Ewen, Stuart (1988) All Consuming Images: The Politics of Style in Contemporary Culture. New York: Basic Books.

Fardon, Richard (1992) "Postmodern Anthropology? Or, An Anthropology of Postmodernity." In Joe Doherty, Elspeth Graham & Mo Malek (eds.), Postmodernism and the Social Sciences. New York: St. Martin's Press, 24-38.

Featherstone, Mike (1990a) "Auf dem Weg zu einer Soziologie der postmodernen Kultur." In Hans Haferkamp (Hg.), Sozialstruktur und Kultur. Frankfurt a.M.: Suhrkamp, 209-248.

— (ed.) (1990b) Global Culture. Nationalism, Globalization and Modernity. London: Sage.

— (1991) Consumer Culture and Postmodernism. London: Sage.

Federman, Raymond (1991) Surfiction: Der Weg der Literatur. Hamburger Poetik-Lektionen. Frankfurt a.M.: Suhrkamp.

— (1991): Die Nacht zum 21. Jahrhundert oder Aus dem Leben eines alten Mannes. Frankfurt a.M.: Suhrkamp. (Zuerst Nördlingen: Greno, 1988. Orig.: The Twofold Vibration. Bloomington: Indiana University Press, 1982)

— (1991) betrifft: Sarahs Cousin. Frankfurt a.M.: Suhrkamp. (To Whom it May Concern. Boulder: Fiction Collective Two, 1990)

Fine, Gary Alan (1992) "The Culture of Production: Aesthetic Choices and Constraints in Culinrary Work." American Journal of Sociology 97 (5), 1268-1294.

Fontana, Andrea & Frederick Preston (1990) "Postmodern Neon Architecture: From Signs to Icons." In Norman K. Denzin (ed.), Studies in Symbolic Interaction 11, Greenwhich, CT: Jai Press, 3-24.

Foucault, Michel (1976) Die Geburt der Klinik. Eine Archäologie des ärztlichen Blicks. Frankfurt a.M.: Ullstein. (La naissance de la clinique. Une archéologie du regard médical. Paris: Presses Universitaires de France, 1963)

— (1980) Die Ordnung der Dinge. 3. Aufl. Frankfurt a.M.: Suhrkamp. (Les mots et les choses. Paris: Éditions Gallimard, 1966)

— (1981): Wahnsinn und Gesellschaft. 4. Aufl. Frankfurt a.M.: Suhrkamp. (Histoire de la folie. Paris: Plon, 1961)

— (1983): Sexualität und Wahrheit. Bd. 1: Der Wille zum Wissen. Frankfurt a.M.: Suhrkamp. (Histoire de la sexualité. 1: La volonté de savoir. Paris: Gallimard, 1976)

— (1986a): Sexualität und Wahrheit. Bd. 2: Der Gebrauch der Lüste. Frankfurt a.M.: Suhrkamp. (Histoire de la sexualité. 2: L'usage des plaisirs. Paris: Gallimard, 1984)

— (1986b): Sexualität und Wahrheit. Bd. 3: Die Sorge um sich. Frankfurt a.M.: Suhrkamp. (Histoire de la sexualité. 3: Le souci de soi. Paris: Gallimard, 1984)

Fuentes, Carlos (1982) Terra nostra. München: Deutscher Taschenbuch Verlag. (Zuerst Stuttgart: Deutsche Verlags-Anstalt, 1979. Orig.: Terra nostra. Mexico: Editorial Joaquín Moritz, S.A., 1975)

— (1991) Christoph Ungeborn. Stuttgart Deutsche Verlags-Anstalt. (Christobal Nonato. México: Fondo de Cultura Económica, 1987)

Fukuyama, Francis (1992) Das Ende der Geschichte. München: Kindler. (The End of History and the Last Man. London: Hamish Hamilton, 1992).

Furstenberg, Frank F., Jr. (1990) "Divorce and the American Family." Annual Review of Sociology 16, 379-403.

García Márquez, Gabriel (1987) Die Liebe in den Zeiten der Cholera. Köln: Kiepenheuer & Witsch. (El amor en los tiempos del cólera, 1985)

Gay, Peter (1986): Erziehung der Sinne. Sexualität im bürgerlichen Zeitalter. München: Beck. (The Bourgeois Experience. Victoria to Freud. Bd. 1: Education of the Senses. Oxford: Oxford University Press)

— (1987): Die zarte Leidenschaft. Liebe im bürgerlichen Zeitalter. München: Beck. (The Bourgeois Experiences. Bd. 2: The Tender Passion. Oxford: Oxford University Press)

Gershuny, Jonathan (1981) Die Ökonomie der nachindustriellen Gesellschaft. Produktion und Verteilung von Dienstleistungen. Frankfurt a.M.: Campus. (After Industrial Society? The Emerging Self-Serving Economy. London: MacMillan Press, 1978)

Giddens, Anthony (1984) The Constitution of Society. Outline of the Theory of Structuration. Cambridge: Polity Press. (Die Konstitution der Gesellschaft: Grundzüge einer Theorie der Strukturierung. Frankfurt a.M.: Campus, 1992)

— (1985) The Nation-State and Violence. Cambridge: Polity Press.

— (1990) The Consequences of Modernity. Cambridge: Polity Press.

— (1991) Modernity and Self-Identity. Self and Society in the Late Modern Age. Cambridge: Polity Press.

Giesen, Bernhard (1991) Die Entdinglichung des Sozialen. Eine evolutionstheoretische Perspektive auf die Postmoderne. Frankfurt a.M.: Suhrkamp.

— (1993) Die Intellektuellen und die Nation. Eine deutsche Achsenzeit. Frankfurt a.M.: Suhrkamp.

Goldscheider, Frances K. & Linda J. Waite (1991) New Families, No Families? The Transformation of the American Home. Berkeley: University of California Press.

Gore, Al (1992) Wege zum Gleichgewicht. Ein Marshallplan für die Erde. Frankfurt: Fischer. (Earth in the Balance. Ecology and Human Spirit. Boston: Houghton Mifflin, 1992)

Grossberg, Lawrence (1989) "MTV: Swinging on the (Postmodern) Star." In Ian Angus & Sut Jhally (eds.), Cultural Politics in Contemporary America. New York: Routledge, 254-270.

Gurnah, Ahmed & Alan Scott (1992) The Uncertain Science. Criticism of Sociological Formalism. London: Routledge.

Habermas, Jürgen (1981) Theorie des kommunikativen Handelns. 2 Bde. Frankfurt a.M.: Suhrkamp.

— (1985a) Der philosophische Diskurs der Moderne. Frankfurt a.M.: Suhrkamp.

— (1985b) Die Neue Unübersichtlichkeit. Frankfurt a.M.: Suhrkamp.

— (1988) "Moderne und postmoderne Architektur." In: Wolfgang Welsch (Hg.), Wege aus der Moderne. Schlüsseltexte der Postmoderne-Diskussion. Weinheim: VCH, Acta humaniora, 110-120. (Zuerst in Der Architekt, 2 [1982], 55-58)

Hage, Jerald & Charles H. Powers (1992) Post-Industrial Lives. Roles and Relationships in the 21st Century. Newbury Park: Sage.

Hall, John A. (1990) "Will the United States Decline as Did Britain?" In Michael Mann (ed.), The Rise and Decline of the National State. Oxford: Blackwell, 114-145.

Hall, John R. (1992) "Where History and Sociology Meet: Forms of Discourse and Sociohistorical Inquiry." Sociological Theory 10(2), 164-193.

Harvey, David (1989) The Condition of Postmodernity. Oxford: Blackwell.

Hawkins, Harriett (1990) Classics and Trash. Traditions and Taboos in High Literature and Popular Modern Genres. New York: Harvester Wheatsheaf.

Heiss, Jerold (1992) "In Search of Romantic Love Subroles." In David D. Franks & Victor Gecas (eds.), Social Perspectives on Emotion. A Research Annual. Vol. 1. London: JAI Press, 249-275.

Hendrick, Susan S. & Clyde Hendrick (1992) Romantic Love. Newbury Park: Sage.

Hetherington, Kevin (1992) "Stonehenge and Its Festival: Spaces of Consumption." In Rob Shields (ed.), Lifestyle Shopping. London: Routledge, 83-98.

Hettlage, Robert (1992) Familienreport. Eine Lebensform im Umbruch. München: Beck.

Hirschhorn, Larry (1986) Beyond Mechanization. Cambridge, MA: MIT Press.

Hochschild, Arlie (1989) The Second Shift. Working Patterns and the Revolution at Home. New York: Viking. (Der 48-Stundentag. Wege aus dem Dilemma berufstätiger Eltern. Wien: Zsolnay, 1990)

Holsti, Ole R. & James N. Rosenau (1984) American Leadership in World Affairs: Vietnam and the Breakdown of Consensus. Winchester, Mass.: Allen & Unwin.

— (1988a) "A Leadership Divided: The Foreign Policy Beliefs of American Leaders, 1976-1984." In C.W. Kegley & E.R. Wittkopf (eds.), The Domestic Sources of American Foreign Policy: Insights and Evidence. New York: St. Martin's Press, 30-44.

— (1988b) "Foreign and Domestic Policy Systems among American Leaders." Journal of Conflict Resolution 32 (June), 248-294.

Holton, Robert J. (1992) Economy and Society. London: Routledge.

Horkheimer, Max & Theodor W. Adorno (1982) Dialektik der Aufklärung. Frankfurt a.M. Fischer. (Zuerst 1944)

Howe, Irving (1959) "Mass-Society and Postmodern Fiction." Partisan Review 26, 420-436.

Huyssen, Andreas & Klaus R. Scherpe (Hg.) (1986) Postmoderne. Zeichen eines kulturellen Wandels. Reinbek: Rowohlt.

Jacobs, Jane (1961) The Death and Life of Great American Cities. New York: Random House.

Jacoby, Russell (1977) Social Amnesia. Hassocks: Harvester Press.

Jameson, Fredric (1991) Postmodernism, or, the Cultural Logic of Late Capitalism. London: Verso.

Jencks, Charles (1984) The Language of Post-Modern Architecture. 4th ed. London: Academy Editions. (Die Sprache der postmodernen Architektur. Die Entstehung einer alternativen Tradition. 2., erw. Aufl. Stuttgart: Deutsche Verlags-Anstalt, 1980)

— (1986) What is Post-Modernism? New York: St. Martin's Press.

— (1988) "Die Sprache der postmodernen Architektur." In Wolfgang Welsch (Hg.), Wege aus der Moderne. Schlüsseltexte der Postmoderne-Diskussion. Weinheim: VCH, Acta humaniora, 85-94.

Joas, Hans (1992) Die Kreativität des Handelns. Frankfurt a.M.: Suhrkamp.

Jones, Peter d'A. (1965) The Consumer Society. Harmondsworth: Penguin.

Joyce, James (1984) Ulysses. New York: Penguin. (Zuerst Paris, 1922)

— (1975) Finnegans Wake. London: Faber & Faber. (Zuerst 1939)

Kamper, Dietmar & Willem van Reijen (Hg.) (1987) Die unvollendete Vernunft: Moderne versus Postmoderne. Frankfurt a.M.: Suhrkamp.

Kaplan, E. Ann (1987) Rocking around the Clock: Music Television, Postmodernism and Consumer Culture. London: Methuen.

Kearney, Richard (1988) The Wake of Imagination. Toward a Postmodern Culture. Minneapolis: University of Minnesota Press.

Kellner, Douglas (1989) "Jameson, Marxism, and Postmodernism." In D. Kellner (ed.), Post-Modernism/Jameson/Critique. Washington: Maisonneuve Press, 1-42.

— (1992) "Popular Cultures and the Construction of Postmodern Identities." In Scott Lash & Jonathan Friedman (eds.), Modernity and Identity. Oxford: Blackwell, 141-177.

Kemper, Peter (Hg.) (1988) 'Postmoderne' oder der Kampf um die Zukunft. Frankfurt a.M.: Fischer.

Kennedy, Paul (1991) Aufstieg und Fall der großen Mächte. Ökonomischer Wandel und militärischer Konflikt von 1500 bis 2000. Frankfurt a.M.: Fischer. (Zuerst 1989. Orig.: The Rise and Fall of the Great Powers. New York: Random House, 1987)

— (1993) In Vorbereitung auf das 21. Jahrhundert. Frankfurt a.M.: Fischer. (Preparing for the Twenty-First Century. New York: Random House, 1993)

Kern, Horst & Michael Schumann (1984) Das Ende der Arbeitsteilung. München: Beck.

Keupp, Heiner (1992) "Verunsicherungen. Risiken und Chancen des Subjekts in der Postmoderne." In Thomas Rauschenbach & Hans Gängler (Hg.), Soziale Arbeit und Erziehung in der Risikogesellschaft. Neuwied: Luchterhand, 165-183.

Klotz, Heinrich (1988) "Moderne und Postmoderne." In Wolfgang Welsch (Hg.), Wege aus der Moderne. Schlüsseltexte der Postmoderne-Diskussion. Weinheim: VCH, Acta humaniora, 99-109.

Kornhaber, Arthur (1985) "Grandparent and the 'New Social Contract'." In Vern L. Bengtson & Joan F. Robertson (eds.), Grandparenthood. Beverly Hills: Sage, 159-171.

Koslowski, Peter, Robert Spaemann & Reinhard Löw (Hg.) (1986) Moderne oder Postmoderne? Weinheim: VCH, Acta humaniora.

Kuhn, Thomas S. (1962) The Structure of Scientific Revolutions. Chicago: University of Chicago Press. (Die Struktur wissenschaftlicher Revolutionen. Frankfurt a.M.: Suhrkamp, 1967)

Kvale, Steinar (ed.) (1992) Psychology and Postmodernism. London: Sage.

Lane, Robert E. (1991) The Market Experience. Cambridge: Cambridge University Press.

Lasch, Christopher (1979): The Culture of Narcissism. American Life in an Age of Diminishing Expectations. New York: Norton. (Das Zeitalter des Narzißmus. München: Steinhausen, 1980)

Lash, Scott (1988) "Discourse or Figure? Postmodernism as a 'Regime of Signification'." Theory, Culture & Society 5, 311-336.

— (1990) Sociology of Postmodernism. London: Routledge.

— (1993) "Reflexive Modernization: The Aesthetic Dimension." Theory, Culture & Society 10, 1-23.

— & John Urry (1987) The End of Organized Capitalism. Cambridge: Polity Press.

Lawson, Annette (1988) Adultery. An Analysis of Love and Betrayal. New York: Basic Books.

Le Corbusier (1927) Towards a New Architecture. London.

Le Roy Ladurie, Emmanuel (1975) Montaillou, village occitan de 1294 à 1324. Paris: Gallimard. (Montaillou. Ein Dorf vor dem Inquisitor 1294 bis 1324. Frankfurt a.M.: Ullstein, 1983)

Leiss, William (1989) "The Myth of the Information Society." In Ian Angus & Sut Jhally (eds.), Cultural Politics in Contemporary America. New York: Routledge, 282-298.

Lemert, Charles (1992) "General Social Theory, Irony, Postmodernism." In Steven Seidman & David G. Wagner (eds.), Postmodernism and Social Theory. The Debate over General Theory. Cambridge: Blackwell, 17-46.

Lipp, Wolfgang (1991) "Warenhäuser. Zentren moderner Stadtkultur." In Werner Gephart & Hans Peter Schreiner (Hg.), Stadt und Kultur. Symposion aus Anlaß des 700jährigen Bestehens der Stadt Düsseldorf. Opladen: Leske & Budrich, 102-118.

Luhmann, Niklas (1984) Soziale Systeme. Frankfurt a.M.: Suhrkamp.

— (Hg.) (1985) Soziale Differenzierung. Geschichte einer Idee. Opladen: Westdeutscher Verlag.

— (1989) Gesellschaftsstruktur und Semantik. Studien zur Wissenssoziologie der modernen Gesellschaft. Bd. 3. Frankfurt a.M.: Suhrkamp.

— (1990) Die Wissenschaft der Gesellschaft. Frankfurt a.M.: Suhrkamp.

Luke, Timothy W. (1989): Screens of Power. Ideology, Domination, and Resistance in Informational Society. Urbana & Chicago: University of Illinois Press.

Lyon, David (1988) The Information Society: Issues and Illusions. Cambridge: Polity Press.

Lyotard, François (1979) La condition postmoderne. Rapport sur le savoir. Paris: Minuit. (Das postmoderne Wissen. Graz: Edition Passagen, 1986)

Lystra, Karen (1989) Searching the Heart. Women, Men, and Romantic Love in Nineteenth Century America. New York: Oxford University Press.

MacCannell, Dean (1973). "Staged Authenticity: Arrangements of Social Space in Tourist Settings." American Sociological Review 79, 589-603.

McLeod, Mary (1985) "Architecture." In Stanley Trachtenberg (ed.), The Postmodern Moment. A Handbook of Contemporary Innovation in the Arts. Westport, CT: Greenwood Press, 19-52.

Maffesoli, Michel (1988) "Jeux de masques." Design Issues 4 (1/2), S. 141ff.

Mann, Michael (1986) The Sources of Social Power. Vol. 1: A History of Power from the Beginning to A.D. 1760. Cambridge: Cambridge University Press. (Geschichte der Macht, 2 Bde, Frankfurt a.M.: Campus, 1990/91.)

Mannheim, Karl (1985) Ideologie und Utopie. 7. Aufl. Frankfurt a.M.: Klostermann.

Maron, Monika (1991) Stille Zeile Sechs. Frankfurt a.M.: Fischer.

Mennell, Stephen, Anne Murcott & Anneke H. van Otterloo (1992) The Sociology of Food. Eating, Diet and Culture. London: Sage.

Mills, C. Wright (1959) The Sociological Imagination. New York: Oxford University Press.

Mitroff, Ian I. & Warren Bennis (1989) The Unreality Industry. The Deliberate Manufacturing of Falsehood and What It Is Doing to Our Lives. Seacaucus, NJ: Carol Publishing Group.

Mongardini, Carlo (1992) "The Ideology of Postmodernity." Theory, Culture & Society 9, 55-65.

Münch, Richard (1991) Dialektik der Kommunikationsgesellschaft. Frankfurt a.M.: Suhrkamp.

Nielsson, Gunnar P. (1985) "States and 'Nation-Groups': A Global Taxonomy." In Edward A. Tiryakian & Ronald Rogowski (eds.), New Nationalisms of the Developed West. Boston: Allen & Unwin, 30-32.

— (1988) "From Ethnic Category to Nation: Patterns of Political Modernization." Paper presented at the annual meeting of the International Studies Association, St. Louis, March-April 1988.

Norris, Christopher (1993) The Truth About Postmodernism. Oxford: Blackwell.

Offe, Claus (1985) Disorganized Capitalism. Cambridge: Polity Press.

Oníz, Federico de (1934) Antologia de la Poesia Española e Hispanoamericana. Madrid.

Pakulski, Jan (1993) "Mass Social Movements and Social Class." International Sociology 8(2), 131-158.

Pannwitz, Rudolf (1917) Die Krisis der europäischen Kultur. Werke, Bd. 2. Nürnberg: Carl.

Parsons, Talcott (1951) The Social System. New York: Free Press.

— (1971) "Comparative Studies and Evolutionary Change." In Ivan Vallier (ed.), Comparative Methods in Sociology. Essays on Trends and Applications. Berkeley, CA: University of California Press, 97-139.

Pevsner, Nikolaus (1966/67) "Architecture in Our Time. The Anti-Pioneers." The Listener, 29.12. 1966/ 5.1. 1967.

Popper, Karl Raimund (1971) Das Elend des Historizismus. 3. Aufl. Tübingen: Mohr.

Proust, Marcel (1957) Auf der Suche nach der verlorenen Zeit. Frankfurt a.M.: Suhrkamp. (A la recherche du temps perdu. Paris: Gallimard, 1954; zuerst 1913/1927)

Rahman, Fazlur (1984) Islam and Modernity: Transformation of an Intellectual Tradition. Chicago: University of Chicago Press.

Reijen, Willem van (1988) "Das unrettbare Ich." In Manfred Frank, Gérard Raulet und Willem van Reijen (Hg.), Die Frage nach dem Subjekt. Frankfurt a.M.: Suhrkamp, 373-400.

Reiss, Ira (1990) An End to Shame. Shaping Our Next Sexual Revolution. Buffalo, N.Y.: Prometheus Books.

Ricoeur, Paul (1986) Die lebendige Metapher. München: Fink. (La métaphore vive. Paris: Seuil, 1975)

Riesman, David (1958) "Leisure and Work in Post-Industrial Society." In Eric Larrabee & Rolf Meyersohn (eds.) Mass Leisure. Glencoe, IL: Free Press, 365-385.

Ritzer, George (1993) The McDonaldization of Society. An Investigation Into the Changing Character of Contemporary Social Life. Newbury Park: Pine Forge Press.

Robertson, Roland (1990) "Mapping the Global Condition: Globalization as the Central Concept." In Mike Featherstone (ed.), Global Culture. Nationalism, Globalization and Modernity. London: Sage, 15-30.

— (1992) Globalization. Social Theory and Global Culture. London: Sage.

Rorty, Richard (1979) Philosophy and the Mirror of Nature. Princeton, NJ: Princeton University Press. (Der Spiegel der Natur. Frankfurt a.M.: Suhrkamp)

— (1989) Contingency, Irony, and Solidarity. Cambridge: Cambridge University Press. (Kontingenz, Ironie und Solidarität. Frankfurt a.M.: Suhrkamp)

Rose, Richard (1988) The Postmodern President: The White House Meets the World. London: Clatham House Publishers.

Rosenau, James N. (1990) Turbulence in World Politics. A Theory of Change and Continuity. New York: Harvester Wheatsheaf.

— (1993) "Notes in the Servicing of Triumphant Sub-Groupism." International Sociology 8(1), 77-90.

— & Ole R. Holsti (1983) "American Leadership in a Shrinking World: The Breakdown of Consensus and the Emergence of Conflicting Belief Systems." World Politics 35 (April), 368-392.

Rosenau, Pauline Marie (1992) Post-Modernism and the Social Sciences. Insights, Inroads, and Intrusions. Princeton: Princeton University Press.

Ross, Andrew (1989) No Respect. Intellectuals and Popular Culture. New York: Routledge.

Roth, Lutz (1983) Die Erfindung des Jugendlichen. München: Juventa.

Rushdie, Salman (1989) Die Satanischen Verse. Artikel 19 Verlag. (Satanic Verses, 1988).

Scherr, Albert (1990) "Postmoderne Soziologie - Soziologie der Postmoderne? Überlegungen zu notwendigen Differenzierungen der sozialwissenschaftlichen Diskussion." Zeitschrift für Soziologie 19(1), 3-12.

Schütz, Alfred & Thomas Luckmann (1984) Strukturen der Lebenswelt. Bd 2. Frankfurt a.M.: Suhrkamp.

Schwarz, Hans-Peter (1988) "Architektur als Zitat-Pop? Zur Vorgeschichte der postmodernen Architektur." In Peter Kemper (Hg.), 'Postmoderne' oder Der Kampf um die Zukunft. Die Kontroverse in Wissenschaft, Kunst und Gesellschaft. Frankfurt a.M.: Fischer, 253-274.

Schwichtenberg, Cathy (ed.) (1993) The Madonna Connection. Representational Politics, Subcultural Identities, and Cultural Theory. Boulder, CO: Westview Press.

Sciulli, David (1993) "Does Chafetz Need Any Defense? All Over But the Shouting." Perspecitves. The Theory Section Newsletter. American Sociological Association 6(3), 3.

Seidman, Steven (1992) "Postmodern Social Theory as Narrative with a Moral Intent." In Steven Seidman & David G. Wagner (eds.), Postmodernism and Social Theory. The Debate over General Theory. Cambridge: Blackwell, 47-81.

Shalin, Dimitri N. (1991) "The Pragmatic Origins of Symbolic Interactionism and the Crisis of Classical Science." In Norman K. Denzin (ed.), Studies in Symbolic Interaction 12. Greenwich, CT.: Jai Press, 223-252.

Shields, Rob (ed.) (1992a) Lifestyle Shopping. The Subject of Consumption. London: Routledge.

— (1992b) "Spaces for the Subject of Consumption." In Rob Shields (ed.), Lifestyle Shopping. London: Routledge, 1-20.

Silverman, Hugh J. (ed.) (1990) Postmodernism - Philosophy and the Arts. New York: Routledge.

Simmel, Georg (1890) Über soziale Differenzierung. Soziologische und psychologische Untersuchungen. Leipzig: Duncker & Humblot.

— (1983) "Die Differenzierung und das Prinzip der Kraftersparnis." In ders., Schriften zur Soziologie. Eine Auswahl. Hrsg. und eingeleitet von Heinz-Jürgen Dahme und Otthein Rammstedt. Frankfurt a.M.: Suhrkamp, S. 61-77. [Teilabdruck aus Simmel (1890)]

Simons, Herbert W. (1990) The Rhetorical Turn: Invention and Persuasion in the Conduct of Inquiry. Chicago: University of Chicago Press.

Skolnick, Arlene (1991) Embattled Paradise. The American Family in an Age of Uncertainty. New York: Harper, Basic Books.

Smart, Barry (1992) Modern Conditions, Postmodern Controversies. London: Routledge.

Smith, Charles W. (1993) "What Disorder? A Response to Chafetz." Perspecitves. The Theory Section Newsletter. American Sociological Association 6(2), 4f.

Smith, Neil & Peter Williams (eds.) (1986) Gentrification and the City. Boston: Allen & Unwin.

Soja, Edward J. (1989) Postmodern Geographies. London: Verso.

Squires, G.D. (ed.) (1989) Unequal Partnerships: The Political Economy of Urban Development in Postwar America. New Brunswick, NJ: Rutgers University Press.

Stanley, Christopher (1992) "Cultural Contradictions in the Legitimation of Market Practice: Paradox in the Regulation of the City." In Leslie Budd & Sam Whimster (eds.), Global Finance and Urban Living. A Study of Metropolitan Change. London: Routledge, 142-170.

Statistisches Jahrbuch für das Ausland (mehrere Jahrgänge), hrsg. vom Statistischen Bundesamt, Wiesbaden: Stuttgart: Metzler-Poeschel. [Abgekürzt: S.JB.A]

Statistisches Jahrbuch für die Bundesrepublik Deutschland (mehrere Jahrgänge), hrsg. vom Statistischen Bundesamt, Wiesbaden: Stuttgart: Metzler-Poeschel. [Abgekürzt: S.JB.BRD]

Stern, Robert (1980) "The Doubles of Post-Modern." The Harvard Architecture Review 1 (Spring), 75-87.

Sterne, Lawrence (1967) Das Leben und die Ansichten Tristram Shandys. München: List. (The Life and Opinions of Tristram Shandy Gentleman, 1757).

Stone, Lawrence (1977) The Family, Sex and Marriage in England, 1500-1800. New York: Harper & Row.

— (1990) The Road to Divorce: England 1530-1987. Oxford: Oxford University Press.

Tilly, Charles (1990) Coercion, Capital, and European States, AD 990-1990. Cambridge, MA: Blackwell.

Tomlinson, Alan (ed.) (1990) Consumption, Identity and Style. Marketing, Meanings, and the Packaging of Pleasure. London: Routledge.

Touraine, Alain (1969) The Post-Industrial Society. New York: Random House.

— (1992) Critique de la modernité. Paris: Fayard.

Toynbee, Arnold (1947) A Study of History. Oxford.

Trotha, Trutz von (1982) "Zur Entstehung von Jugend." Kölner Zeitschrift für Soziologie und Sozialpsychologie 34, 254-277.

Uhlenberg, Peter (1980) "Death and the Family." Journal of Family History 5(3), 313-320.

Urry, John (1990). The Tourist Gaze. Leisure and Travel in Contemporary Societies. London: Sage.

Venturi, Robert (1977a) Learning from Las Vegas. Cambridge, Mass.: MIT Press. (Lernen von Las Vegas. Braunschweig: Vieweg, 1979)

— (1977b) Complexity and Contradiction in Architecture, 2d ed., New York: Museum of Modern Art. (Komplexität und Widerspruch in der Architektur. Hrsg. von Heinrich Klotz. Braunschweig: Vieweg, 1978)

— (1988) "Komplexität und Widerspruch in der Architektur." In Wolfgang Welsch (Hg.), Wege aus der Moderne. Schlüsseltexte der Postmoderne-Diskussion. Weinheim: VCH, Acta humaniora, 79-84. (Teilabdruck aus Venturi, 1978)

Vester, Heinz-Günter (1984): Die Thematisierung des Selbst in der postmodernen Gesellschaft. Bonn: Bouvier.

— (1985) "Modernismus und Postmodernismus. Intellektuelle Spielereien?" Soziale Welt 36(1), 3-26.

— (1986a) "Die Verführung der Simulation. Zum Denken Jean Baudrillards." L'80, H. 39, 127-136.

— (1986b) "Verwischte Spuren des Subjekts. Die zwei Kulturen des Selbst in der Postmoderne." In Peter Koslowski, Robert Spaemann & Reinhard Löw (Hg.) Moderne oder Postmoderne? Zur Signatur des gegenwärtigen Zeitalters. Weinheim: VCH, Acta humaniora, 189-201.

— (1986c) "'Informationsgesellschaft': Mythos und Realität." Angewandte Sozialforschung 14(1), 85-91.

— (1990) "Umberto Eco." Kritisches Lexikon zur fremdsprachigen Gegenwartsliteratur. Hrsg. von Heinz Ludwig Arnold. München: edition text + kritik.

— (1993) "Authentizität." In: Heinz Hahn & H. Jürgen Kagelmann (Hg.), Tourismuspsychologie und Tourismussoziologie. Ein Handbuch zur Tourismuswissenschaft. München: Quintessenz.

Wahl, Klaus (1989) Die Modernisierungsfalle. Gesellschaft, Selbstbewußtsein und Gewalt. Frankfurt a.M.: Suhrkamp.

Wallerstein, Immanuel (1974) The Modern World-System I. San Diego: Academic Press.

— (1980) The Modern World-System II. New York: Academic Press.

— (1989) The Modern World-System III. San Diego: Academic Press.

— (1991a): Unthinking Social Science. The Limits of Nineteenth-Century Paradigms. Cambridge: Polity Press.

— (1991b) Geopolitics and Geoculture. Essays on the Changing World-System. Cambridge: Cambridge University Press.

— (1991c) "The Lessons of the 1980s." In ders. (1991b), 1-15.

Walton, John (1987) "Theory and Research on Industrialization." Annual Review of Sociology 13, 89-108.

Weber, Max (1988) Gesammelte Aufsätze zur Religionssoziologie. Tübingen: Mohr (Siebeck). (UTB). (Zuerst Tübingen: Mohr [Siebeck], 1920)

Welsch, Wolfgang (1987) Unsere postmoderne Moderne. Weinheim: VCH Acta humaniora.

— (Hg.) (1988a) Wege aus der Moderne. Schlüsseltexte der Postmoderne-Diskussion. Weinheim: VCH, Acta humaniora.

— (1988b) "Einleitung." In ders. (1988a), 1-43.

Wernick, Andrew (1991) Promotional Culture. Advertising, Ideology and Symbolic Expression. London: Sage.

Whimster, Sam (1992) "Yuppies: A Keyword of the 1980s." In Leslie Budd & Sam Whimster (eds.), Global Finance and Urban Living. A Study of Metropolitan Change. London & New York: Routledge.

Wolf, Eric (1982) Europe and the People without History. Berkeley: University of California Press. (Die Völker ohne Geschichte. Europa und die andere Welt seit 1400. Frankfurt a.M.: Campus 1991 [Studienausgabe])

Wolfe, Alan (1989) Whose Keeper? Social Science and Moral Obligation. Berkeley: University of California Press.

— (1991) "Out of the Frying Pan, into...What?" In ders. (ed.), America at Century's End. Berkeley, CA: University of California Press, 461-471.

Woodiwiss, Anthony (1990) Social Theory after Postmodernism. Rethinking Production, Law and Class. London: Pluto Press.

— (1993) Postmodernity USA. The Crisis of Social Modernism in Postwar America. London: Sage.

Zukin, Sharon (1987) "Gentrification. Culture and Capital in the Urban Core." Annual Review of Sociology 13, 129-147.

— (1988) "The Postmodern Debate over Urban Form." Theory, Culture & Society 5, 431-446.

— (1991a) Landscapes of Power. From Detroit to Disney World. Berkeley: University of California Press.

— (1991b) "The Hollow Center." In Alan Wolfe (ed.), America at Century's End. Berkeley: University of California Press, 245-261.

— (1992a) "Postmodern Urban Landscapes: Mapping Culture and Power." In Scott Lash & Jonathan Friedman (eds.), Modernity and Identity. Oxford: Blackwell, 221-247.

— (1992b) "The City as a Landscape of Power: London and New York as Global Financial Capitals." In Leslie Budd & Sam Whimster (eds.), Global Finance and Urban Living. A Study of Metropolitan Change. London & New York: Routledge, 195-223.

Zurcher, Louis A., Jr. (1977) The Mutable Self. A Self-Concept for Social Change. Beverly Hills: Sage.

Personenregister

Sachregister